平畠啓史
Jリーグ54クラブ巡礼
ひらちゃん流Jリーグの楽しみ方

まえがき

90分間だけがサッカーだなんてもったいない

いったい、何の本か？と聞かれれば、サッカー本、もしくはJリーグ本と答えるつもりにしている。しかし、この本には戦術論やシステム論、はたまた組織論の類のものは全くない。オフサイドやハンドもなければVAR（ビデオ・アシスタント・レフェリー）やゴールラインテクノロジーの話もない。バイタルエリアやアタッキングサードなどのサッカー用語も出てこない。

この本に出てくるのは、スタジアムやスタジアムのある街や、スタジアムに足を運ぶ人たちからしか感じることができないもの。

視覚に訴えるサッカー選手のスピード感や迫力はもちろんのこと、スタジアム周辺の桜の美しさやスタジアムのある公園を楽しむ家族の様子。嗅覚をくすぐる芝生のにおいはもちろん、熱された鉄板から漂う肉の焼ける、ソースの焦げるにおい。そして、最寄り駅からスタジアムに向かう道中のお店の換気扇からこぼれて

くるカレーや鰻の焼けるにおい。

ゴール裏からの一人一人の声が何万もの声の塊になって、スタジアムに響くチャントは聴覚を震わせるが、ボールを蹴った音もスタジアムDJの叫びも、ビッグチャンスを外した時に、スタジアムに広がる落胆のため息も、危機一髪のピンチにどこからともなく聞こえる女性の悲鳴も、ゴールネットが揺れた瞬間の言葉にならないような喜びの雄叫びも聴覚を震わせる。

やきそば、唐揚げ、カレーはもちろんのこと、どのスタジアムにもおいしいスタジアムグルメがあり、味覚を満足させてくれる。つま先が痛くなるような寒さやまとわりつくような蒸し暑さ。サッカー選手と握手したときの手の力強さやマスコットの優しい肌触り。皮膚からだってサッカーを感じることもできる。そんな思いを本の中に書き綴りました。

90分間だけがサッカーだなんてもったいない。

新幹線で食べる駅弁も、飛行機の中で試合に思いを馳せた想像も、試合後にスタジアム近くの温泉に寄った思い出も、応援するチームが負けて愚痴を言いながら飲んだお酒もすべてがサッカー。試合終了の笛が鳴ってから、次の試合が始まるキックオフの笛が鳴るまでの間もサッカーを楽しむために、この本が少しでもお役に立てればと思っています。

そして、この本が近所のスタジアムに、または出張先や旅行先の近くにあるJリーグのスタジアムに行くきっかけになれたなら、これ以上嬉しいことはありません。25周年を迎えたJリーグを楽しむ一つのツールに少しでもなることができたなら幸いです。

巻頭対談

Ｊリーグの魅力をもっと伝えたい

川崎フロンターレ 中村憲剛 選手

川崎フロンターレと言えば、さまざまな地域貢献やイベントにも力を注ぎ、
2017年にはＪ１初優勝を果たしました。
川崎フロンターレ一筋で、Ｊ２時代からクラブを長年牽引してきた
中村選手に、クラブやＪリーグへの思いをうかがいました。

集客することの難しさ

（平畠：以降**平**）中継やスタジアムで挨拶する機会はありますが、ちゃんとお話しさせてもらうのは初めてですね。（中村：以降**中**）対談相手に選んでいただいて嬉しいです！

平 こちらこそありがとうございます！ 今、川崎フロンターレのホームゲームは毎試合チケットが完売だと伺っていますが、入団した頃はいかがでしたか？

中 2003年に入団した当時、チームはJ2にいました。第1節の開幕戦がアウェーのサンフレッチェ広島戦で、2万人くらいの観客に圧倒されたのを覚えています。一方の川崎は石崎（信弘）監督の3年目。徐々に順位を上げていた集大成の年だったので、お客さんでいっぱいだろうと期待していたら、第2節のホーム開幕戦は3～4000人しか入ってなくて。大雨だったせいもあるとは思いますが、広島での開幕戦と差がありすぎてびっくりしまして（笑）。その時、〝川崎に住んでいる人はたくさんいるけど、等々力は定期的に足が向く場所にはなっていないんだな〟と実感しました。

平 その時代から、お客さんが徐々に増えていく過程を見続けてきたわけですね。

中 川崎の周辺には楽しいところがいっぱいあるので、どこにでも遊びに行けるじゃないですか。その中で、フロンターレの試合を観るんだという強い気持ちで等々力を訪れてくれるファンや、長く応援し続けてくれるサポーターをもっと増やさないといけない。今年は昨季優勝したというのもあるかもしれませんが、観に来てくれる人たちから僕らのサッカーへの期待をすごく感じますし、それは選手としてのモチベーションにもなっています。

ファンとの交流は積極的に

平 フロンターレは毎試合、面白いイベントがあって、それを楽しみに足を運ぶお客さんも増えましたよね。

中 そうですね。ただサッカーをするのではなく地域のイベントに選手が参加したり、スタジアムの外に試合前も楽しめる〝フロンパーク〟を作って集客努力をしたりと、コツコツと足元を固めながら大きくなってきたと思います。

平 選手のみなさんも、イベントなどの企画に協力的なイメージですけど、実際はどうなんですか？

中 サッカー選手は大半が目立ちたがり屋ですから、恥ずかしがっていても結局はやっちゃうんですよ（笑）。僕も最初は恥ずかしいと思いましたが、先輩たち

2018年8月15日にも、かつて東急田園都市線で使われていた車両が長野県上田市から輸送され、フロンパークに登場した。

が積極的に参加しているのを見ていましたし、反響も大きいし、やってみたら意外と楽しかった。フロンターレでは、川崎浴場組合連合会とコラボした〝おフロんた～れ〟という企画をずっと続けていまして……。そういうダジャレみたいなものが好きなクラブなんです（笑）。その一環として、僕がオフロスキー（注：Eテレで放送している幼児番組『みいつけた！』に登場するキャラクター）の弟〝オフロンスキー〟として出演しないかとオファーをいただいたんです。僕の子供がその番組を好きで、よく一緒に観ていたので、話をいただいた時は躊躇なく〝出たい！〟とすぐ返事して、番組で踊らせていただきました。

平 なるほど（笑）。

中 オンエア後、子供の送り迎えで幼稚園へ行くと、子供たちに「オフロスキーに出てた人だ！」と声をかけてもらい、名前を知ってもらえた。こんな風にJリーグを知ってもらえるなら、着ぐるみであろうと挑戦するのも悪くないなと思いました。

平 もはや中村選手には「この企画大丈夫ですか？」みたいな確認もないと。

中 そうですね。例えばクラブで川崎市内の小学校6年生用の算数ドリルを毎年作っていまして。掲載用の写真撮影でけっこう変なポーズを撮るんですよ。僕は慣れていてパパパッと撮れちゃうから、撮影中、僕の周りにはスタッフは誰もいない（笑）。さらに言えば、他の選手のポーズ用のサンプル写真が僕だったりしますからね。先輩の僕がテキパキやってしまうから、他の選手や後輩たちも積極的に参加してくれているんだと思います。

優勝したことで実現できたもの

平 フロンターレのサポーターは、イベントも含めてみんなでサッカーを楽しもうという前向きな姿勢の方が多いですよね。

中 一緒に楽しんでくれる寛容な方たちなんです。

平 ありがたいですね。

中 成績がいい時も悪い時もファンを楽しませることは忘れてはいけない。ただし、プロなので結果も伴わないといけない。最初はスタッフも気を遣ったと思います。でも、クラブが〝目指すべき指針〟を決めてからは、サポーターとも、より一枚岩となれた気がします。だからこそ優勝して、そんなクラブの在り方を肯定したかった。ファンとの交流が足を引っ張っていると言われることもあるんです。むしろ僕らの力になっているんだと声高に主張しても、結果が出ていないと言われては反論できず悔しかった。なので、優勝してそうじゃないというところを見せたかったんです。

平 やはりタイトルとは特別なものですか？

中 今までは「頑張ってください」としか言われませんでしたが、色々な人から「おめでとうございます」と声をかけていただいて、優勝ってすごいな！と思いました。

平 川崎の駅前で行った優勝パレードも大盛り上がりでしたね。

中 最高でした。何周でもしたかったです。沿道に入れなかった人たちが奥の方にある商店街にもたくさん集まってくれて。人であんなに埋まった川崎駅を初めて見ました。

平 初めてのタイトルでしたが、経験していない時に描いていたものと実際に掴んだものでは違いがありましたか？

中 自分の想像力は浅はかだったなと思うくらい、パワーがあるものでした。最終節のスタジアムでも優勝パレードでも、色々な人たちの想いが折り重なってあの素晴らしい景色が生まれるんだなと感じました。今まで笑顔で終わるシーズンは一度もありませんでしたが、あの感動を味わえるならもう一度優勝したいと思いました。この気持ちが、今の活力に繋がっています。

ゴールパフォーマンスやチャントが紡ぐクラブの歴史

平 中村選手といえば、ゴールパフォーマンスも毎年話題となっていますね。

中 ノボリ（登里享平）に、次は何をするか決められているんですよ。最近、Jリーグでも取りあげられるようになってきましたし、ゴールパフォーマンスが自分だけの問題じゃなくなっている感覚があって、プレッシャーが……。僕ではなく、ノボリが感じているんですけど（笑）。一昨年はウーイェイよしたかさん（スマイル）、今年はバイク川崎バイクさんのネタを勝手にお借りしていますが、大丈夫ですか？

平 むしろ、よしもとから感謝状を贈ってもいいくらいです（笑）。ゴールを決めて、サポーターの元へ向かう時、みなさんの顔は見えているんですか？

中 もちろん見えています。あの時だけは、サポーターの喜びを独り占めできますから、たまらないものがあります。

平 選手個人個人にチャントがありますが、ご自身のものについては、どのように感じていらっしゃいますか。

中村憲剛選手
1980年東京生まれ。中央大学在学中に川崎フロンターレにテスト生として練習参加。2003年に入団する。2004年にJ2優勝を果たし、2005年にJ1昇格。以降、Jリーグベストイレブンに7回、2016年の最優秀選手に選ばれるなど、Jリーグを代表する選手として活躍している。

中 16年間聴き続けていますが、僕の名前を呼び続けるというシンプルさがわかりやすくていいですね。

平 ほかの選手のチャントやチームの応援で、いいなと思うものはありますか？

中 実は、知念慶のチャントが、以前在籍していた我那覇（和樹／現カマタマーレ讃岐）のチャントと同じなんです。フロンターレは、新卒で入団したFW選手には、点を取るまでチャントがないんですよ。知念が初めてゴールを決めた次の試合だったかな？ ホームで試合前のアップをしていた時、我那覇のチャントが流れてきまして。アントニオ猪木さんのテーマがベースの曲で〝ち～ねん～～〟って歌われた瞬間、ぶわっと鳥肌が立ちました。二人とも沖縄出身なので、我那覇のチャントが受け継がれたんだと思うと嬉しくて。

平 うわぁ、いい話。サポーターも喜びますよ。

中 今在籍している選手のほとんどはあれが我那覇のチャントだって知らない。だけど、サポーターの中にずっと応援し続けてくれている人たちがいるからこそ継承していく形もあるのだと感動しました。

平 この先、何十年後かにまた沖縄出身の選手が入団したら受け継がれるかもしれないですね。

中 また歌ってもらえるのかもしれないし、僕のも使われるかもしれない。そういうのって素敵ですよね。Jリーグができて25年、歴史は積み重なっているんだなと思います。

Jリーグのよさを世界に伝える

平 どのクラブにも長い時間をかけて作り上げてきた歴史を感じますね。

中 それぞれのクラブに特色があって色々なストーリーが生まれているなと感じます。同じところが一つとない。今はどこのスタジアムでもお客さんが増えてきている印象がありますし、どこでもアウェー感を感じられるのは、クラブが努力して作り上げてきたからこそ。そう思うとJリーグってすごいと思うんです。なんでもかんでも海外に倣わなくても僕はいいと思う。もちろん追いつけ追い越せと、クラブ同士が切磋琢磨してサッカーの質を上げていかなきゃいけない。けれど、Jリーグなりの進化もあっていいんじゃないかな。例えば、海外だと女性や子供が観戦に行きづらい空気感があるじゃないですか。

平 そうですね。けれど、Jリーグは幅広い年齢、性別の人が楽しんでいます。

中 そうなんです。それに、老若男女問わず安心、安全にスタジアムで試合が見られることは、本当に素晴らしいことだと思います。サポーターの応援も、Jリーグはクラブによってオリジナリティがある。それは世界にすごく誇れることだと思うので、今後はそんなJリーグの良さをどのように伝えていくかが課題なのかなと。そういう意味でも、イニエスタ選手やトーレス選手がJリーグに加入した今、世界に発信できるチャンスだと思っています。

これからの川崎フロンターレに思うこと

平 移籍が当たり前のサッカーの世界で、中村選手はフロンターレ一筋。これまで、違うクラブへ行ってみたいと考えたことはあるのでしょうか？

中 2010年のワールドカップに出た時が29歳。今思えば遅いですが、世界に挑戦してみたいという気持ちはありながら日本に留まると決めた時、フロンターレに骨を埋める覚悟を固めました。テスト生として参加していた際に拾ってもらい育てていただいた恩もあるので、最後のときまでいたいなと思っています。これればかりはどうなるかわからないですけど。

平 長く在籍している中村選手だからこそ、継承できることも多いと思います。

中 自分がそうだからというわけじゃないですが、長く在籍している選手がいないとチームの芯がなくなってしまう気がしますし、どうやって歴史を伝えるんだろうと思いますが、それでもクラブは成り立ってしまうんですよね。でもサポーターはよっぽどのことがない限り変わることはないので、大事にしなきゃいけない。そういう意味でもフロンターレはバランスよくチーム作りを行っているクラブだと思います。昔を知る僕らが苦労話をしても、若い子たちが理解するのは難しいですが、今が良い時だからこそ、気を引き締めて今後のための土台づくりをしていく必要がありますし、プレーも、イベントに参加する意義も感じてほしいなと思います。

平 この先、フロンターレにはどういうクラブであって欲しいですか？

中 サッカーを楽しんでもらうために尽力するのは大前提ですが、プロのサッカー選手として、それ以上のことを提供していかなくてはいけないなと感じています。近年、色々なスポーツが盛り上がっている中、水・土・日曜とスタジアムに足を運んでもらえることがどれだけ大変か。今はクラブも良い状態ですが、現状維持で満足すると、すぐにダメになってしまう怖さを僕は知っています。スタジアムに来てくれることは当たり前じゃないですから。サポーターの方々が試合前も試合中も、試合後も楽しんで帰ってもらえるようなスタジアムづくりを今まで以上に継続して欲しい。イベント力や企画力に磨きをかけて、常に上を目指して欲しいですね。今後、選手もスタッフも変わっていく中で、変化が必要な時期もあると思います。もちろん僕も努力は惜しまず、できる限りは力になっていきたいですし、クラブはもちろん、Jリーグ自体をもっと盛り上げていけたらいいですね。

54クラブ おすすめ紹介 目次

チーム・スタジアム・マスコット紹介
Jリーグ初GOALはこの選手
ひらちゃんのおすすめTOP5

54クラブ巡礼コラム 目次

ひらちゃん写真館

日本全国のスタジアムを訪れると、
毎回おもしろいもの、驚くもの、いいなあと思うものに出会います。
そんな写真のごく一部をご紹介！

234

TRINITA
TRINITA

YANMAR
Soccer

Jubilo

今年こそは優勝!!
倒大阪!
今年も
トモニイコウ
絆
優勝
2008 WE ARE KOBE!!
Go to the TOP!
Please take me higher!!

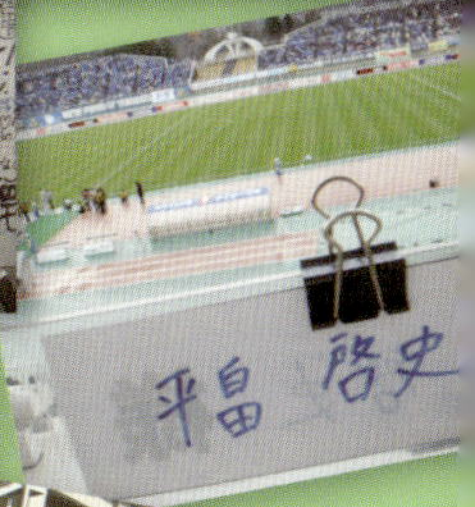
平畠 啓史

7202

VORTIS

・本書の記述は2018年8月時点のものです。
・スタジアムグルメなどは、時期によって食べられない場合があります。
またメニューの変更もありますので、ご了承ください。
・各チームの「主なタイトル」はJリーグ発足からの主なものをまとめてあります。
また、Jリーグカップは旧ナビスコカップ、ルヴァンカップです。

写真協力：Jリーグ
デザイン：MOTHER
対談写真：江藤海彦
編集協力：細川工房、鈴木英寿、高本亜紀
校正：高向美帆

JASRAC出1810237-803

Jリーグ54クラブ
おすすめ紹介
＋
巡礼コラム

北海道コンサドーレ札幌

©1996 CONSADOLE

ホームタウン
札幌市を中心とする北海道
前身
東芝堀川町サッカー部
Jリーグ加盟年
1998年
練習グラウンド
宮の沢白い恋人サッカー場
ホームスタジアム
札幌ドーム（収容:39,856人）
Jリーグ最高順位
J1リーグ第1S8位（2001年）
主要タイトル
J2リーグ優勝（2000、07、16年）

唯一無二の「赤黒」がミシャ監督とともに高みへ

J1とJ2を行ったり来たりしていたのは、もう過去の話。着実に地力をつけてきた唯一無二の「赤黒」、北海道コンサドーレ札幌は、ミシャことペトロヴィッチ監督を迎え視界良好。さらなる高みを目指す。

Jリーグ初GOALはこの選手

1998年3月21日（日本平スタジアム）
Jリーグ 1stS第1節　清水4-1札幌（18分）

かつてのコンサドーレといえば、凄い外国人選手を獲得していたイメージがあります。このバルデスもそうですし、エメルソンやウィル、若き日のフッキとか。そういったチームの歴史を象徴するような1号ゴールですね。

2002年のワールドカップではアルゼンチン対イングランド戦などが行われた、移動式の天然芝ピッチが特徴。野球の試合も行われます。サポーターの声援が天井に反響し、独特の雰囲気と迫力があります。

札幌ドーム

シマフクロウがモチーフのドーレくんは、北海道と札幌の観光大使でもあるんですよ。

ひらちゃんのおすすめ TOP5

1 野々村芳和社長

2013年に野々村芳和さん（通称、ののさん）が社長に就任してから、このクラブは変わった。サポーターと向き合い、しっかりとしたビジョンを伝えることで、みんなが同じ方向を向くことができた。野々村社長がいるから、このクラブに来たという選手も多いはず。もっと社長の顔が見えるクラブが増えればいいなとも思う。

2 札幌厚別公園競技場

1986年に完成。1987年には全国高校総合体育大会（インターハイ）が開催。1989年、「はまなす国体」秋季大会の主会場。こんな歴史を見ると、どこにでもある陸上競技場のように思えるが、このスタジアムには北海道コンサドーレ札幌の不敗神話が存在し、何の変哲もない陸上競技場が「赤黒」をまとうと「聖地」に変わる。

不敗神話もありました。

3 コンサドールズ ※1

オフィシャルダンスチーム「コンサドールズ」。サッカーチーム同様、ジュニアやユースがあり、だんだんとトップに近づいていく。

ダンスの切れが素晴らしいです。

4 究極のローストビーフ

北海道といえば海鮮やスープカレー！ と言いたいところだが個人的なおすすめは『裏参道牛肉店』。コンサドーレの選手も通っているようで、私は小野伸二選手に紹介してもらった。色んな肉の部位を使ったここのローストビーフは、今まで食べた中で一番美味しかった。

スカパー！の「平ちゃんの『ほな行こか。』」のロケで行きました。

5 宮の沢 白い恋人サッカー場

北海道コンサドーレ札幌の練習場である『宮の沢 白い恋人サッカー場』はＪリーグ屈指の設備。ピッチは一面ながら、観客席もレストランもあって、ご飯を食べながら練習を見学できる。アウェーチームのサポーターも訪れるほどの名所で、非常に素晴らしい雰囲気。チームの練習がない日でも、隣にあるテーマパーク「白い恋人パーク」はお菓子の国のようで楽しいし、ピッチの緑を見るだけでも十分楽しめる。

※1 コンサドールズには60歳以上を対象とするシニアの"月下美人"もあるんですよ。

スタジアムの「景色」を変えるもの

かつては夏になると、ヨーロッパの強豪クラブが日本にやってきてJリーグのチームと試合を行っていた。2004年8月1日、国立競技場で鹿島アントラーズと対戦したのはバルセロナ。ロナウジーニョが日本にやってきた。プジョルもシャビもそして大きな背番号「30」を背負ったメッシも。

バルセロナを生で観戦するのは初めてで、どんなプレーを見せてくれるのか期待感は大いに高まっていたが、実際はプレーを見る前に心を鷲掴みにされた。

「色」。選手入場の時、バルセロナの選手たちがいつものブラウグラナと呼ばれる青とえんじのユニフォームを着用して登場した瞬間、国立競技場の景色が変わった。Jリーグでもない。高校サッカーでもない。昔の映像の東京オリンピックでもない国立競技場になった。ピッチに立っているのは11人だけだが、スタジアム全体がバルセロナ色に染まった。

サッカーにおいて「色」の力はかなり大きい。けっこう昔の話になるが、イベントで札幌ドームに行った。ピッチにも立たせてもらったが、通常のスタジアムでは感じることができない屋内ならではの、ピッチがスタンドに包まれているような感覚が何とも不思議だった。そして、スタンドに座っている人たちが着用している「赤黒」が札幌ドームをコンサドーレ色に染める。Jリーグのクラブで赤と黒をチームカラーにしているのは北海道コンサドーレ札幌だけ。「赤黒」には唯一無二の景色を作り出す力がある。

札幌ドームの景色も素晴らしいが、聖地と呼ばれる札幌厚別公園競技場も素晴らしい。そして、私はここで特別な景色を見ることができるはずだった。それは幻に終わったけど。

2014年5月31日。札幌対福岡の試合前にエキシビションマッチが行われた。スキマスイッチの常田真太郎さんがキャプテンを務めるSWERVES対コンサドーレOBの一戦。私はSWERVESの一員としてこのゲームに参加した。

たぶん、このチームの一番年上であろう私の体力面にも配慮してくれたキャプテン常田さんは、私をゲーム終盤にピッチに投入。その終盤にクライマックスが訪れた。

同点でゲームが終わろうかという時間帯に、ハーフウェーライン付近で私に横パスが来た。その時、自分でも信じられないぐらいの柿谷曜一朗ばりの絶妙なファーストタッチをすることができた。すると、目の前が開けた。

キーパーと1対1。キーパーに向かってドリブルを開始するひらはた。その時、キーパーの後ろに赤黒のサポーターの姿が見えた。ゴールを決め、サポーターに向かって走っていき、狂喜乱舞の劇的幕切れという景色が頭に浮かんだ。

キーパーが近づいてくる。しかし、もう体力は残っていなかった。ミートできなかったシュートはポストの外。聖地に響く落胆の「あ〜」。数秒前に脳内に浮かんだ最高の景色は幻に終わった。

そういえば、コンサドーレOBチームで参加していた野々村社長は、この時足の親指を骨折、もしくは骨折手前なのにプレーしていた。一体、どんな根性しているんだよ！

そんな野々村芳和社長（社長なので気安く「ののさん」と呼ぶのをやめようか悩んでいる）は、2018年シーズンに向け「今までに見たことのない景色を、みんなに見せたい」と言ったそうだ。そう言わなくても、これまでもたくさんの景色を見せている気もするけれど。

J1昇格、残留はもちろん、経験のある選手を獲得し、プレーだけでなく、日々のトレーニングや私生活での立ち居振る舞いを若い選手に見せて、プロ選手とはどうあるべきかを提示。Jリーグでの経験豊富なペトロヴィッチ監督を招聘し、さらなる高みを目指し、サッカーの違う景色を選手に見せる。

ベトナムの英雄レ・コン・ビンや、「タイのメッシ」ことチャナティップがコンサドーレに加入することで、ベトナムやタイの人たちが北海道を訪れ、その人たちに日常とは違う北海道の景色も見せた。

にもかかわらず、さらに今までに見たことのない景色を見せたいという。でも、野々村社長のバイタリティーと厚別で見せた、骨折の疑いがあるのにサッカーをしていた根性が、それを可能にするような気もする。

2018年、ペトロヴィッチ監督率いる北海道コンサドーレ札幌は魅力的なサッカーを披露し、勝ち点も着実に重ねている。かつて、J1残留を果たせずピッチに崩れた「赤黒」が、勝ちから見放されサポーターの前でうなだれていた「赤黒」が、胸を張ってアジアへ、そしてシャーレを掲げたとき、札幌ドームや厚別は一体どんな景色になるのだろう？「赤黒」で染まった歓喜のスタジアムはきっと素晴らしい景色になるに違いない。

社長として高みを目指しつづける野々村芳和社長。

ベトナムの英雄レ・コン・ビン(左)と「タイのメッシ」ことチャナティップ(右)。

ホームタウン
秋田県秋田市、由利本荘市、にかほ市、男鹿市を中心とする全県

前身
TDKサッカー部

Jリーグ加盟年
2014年

練習グラウンド
スペースプロジェクト・ドリームフィールド

ホームスタジアム
あきぎんスタジアム（収容:5,017人）

Jリーグ最高順位
J3リーグ1位（2017年）

主要タイトル
J3リーグ優勝（2017年）

©2018 BLAUBLITZ'AKITA / WSUG(BBPU)

ブラウブリッツ秋田

質実剛健！歴史のあるチーム

ライセンスがないためJ2に上がれなかった経緯もありますが、地力は十分。前身のTDKサッカー部は1965年の創設と、歴史もあります。チームのプレースタイルは質実剛健。全員がハードワークし、攻守に連動した組織的なプレーを見せる。

Jリーグ初GOALはこの選手

盛《も》礼《れい》良《ら》レオナルド

2014年3月9日（ニッパツ三ツ沢球技場）
J3リーグ第1節　Y.S.C.C.横浜1-1秋田（18分）

サガン鳥栖在籍時に少し話をしたことがありますが、青森山田高校卒業ということもあり、日本語が驚くほど流暢かつ礼儀正しい選手。2015年7月には日本国籍も取得。現在はJFL、FCマルヤス岡崎でプレー。背番号はこの時と同じ「9」。

官庁街にも近く、コンパクトで見やすい。観客との一体感もある良いスタジアムです。

あきぎんスタジアム

HOME STADIUMはこちら

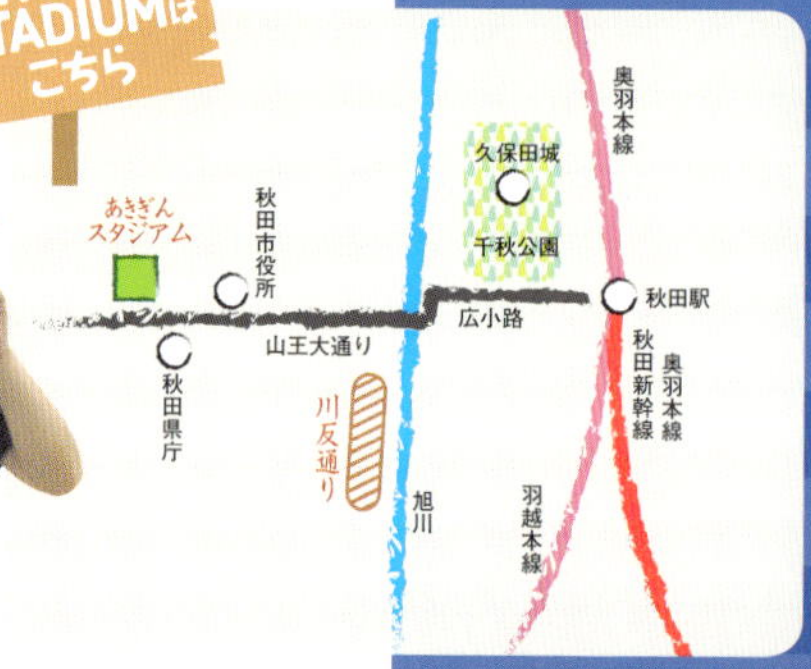

この写真ではわかりづらいが、ブラウゴンの黄色の角は「BLAU BLITZ」の頭文字をとって「BB」に。秋田ノーザンハピネッツの「ビッキー」とともに秋田県警の広報大使にも任命されている。

ひらちゃんのおすすめ TOP5

1 あきぎんスタジアム

A-スタという略称がかっこいいあきぎんスタジアム。秋田駅から車で約10分。ほぼ一直線。のんびり歩いていくのも悪くはないが、千秋公園や川反など見どころもたくさんあるので、その際は、時間に余裕をもって行きましょう。

2 ババヘラアイス

秋田のおばちゃんたちがヘラを用いて、明るい色の懐かしい感じのアイスを、バラの形に盛って作り上げる秋田名物の一つ。おばちゃんたちは車で連れていかれた場所でその日営業するシステム。いつも同じ場所で営業しているわけではないので、おばちゃんたちのビーチパラソルを見つけることができただけでもラッキーとも言える。ただ、そんなババヘラアイスをスタジアムでは確実に食べることができる。定番は黄色とピンクだが、スタジアムに行くとクラブカラーのブルーのアイスも食べることができる。これはお得。

ある種人工的な甘さの感じも大好きです。

3 なまはげ

秋田の有名行事のひとつ「なまはげ」。エンブレムの中には、かっこよくデザインされた「なまはげ」も。地元感、秋田感がいい感じで散りばめられている。「泣く子はいねがー」と言う「なまはげ」だけど、Ｊ３優勝の時は、きっとうれし涙を流していたに違いない。

4 川反（かわばた）

秋田市内旭川沿いに多くの飲食店が立ち並ぶエリア。子供の時に見たことがあるような昭和感満載で、その雰囲気はたまらないものがある。ここに訪れたのは夕方で、まだほとんどの店がオープン前。なので、店に入ることはできなかったが、この街に入っただけでもちょっとドキドキします。小さめのスナックがいっぱい入っているビルや楽しげかつ怪しげなお店も（うふふ）。店頭に張り出された「きりたんぽ」「ハタハタ」「比内地鶏」の文字を見ると「秋田に来たなぁ」と実感。夜に訪れたいエリアです。

5 2017年、J3優勝

2017年シーズン、成績は18勝7分7敗。得点53、失点31、得失点差＋22。最終節の激闘（沼津の項参照）を制し、見事Ｊ３リーグ優勝を果たした。しかし、Ｊ2ライセンスを保有していなかったため、昇格を果たすことができなかったブラウブリッツ秋田。ただ、全員がハードワークを怠らず、組織的かつ粘り強い守備は集中力を切らさず、前山、久富、田中を中心にした攻撃陣は相手の一瞬のスキを見逃さない。そんなブラウブリッツ秋田の戦いぶりは称賛に値するものだった。そして、昇格はできなかったものの、Ｊ３優勝は事実で、その事実はブラウブリッツ秋田の歴史に刻まれていく。

ライセンスの条件を満たして、さらに上のカテゴリーを目指す体制が整うことを願っています。

Ｊ２なんて遠い夢だと人は言う

れっきとした喫煙者である私ではあるが、海外旅行などの長時間のフライトは意外と平気だ。なぜならば吸えないのがわかっているから。吸えないという事実が吸いたいという気持ちを低下させ、諦めることができる。

東京から秋田への移動は新幹線になった。4時間弱の旅路。もちろん煙草を吸える訳がないと思っていた。これが秋田新幹線マジックに翻弄されるきっかけとなる。吸えないとわかってはいたのだが、駅に停まるたびに、「次の停車駅で3分停車いたします」といった車内アナウンスが流れる。もしかしたら、煙草が吸えるかもといった期待を抱かせる。吸えないとわかっていると諦めはつくが、もしかしたら吸えるかもという状況になると、無性に吸いたくなる。

駅に新幹線が停車しそうになると、ホームに喫煙所がないかを、新幹線車内から必死で探すひらはた。しかし、そう簡単には見つからない。いや、ここで新幹線を降りて喫煙所を見つけ出せたとしても、一瞬しか吸えない。逡巡している間に出発時間を迎えるのである。これが苦しい。吸えるかもしれないという期待感が吸えない苦しさを余計に増長させる。やることもないので、スマホをいじりまくる。それほど興味のないアプリもダウンロードした。すると、バッテリーの残量が少なくなってくる。

そんなとき新幹線が逆向きに走り出した気がした。タバコを吸えない禁断症状なのか？ スマホから顔を上げ、外を見た。禁断症状ではなかった。なぜか、逆向きに走り出す新幹線。これまた秋田新幹線マジック。大曲駅でスイッチバック。いわゆる方向転換し、逆向きに走り出すのだ。しかし、ここまで来たら秋田駅まではあと少し。バッテリー残量あとわずかのスマホから手を放し、乗った時とは逆に流れる車窓を楽しんだ。

そこそこの疲労感とタバコ吸いたい感をもって、秋田駅の改札を出ると、目の前には癒しの空間が現れる。２０１７年4月に改装オープンしたＪＲ秋田駅は、木材がふんだんに使用されたデザインになっている。

喫茶店や土産物屋のある東西自由通路「ぽぽろーど」や待合ラウンジは秋田県産の木材が使用され、温かなデザインは秋田新幹線マジックに疲れた心を癒してくれた。この、木の温かみを感じさせてくれるＪＲ秋田駅は「ウッドデザイン賞２０１７」の最優秀賞を受賞。目にも心にも優しい秋田駅は、一気にではなくゆっくりと疲れを癒してくれた。

そんな「ぽぽろーど」に大きなポスターを見つけた。ポスターにはこんな文字が書かれていた。

Ｊ2なんて遠い夢だと人は言う

秋田までの道のりは、東京から新幹線で4時間弱だった。

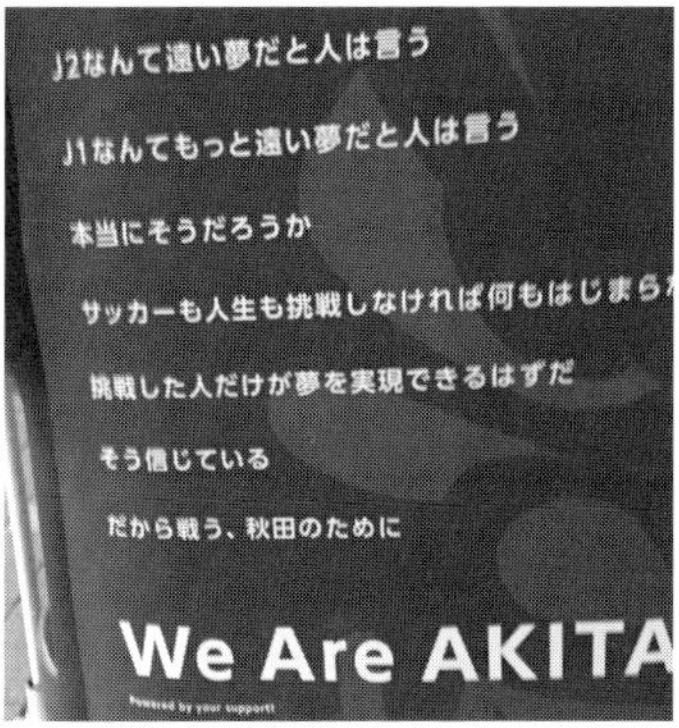

Ｊ１なんてもっと遠い夢だと人は言う
本当にそうだろうか
サッカーも人生も挑戦しなければ何もはじまらない
挑戦した人だけが夢を実現できるはずだ
そう信じている
だから戦う、秋田のために
Ｗｅ　Ａｒｅ　ＡＫＩＴＡ

ブラウブリッツ秋田の青いポスター。これまでの疲れは完全に吹っ飛び、一気に秋田モードである。

ブラウブリッツ秋田のホームスタジアム、あきぎんスタジアムは秋田駅からバスで10分ほど。それほど遠くはない。秋田市八橋運動公園内にあり、グルメも楽しめる。秋田名物のババヘラもたまらない。ビーチパラソルの下でおばさんがへらを使ってコーンに盛り付けてくれるアイスの甘さは、どこか懐かしいような気分になり、さらに秋田モードが加速する。

そして、試合開始前のブラウブリッツ秋田を応援する、ゴール裏から聞こえてくる歌声で秋田モードは絶頂に達する。

♪秀麗無比なる鳥海山よ　狂瀾吼えたつ男鹿半島よ　神秘の十和田は田沢と共に　世界に名を得し誇の湖水　山水皆これ詩の国秋田♪

よそ者の私には、はっきり言って歌詞の意味は分からない。だけど、大きな太鼓だけの音と大学の学生寮の寮歌のような節回しは力強く、色気は一切ないが質実剛健感満載で胸を震わされる。「ブラウ　ブリッツ　あきた　あきた　あきた」と繰り返し、つづいてサポーターは名曲マイウェイに乗せて、チームを信じ、愛して進み続ける思いを高らかに歌う。

そうすると、選手が入場。この一連の流れがたまらない。感動的なんだ。

秋田のために戦ったブラウブリッツ秋田は２０１７年シーズン、Ｊ３で優勝した。しかし、Ｊ２ライセンスを保有していないため、Ｊ２への昇格を果たすことはできなかった。だけど、駅のポスターにあったように夢は続いている。スタジアムに歌声は響き続けている。そして、ゴール裏から伝わる秋田モードはカテゴリーやライセンスといった範疇を越えている。

グルージャ盛岡

©2004 I.A.C

ホームタウン
岩手県盛岡市、北上市、宮古市、大船渡市、花巻市、久慈市など

Jリーグ加盟年
2014年

練習グラウンド
つなぎ多目的運動場

ホームスタジアム
いわぎんスタジアム（収容:4,946人）

Jリーグ最高順位
J3リーグ5位（2014年）

サッカー観戦に東北へ！その際はグルージャもぜひ！

東北といえばベガルタ仙台そしてモンテディオ山形。しかし、J3では秋田も福島もそして盛岡も奮闘中。仙台からそれほど遠くない盛岡なら、はしご観戦も可能。ぜひ盛岡へ！

Jリーグ初GOALはこの選手

征矢智和《そやとしかず》

2014年3月16日（とうほう・みんなのスタジアム）
J3リーグ第2節　福島0-2盛岡（71分）

2012年から2015年までグルージャ盛岡でプレー。東京ヴェルディの育成組織出身。2005年の高円宮杯全日本ユースサッカー選手権では6ゴールを挙げ、ガンバ大阪ユースの星原健太（現群馬）とともに得点王に輝いた。

盛岡駅から車で約20分。バックスタンドの芝生席で、のんびりサッカー観戦もおすすめのスタジアムです。

いわぎんスタジアム

HOME STADIUMはこちら

キヅールとの接点は、リュックに取り付けられたキヅールキーホルダーのみ。先日、電車内でキーホルダーが女子の服に引っかかった。焦った。しかし、キヅールは何事もなかったかのように無表情を貫いていた。さすがキヅール。

ひらちゃんのおすすめ TOP5

1 いわぎんスタジアム

メインスタンドからの光景は、中継などの映像で見ることができますが、現地に行ってみてビックリ！ なんと、メインスタンドを挟んで同じ作りのピッチがもう一面ある。背中合わせ。シンメトリー。不思議な気持ちになるスタジアムは必見。バックスタンド側に東北新幹線が見えるのもお気に入りです。

2 じゃじゃ麺

盛岡といえば、わんこそば、盛岡冷麺が有名ですが、私はじゃじゃ麺推し。スタジアムでも食べることができます。平打ちのうどんのような麺の食感が気持ちいい。そして肉味噌の味も独特で病みつきになる味。そこに、ニンニクや酢を加えるとまた表情が変わる。そして、食べ終わった後に卵を割り、茹で汁を注いで作る「チータンタン」が美味。くせになります。

じゃじゃ麺とチータンタンの味のギャップがたまりません。
©GRULLA MORIOKA

3 福田パン

盛岡のソウルフード、福田パン。普通にイメージするコッペパンよりもサイズは大きめ。少し弾力があって、ふかふかした食感はやさしさに溢れている。そして、ほのかな甘さには懐かしさも。福田パンに行って、中の具材やトッピングをオーダーする福田パンもいいし、スーパーで売っているいろんな味の福田パンもいい。盛岡から帰る新幹線の中で食べるのもいい。「あんバター」が人気という話を聞いた。うまそ～！

©GRULLA MORIOKA

4 B-fam（ビーファム）

岩手を拠点に活動するダンスユニット、ご当地アイドル。グルージャ盛岡の公式応援マネージャーとして、スタジアムDJの方と一緒にスタジアムを盛り上げたり、イベントを手伝ったり、物販を手伝ったりと献身的にグルージャを支えている。スタジアムに行くと会えるというのはいいですね～。ご当地アイドルもサッカークラブも、それぞれ地元のために頑張っていますが、何かのきっかけで一気にその名が全国区になる可能性がある。そんなときの嬉しいような寂しいような複雑な気持ちは応援しているからこそ。そんな日が、1年後、半年後いや明日にもやって来るかもしれません。

©GRULLA MORIOKA
売れてもグルージャの応援をしてほしいです。

5 びっくりドンキー

なぜ、びっくりドンキーなのか？ それは、びっくりドンキーが盛岡で誕生した、ハンバーガーとサラダの店「べる」が原点だから。現在でも「ハンバーグレストラン ベル大通店」という名前で一号店が残っている。こういうところは、観光地ランキングのようなところにあまり出てこないが、知っているなら一度は行ってみたい。神社仏閣、名所旧跡もいいけれど、こういうところに行ってみるのもなかなかおもしろい。盛岡の中心部にあって、外観も特徴的。話のネタにもなりそうなので、今度盛岡に行った時には、絶対に行こうと思っているスポットです。ちなみに、びっくりドンキーは昭和43年発祥で、私と同い年。50周年です。

キヅール降臨

Jリーグが世界に誇れるものの一つにマスコットがある。間違いなくワールドクラスでトップクラスだ。マスコットの重要な要素の一つとして、見る者の心をいかに解放するか？が重要だ。日常の肩書や役職などを解き放ち、かわいい、素敵と言わせるか？

海外のマスコットを見ると、日常の感覚が抜けず、まったく心が解き放たれないものが少なくない。プレミアリーグ、マンチェスターユナイテッドのマスコットはフレッド・ザ・レッド。悪魔らしいが、熊のような、なんとも言えない真っ赤な顔をしている。そして、首から下が人間丸出しだ。ゆえに、見る者に若干の恥ずかしさを感じさせる。つまり、心を解放できない。他にも、不気味、モチーフがわからない、意味不明などなど、どれぐらい心に余裕があれば楽しめるのかがわからないマスコットが結構な数、海外には存在する。

ところで、Jリーグに限らず日本にはあまたのキャラクター、マスコットが溢れている。ゆるキャラブームもあり、世間にはたくさんのキャラクターが誕生した。しかし、このゆるキャラが実は難しい。ゆるさのさじ加減を間違えてはいけないのだ。くまモンやバリィさん、ぐんまちゃんなどゆるくはあるが、そのゆるさの加減が絶妙だ。

Jリーグの会場で時折繰り広げられる、ゆるキャラ大集合というイベントで悲しい現実を見たことがある。あまりにもゆるすぎて、誰にも見向きもされないゆるキャラがいるのだ。街や企業やイベントをアピールすることが目的であるはずのキャラクターが、ゆるさのさじ加減を間違えたことで、誰からも注目されず、何もアピールできないという本末転倒な事態を迎えるのである（長くはなりましたが、ここからが本題。もちろんあのこと）。

そんなゆるキャラ問題で心を痛める私に、朗報が盛岡から届いた。世間のゆるキャラブームに一石を投じる、ゆるくないキャラクターがグルージャ盛岡に誕生した。その名も「キヅール」。

まずは、キヅール誕生までを振り返ってみる。マスコット作成を企画したグルージャ盛岡は一般公募することになった。クラブが選出した4作品のなかから、一般投票で1作品が選ばれることになった。3つはマスコットという範疇では合格点に達する作品である。しかし、もう一つの作品は異彩を放った。直線的なフォルムに無表情な顔。まさか、まさかではあるが、この無表情でゆるくない作品が勝ち残る。「キヅール」の誕生である。

そこからのグルージャ盛岡の動き

が素晴らしいものだった。なんと、キヅールの立体化を目指し始めた。クラウドファンディングで資金を募り、立体化に挑戦。そこから、キヅール降臨の日までの期待感は高まるばかりだった。

モチーフは折り鶴で、直線的なフォルムだが、これをいかに表現するのか？ 高さ、横幅2メートル40センチという噂が聞こえてきた。ゴールポストとほぼ変わらない高さ。そもそも動けるのだろうか？ 私の楽しい心配をよそに、２０１７年10月15日、FC琉球戦。お披露目の日を迎えることになった。「キヅール降臨」である。

その日、盛岡の地を訪れることはできなかったが、スマホを見るとタイムラインに踊る「キヅール」の文字。これほど、誕生したことだけで話題になったマスコットが存在しただろうか？ ネット上には「キヅール」の映像が溢れていた。

ゆるくないフォルムに無表情な顔。それは、ある意味神々しいと言っていいだろう。登場の瞬間、スタンドからはいい塩梅の笑いが起きた。見る者が心を解放した瞬間が訪れたのだ。

私の楽しい心配も杞憂に終わった。広がった羽は巧妙に曲がり、狭いところを通ることができる。アジリティも相当高く、デモンストレーションでは巧みなドリブルで10人ほどを抜き去り、シュートを決めるという離れ業も披露した。ところが、立体化したキヅールには苦難も待っていた。首から先が取れるというオカルトな事件も起こった。そのフォルムの影響もあって、強風に煽られ身動きが取れなくなるという事態も起こった。

しかし、そんな逆風などどこ吹く風だ。ゆるキャラブームの中に、直線的なフォルムで登場したこと自体、最初から向かい風。その圧倒的な存在感と神々しさはそんな向かい風を跳ねのける力を潜在的に持っている。２０１８年、グルージャ盛岡イヤーブックの表紙を見て、嬉しくなった。キヅールの顔のドアップが表紙を飾っていた。キヅールは折り鶴ながら折れない心の持ち主。キヅールの更なる飛躍を期待せずにはいられない。

公募作品の4点から勝ち残った「キヅール」。

モンテディオ山形

ホームタウン
山形県山形市、天童市、鶴岡市を中心とする全県

前身
NEC山形サッカー部

Jリーグ加盟年
1999年

練習グラウンド
山形県総合運動公園

ホームスタジアム
NDソフトスタジアム山形（収容:20,784人）

Jリーグ最高順位
J1リーグ13位（2010年）

厳しい環境に負けず J1昇格も果たす粘り強さ

雪が降る季節の練習環境やアクセスは大変に違いないが、その中でも、2009年から2011年、そして2015年をＪ１で過ごし、Ｊリーグの中でも存在感を放つモンテディオ山形。いつの時代も粘り強く、あきらめない戦いを見せる。

Jリーグ 初GOALはこの選手

真《まし》下《も》佐《さ》登《と》史《し》

1999年はＪ2がスタートした年。その年に、全試合36試合に出場しチームトップの18ゴールを挙げ、モンテディオ山形を牽引した。この試合から最終節大分トリニータ対モンテディオ山形まで、この年のＪ2は壮絶なドラマが続いた。

1999年3月14日（仙台スタジアム）
J2リーグ第1節　仙台2-3山形（58分）

バックスタンドの向こうに見える山々は季節ごとに表情を変え、NDソフトスタジアム山形の良い背景になっている。

NDソフト
スタジアム山形

写真に写っているのはディーオ。相棒のモンテスはエア遊具“ふわふわ”になって活躍中。

ひらちゃんのおすすめ TOP5

1 オーバー・ザ・レインボー

映画「オズの魔法使い」の有名な劇中歌。選手入場時、サポーターがこの歌を歌うと、NDソフトスタジアム山形は一気に試合モードに。原曲には女性がソロで優雅に歌い上げるイメージがあるが、山形のオーバー・ザ・レインボーは力強く、どこか男臭い。それがたまらない。合間に聞こえる指笛の音や掲げていたタオルマフラーを一斉に振り回すシーンは印象的で、80年ほど前にこの曲を作った人に見せてあげたい。

2 雪かき

他のチームはホーム開幕を迎えても、モンテディオ山形は3節、4節あたりまでホーム開幕を迎えることができないぐらい雪が多い。ようやくホーム開幕を迎えても、雪が残っていることも多く、そんな時はボランティアやサポーターの皆さんがスタジアムの雪かきを行う。その動きには無駄がなく、感動的でさえある。監督、選手がモンテディオ山形なら雪かきをする人たちもモンテディオ山形。みんなのハードワークがこのチームには欠かせない。そういえば、2009年初のＪ１ホーム開幕、名古屋戦もすごい雪だったな〜。

3 炎のカリーパン

「そこまでやっちゃうのかい」的な勢いと迫力が好きです。

対戦チームのご当地の名物をカレーパンの中に入れてしまうという、Ｊリーグサポーターの中でも有名なカレーパン。神戸なら神戸牛、福岡なら明太子。このあたりまでは想像の範疇を越えないが、東京の人形焼、京都の八つ橋、栃木の餃子あたりになると、もう訳が分からない。ただ、それでもおいしくまとまるのがまた不思議。そうなると、今度はどんなものが出てくるのか楽しみは尽きない。普通のカレーパンも販売していて、もちろんおいしいことは言うまでもない。

4 2014 J1昇格プレーオフ準決勝

Ｊリーグファンの中では語り草。2014年Ｊ１昇格プレーオフ準決勝、ジュビロ磐田戦のアディショナルタイム。GK山岸範宏が決めたヘディングシュート。モンテディオ山形やＪリーグの歴史を振り返るときに、このシーンは絶対に欠かせない。私もこの奇跡の瞬間に立ち会うことができたが、本当にスタジアムの時が止まった。そして、この瞬間をスタジアムやテレビで体感したモンテディオ山形のサポーターは、どんな苦しい状況になっても、奇跡を信じ続けることができるだろう。

クラブにとっても、サポーターにとっても、このゴールは財産ですね。

5 天童市ひまわり迷路

NDソフトスタジアム山形の近くで、たまたま発見。ひまわりが咲き誇り、あまりの美しさに吸い寄せられたが、ただ咲いているだけではなく、なんと迷路になっていた。ひまわりで迷路が作られているというおもしろさに加え、ひまわりの明るいイメージと迷路という暗いイメージが一つになったシュールさが私にとってはツボで、なかなかその場を離れることができなかった。

台の上から、地元の子が「お前、それ以上行ったら帰ってこれなくなるぞ」って言っているのもおもしろいです。

山形愛のその先に

2007年から2016年までスカパー！ではJリーグを全試合生中継していた。その頃の、とある水曜日の話。午前中からオフィスの中はあわただしく、誰もが忙しく働いていた。午後、ある上司が言った。「Tはどうした？」。午前中、確かにいたはずのTさんの姿が午後には見当たらなくなっていた。

「外で打ち合わせがあって、そのまま今日は帰るみたいです」と別の社員。Tさんが忙しく働いていることを知り、Tさんへの用事は明日伝えることにした上司は、そのこともすぐに忘れ自分の仕事を始めた。

午後7時になった。ミッドウィークのJ2開催日。オフィス内の全モニターには、各会場の様子が映し出されている。上司は何気なくニッパツ三ツ沢球技場で行われる横浜FC対モンテディオ山形が映っているモニターを見た。試合前、盛り上がる両チームのサポーターが映っている。画面は、太鼓に合わせて歌うモンテディオ山形サポーターをアップにした。その瞬間、普段温厚な上司がオフィスに響き渡るような声でこう言ったのである。「T〜！」。

サポーターの真ん中で太鼓をたたいているのは、紛れもなくTさんだった。Tさんは山形県出身。もちろんモンテディオ山形を心から愛している。基本的にはまじめな性格だが、少しおっちょこちょいなところもある。ただ、それもご愛敬。Tさんのいないところで、Tさんのドジ話は盛り上がり、仕事が円滑に進むのである。ところで、基本的に怒ったり、声を荒げたりすることのない穏やかなやさしいTさんだが、ことモンテディオ山形の話になると、周りが見えなくなる。

とある宴会で、ベガルタ仙台に詳しい人と席を同じにしたTさん。最初は、みちのくダービーについて楽しく話していたが、話が深まりNEC山形サッカー部と東北電力サッカー部の話まで遡った。そこまでコアな話になると、周りの誰もついていけず二人きりの世界になったが、ある試合のスコアが3対2だ、いや2対1だと両者譲らず、宴会が終わるまで不毛な議論は終わることはなかった。

NDソフトスタジアム山形から山形市内に向かうタクシーでTさんと同乗することになった。Tさんは助手席。私ともう一人が後部座席に座った。乗車中、少し会話が途切れてった。車内に沈黙が訪れた。別に、そのままでもよかったが、私は自分の中で流行っていた、当時のモンテディオ山形のエース、長谷川悠のチャントを歌うことにした。

♪長谷川悠　ドンドン　長谷川悠ドンドン♪

NDソフトスタジアム山形やその道中で見かけた、山形ゆかりのものたち。

メロディがあるというよりも、名前を呼びドンドンと太鼓をたたくこのシンプルなチャントが好きだった。そして、このチャントを歌えば、Tさんが食いついて「良く知ってますね〜」などの言葉をきっかけに、再び車内に会話が広がればいいかなというのが目論見であった。

私は窓の外の景色を見ながら、それほど大きくはない声で♪はせがわゆう♪と節をつけて歌ってみた。喜びもしくは称賛の言葉が聞けるかと思いきや、助手席から聞こえたのは意外な声だった。

♪ドンドン♪

乗ったのである。口太鼓で乗ってきたのだ。私のちっぽけな目論見など、モンテディオ愛に溢れたTさんには通用しない。まさかの口太鼓カットイン。Tさんの山形愛は底知れない深さがある。

２０１１年3月11日、東日本大震災が起こり、Jリーグは中断。約1ヵ月半中断の後、4月23日再開。ベガルタ仙台の再開初戦はアウェー等々力での川崎フロンターレ戦だった。スカパー！は仙台の壱弐参《いろは》横丁でパブリックビューイングを行った。私は司会でイベントに参加したが、このイベントを取り仕切り、東奔西走して開催までこぎ着けたのはこのTさんである。彼は、山形を愛し、東北を愛する。仙台のために身を粉にして働き、このイベントを成功させた。愛することのためならハードワークも厭わない男でもある。そんなTさんと、また別のところでタクシーに一緒に乗車する機会があった。その時は、後部座席に二人きりだった。何気ない会話の後、彼は「スカパー！辞めることになりました」と言った。

Tさんは日ごろから、不平不満を言うこともなかったので、辞める理由は思い浮かばなかったが、辞めて何をするのかを聞いて納得した。「モンテディオ山形で働くことになりました」。その愛は本物だった。そして、Tさんを知る者なら、誰しもがその選択が間違いではないことを知っている。もう、打ち合わせなどといってごまかす必要はなくなった。三ツ沢に向かって行った時以上のパワーと、私の歌に♪ドンドン♪と合いの手を入れた時以上の山形愛をもって、Tさんは現在もモンテディオ山形のために全精力を費やしている。

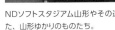

ベガルタ仙台

©1998 VEGALTA

ホームタウン
宮城県仙台市
前身
東北電力サッカー部
Jリーグ加盟年
1999年
練習グラウンド
泉総合運動場(サッカー場)
紫山サッカー場
ホームスタジアム
ユアテックスタジアム仙台
(収容:19,694人)
Jリーグ最高順位
2012年J1リーグ2位
主要タイトル
J2リーグ優勝(2009年)

ベガルタ仙台のキーワードといえば「絆」

ベガルタ仙台を支えているのは間違いなくサポーターの熱。楽しそうに応援する姿を見ているとこちらも楽しくなる。選手入場時のカントリーロードには胸が高鳴る。独自色の強い応援スタイルは選手を後押しし、スタジアムを盛り上げる。

Jリーグ初GOALはこの選手

中島《なかじま》浩司《こうじ》

1999年3月14日(仙台スタジアム)
J2リーグ第1節　仙台2-3山形(36分)

ベガルタ仙台というクラブには、中盤センターのポジションに、いぶし銀の好選手が多く在籍してきた印象があります。引退した千葉直樹や、現在でいえば富田晋伍。中島選手もその系譜の象徴的な選手の一人と言えるでしょう。

コンパクトで見やすく、一体感が生まれるスタジアムです。

ユアテック
スタジアム仙台

HOME STADIUMはこちら

Jリーグの中でも存在感十分のベガッ太。お客さんにいたずらしても許されるキャラクターの持ち主。私の隣で髪の毛をグシャグシャにされているのは、ご存じ村林いづみさんです。

ひらちゃんのおすすめ TOP5

1 チャント ※1

ベガルタ仙台のサポーターが歌うチャントはリズム感があって、ノリも良く、見ていて気持ちがいい。ただ、それだけでなく胸を打つようなチャントも。勝利の後の後に歌う「AURA」や氣志團の「スウィンギン・ニッポン」をベースにした「スタンディング仙台」は名曲。東日本大震災後の、2011年7月2日には氣志團がユアテックスタジアム仙台に登場。逆カバーし「スタンディング仙台」をサポーターの前で熱唱したシーンは忘れられない。

2 ユアテックスタジアム仙台

Jリーグ20周年の特別ショートフィルム「旅するボール」という作品にサポーター役として出演させていただき、実際の試合中にゴール裏でサポーターの皆さんと一緒に応援しました。スタジアム、そしてサポーターのパワーや熱気をより近くで感じることができ、貴重な機会になりました。何度も訪れているスタジアムですが、どこから見てもサッカーを楽しむことができます。

3 村林いづみさん

ベガルタ仙台の試合中継のピッチリポーターといえばこの方。ベガッ太との絡みは秀逸。ベガッ太にどれだけいじられても、いじられる姿が絵になるピッチリポーターはそうはいない（基本的にマスコットがリポーターをいじることはないけれど）。ベガルタ仙台に対する愛は深く、トップチームだけでなくベガルタ仙台レディースも熱心に取材。硬軟織り交ぜたネタも豊富で、サポーターにも愛されている。

4 泉中央駅 ※2

仙台駅から地下鉄南北線に乗って、車窓が真っ暗な地下から明るい地上の景色に変わると、まもなくユアテックスタジアム仙台の最寄り駅、終点泉中央駅。結構栄えていて、ショッピングなども楽しめる。乗客の数が少し減り、スマホをいじっている人も、新聞を読んでいる人もスタジアムに行くんだな〜という無言の同志感が意外と好きだ。

電車からスタジアムが見える光景がすごく好きです。

5 阿部蒲鉾店

笹かまぼこで有名な老舗の蒲鉾店だが、ユアテックスタジアム仙台では「ひょうたん揚げ」という商品を販売していた。見た目はアメリカンドッグ。衣の中身は蒲鉾。ケチャップをつけて食べるというポップな一品。残念ながら現在スタジアムでの販売はないが、街中の本店では食べることができる。

なかなかの美味です。

※1 個人的には梁勇基のチャントと昔在籍していたロペスのチャントが好きです。サポーターの動きがちゃんと合うのが凄い!
※2 地下鉄南北線で、もし僕が子供だったら確実にスタジアムが見える右側の窓に近づきますね。スタジアムの真横を走っているんで。

それでも、桜は咲いていた

２０１１年3月11日金曜日、東日本大震災が発生した。未曾有の大災害でサッカーどころの話ではなくなり、Jリーグは中断した。当時、スカパー！でハイライト番組「Jリーグアフターゲームショー」のMCを務めていたが、もちろん番組も中止になった。壮絶な映像が流れるテレビを見ながら、何もできない自分が情けなかった。

　そんななかで考えたことがある。こんな時こそ、Jリーグのことを伝える番組をやるべきではないのか？　いつ再開するのか？　被災地のクラブの現状は？　そして、被災地ではないクラブの現状は？　Jリーグの情報が少なくなっている今こそ、色んな事を伝えるべきではないだろうか？

　日に日にそんな思いが強くなり、スカパー！の当時プロデューサーだった森元さんにその思いを伝えると、森元さんは「やりましょう」と言ってくれた。情報も少なく、取材も大変だったはずなのに、多くのスタッフが協力してくれた。

　番組当日、スタジオには被災地仙台からベガルタ仙台のピッチリポーターの村林いづみさんも加わり、番組内で仙台の現状を伝えてくれた。そして、番組も無事終わり、ご飯を食べに行くことになった。何を食べたいですかという問いに、村林さんが答えた一言が仙台の現状を表すものだった。「肉っ！」。少しずつ落ち着きつつある頃だったが、まだまだ欲しいものが手に入るような状況ではなかった。彼女の一言は、どんなニュースよりもリアリティがあった。

　4月23日にJリーグが再開されることが決まり、その日はアウェー等々力での川崎戦だった。スカパー！は仙台市内の壱弐参《いろは》横丁でパブリックビューイングを開催。私はその地で司会をすることになった。手ぶらで行くのも嫌だったので、その頃再開に向けて埼玉スタジアム２００２の第3グラウンドで練習をしていたベガルタ仙台を一人で訪ねた。当日そのイベントに参加する人たちに向けてのコメントをお願いすると、手倉森監督も梁勇基《リャンヨンギ》も関口訓充も快く応じてくれた。

　当日、壱弐参横丁はたくさんの人が集まり、異様な熱気と色んな思いが渦巻き、イベント中のことはあまり覚えていない。憶えていることといえば、先に失点していたベガルタ仙台が、73分の太田吉彰のゴールで同点に追いつき、会場の感情が爆発したことと、78分にその日控えだった川崎のジュニーニョが出場の準備をしている姿がテレビの画面に映し出されると、どこからともなく悲鳴が上がったこと。ジュニーニョは、姿が映っただけでこんな遠く離れた人にも怖さを感じさせるなんて本当に凄い選手だなとぼんやり思った。そして、会場に向かう途中の仙台市内の公園に、何事もなかったように桜が咲いていたことも。

その後、Jリーグが20周年を記念して、短編映画『旅するボール』を撮影することになり、私も参加することになった。ロケ地の一つは荒浜地区で被災し、みなし仮設に住む人たちが集まる集会所だった。撮影の後も何度かその集会所を訪れたが、あるとき一人のおばさんに「ひらちゃん、家を見に行こうよ」と誘われた。地震の時、パーマをかけていて、1液だったから頭が痒くてね、あれが2液だったら大丈夫だったのにねと冗談めかしておばさんは話してくれた。海岸沿いには何もなく、ただ大きな慰霊碑が立っていた。その日は11日で月命日。そこで、おばさんは知り合いと再会を果たす。もう地震から1年以上もたっているのに、地震当日以来の再会だった。そして、案内されるままに家に行った。

いや、家があった場所に行った。もう土台しか残っていなかった。おばさんたちは、ここに玄関があってお風呂がここでと話したが、私は何も答えることができなかった。目の前の現実が圧倒的過ぎて、どんな言葉も適切ではないような気がして、黙って聞いているしかなかった。

集会所の人たちはJリーグに招待されて、ベガルタの試合を見に行ったと言う。ほとんどサッカーのことなんてわからない。少し心配になった。楽しかったのだろうか？ みんな楽しかったと言ってくれた。でも、何が楽しかったのだろう？ その答えは私の陳腐な想像をはるかに超えていた。「自然と大きな声が出せたことが嬉しかった」と。

家を失い、慣れないところに住むと、周りに気を遣う。大きな声を出したくても、出せない日々。一人で山に行って大きな声で叫んだこともあるという。しかし、ユアテックスタジアム仙台では、誰の目を気にすることなく大きな声を出すことができた。だから楽しかった。と言ってくれた。ルールやシステムがわからなくても、選手の名前を知らなくてもサッカーは喜びや希望を与える事ができる。Jリーグのクラブがその町に、ベガルタが仙台に存在する意味をおばさんたちが教えてくれた。

2011年4月23日にJリーグが再開した。この日仙台で見た桜が、なぜか忘れられない。

福島ユナイテッドFC

©2008 FUKUSHIMA UNITED FC

ホームタウン
福島県福島市、会津若松市を中心とする全県

Jリーグ加盟年
2014年

練習グラウンド
福島市十六沼公園サッカー場

ホームスタジアム
とうほう・みんなのスタジアム（収容:6,464人）

Jリーグ最高順位
J3リーグ7位（2014、15年）

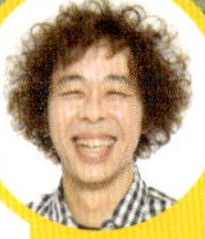

福島だからこそできるサッカーを追求する

選手が生育作業にも加わり、桃やリンゴを育てて販売するなど、大きなクラブではないからこそできる福島らしい様々なことに前向きに取り組み、独自色を出しているクラブ。ピッチ上でも田坂和昭監督のもと、魅力的なサッカーを展開。

Jリーグ初GOALはこの選手

久《く》野《の》純《じゅん》弥《や》

ヴァンフォーレ甲府でプロデビュー。170センチと大きくはない体でJ1、J2、J3、JFL、東北1部と様々なカテゴリーでプレー。東北社会人サッカーリーグ1部からJFLそしてJ3と福島ユナイテッドFCの成長とともに歩んだ選手。

2014年3月23日（秋田市八橋運動公園球技場）
J3リーグ第3節　秋田2-2福島（18分）

新幹線や高速で、東京からならばあっという間につく距離です。入場の前にのぼり（コラム参照）にも注目を!

とうほう・みんなのスタジアム

HOME STADIUMはこちら

福島ユナイテッドFCには公式マスコットがいませんが、非公認の応援キャラクター、赤べこちゃん（左）、白べこちゃん（右）が活躍中。人気が出そうなかわいさです。公式マスコットになることを期待しています。

ひらちゃんのおすすめ TOP5

1 あづま総合運動公園

面積100ha。とにかく広い。そして、自然を思う存分堪能できる。公園内の色々な施設を見たい場合、歩くと時間も体力も消費するので、車で公園に行って、公園内を車で移動するのがお勧め。

本当に広いです。

謎の公園オブジェも撮ってみました。

2 日本酒

果物のイメージが強い福島なので、お土産のお酒はワインかと思いきや、日本酒の銘柄が多く、浜通り、中通り、会津の各地域ごとに多様な味わいが楽しめる。福島県は全国新酒鑑評会で特に優れていると評価された金賞受賞銘柄数、6年連続日本一。試合後の祝杯をビールではなく日本酒で。大人だな〜。

3 あいづ陸上競技場

とうほう·みんなのスタジアム以外に、こちらでも試合を行うことがあります。最寄り駅に行くには会津鉄道に乗ることになりますが、この鉄道の醸し出す空気はたまらないものがあります。第三セクターの単線を行く1両や2両編成の車両。そして、最寄り駅の南若松駅は自然の中の無人駅。駅と電車と自然が風景画のような映画のワンシーンのような趣。「旅チャンネル」感満載です。

4 福島市民家園

あづま総合運動公園内の江戸時代中期から明治時代初期にかけての福島県北地方の民家などが移築復元されたエリア。インターネットなどで見る写真よりも、実際に見る方が木造建築の良さを感じられ、その頃の生活に思いを馳せることができる。あづま総合運動公園を楽しむには、この福島市民家園を含め、いくら時間があっても足りない。

写真を撮りだすと切りがない楽しさです。現役で使われている芝居小屋がいい味出してました。

5 湘南ベルマーレ

震災がきっかけという話を聞きましたが、福島ユナイテッドFCがＪＦＬの時に業務提携を結んだ湘南ベルマーレ。こういう取り組みも非常に興味深い。これによって、湘南ベルマーレのホーム、Shonan BMWスタジアム平塚で福島が試合を行ったり、湘南の選手が期限付き移籍で福島に加入したりと密接な関係を築いている。こういうクラブ間の交流が、Ｊリーグで増えることで、さらなる活性化も期待できます。

夏の甲子園モードで歩く福島

東京駅から東北新幹線に乗って1時間半ほどで福島駅に到着。ホームにある喫煙室でまどろんでいると発車メロディーが流れる。♪雲は湧き光あふれて♪もちろん歌詞はない発車メロディーだけど、脳内で歌詞が勝手に再生される。「栄冠は君に輝く」を思い浮かべるだけで、甲子園の情景や金属バットがボールを捉えた時の音が思い出される。

しかし、なぜ？なぜ「栄冠は君に輝く」なの？福島県って野球で有名？なんと、たくさんの名曲を作り上げてきた作曲家、古関裕而先生は福島県福島市の出身。彼の生誕100周年を迎えるのを機に、発車メロディーとして使用されるようになったそうだ。

西口のタクシー乗り場からタクシーに乗車。5分ほど走り、川を越えると視界はほとんど緑に覆われる。正面にはたくさんの山が連なっている。道の両脇には田畑が広がる。すると、駅で聴いた「栄冠は君に輝く」が頭の中で流れ始める。高校野球中継の学校紹介VTRを見ている気分。「福島は盆地だから夏は暑いのよ」と運転手さんの声。だめだよ、今そんなこと言うなよ！サッカーを見に来たのに、頭の中は完全夏の甲子園モード。にわか青春モードでとうほう・みんなのスタジアムに向かう。

とうほう・みんなのスタジアムのあるあづま総合運動公園はとにかく広い。そして、公園内には様々な施設がある。訪れた日に行われていたのは、高校生のソフトテニス大会だった。サッカー観戦の楽しみのひとつは、スタジアムのある公園内で他のスポーツを楽しむことができるところ。久々にソフトテニス（私たちは軟式と呼んでいた）を見た。

ラケットがボールを打つときの、弾けるというよりも少し潰れるような音がたまらない。コートの周りでは整列して顧問の先生の訓示を聞く生徒たち。レジャー用の折り畳みの椅子に腰かけて静かに子供のプレーを見つめるお父さん（その後うたた寝に落ちる）。西村雄一レフェリーの10分の1ほどの音しか鳴らない笛を合図に、ウォーミングアップで走り出し、「ファイト」と声を掛ける女子部員。案の定「栄冠は君に輝く」が脳内で流れ始めた。

ところでこの公園に行くにあたり、是非とも行ってみたいスポットがあった。江戸時代中期から明治時代中期にかけての福島県北部地方の民家を中心に、芝居小屋、料亭、板倉、会津地方の民家などが移築復元された福島市民家園。ホームページには、風情があり魅力的な建物の写真がたくさん掲載されていた。

ソフトテニスをあとにして、民家園に向かい歩きはじめた。しかし、これが思いのほか遠い。ホームページや公園内の地図を見て、すぐに行けそうな気になっていたが、いざ歩き始めると結構な距離。民家園に到着したのはキックオフ1時間前。本当にもったいないことをした。ゆっくり見学をして、写真を撮り、満喫する予定だったが、民家園の建物を駆け足で4分の1ほどを見学するにとどまった。

自然と昔の建物の調和が見事で、保存状態も素晴らしく、外から見るだけでなく、建物の中にもある程度のところまでは入ることができる。旧広瀬座という芝居小屋は本当に趣があって、実に素晴らしい空間だったが、あまり時間がない。公園内距離感の認識の低さと時間配分の下手さ加減を悔い、民家園に後ろ髪をひかれながら、とうほう・みんなのスタジアムに早歩きで向かい始めた頃には、青春とは程遠い汗をかき、「栄冠は君に輝く」が脳内で再生されることはなくなっていた。

あづま総合運動公園をゆるゆると歩いて、とうほう・みんなのスタジアムへと向かう

なんとか、スタジアムに戻りスタジアムグルメの焼鳥屋のおじさんの方言にほっこりしながらサッカーモードに切り替えていると、選手の写真と名前が載っているのぼりが並ぶエリアに遭遇。こういうのぼりは他のスタジアムでも見ることはあるが、福島ユナイテッドFCののぼりが一風変わっているのが、その中に子供やおばさんなど一般の方ののぼりがあること。

これは、福島ユナイテッドFCの公式サポータースクラブ「クラブユナイテッド」に入会し、試合観戦が規定回数に達し、抽選に当たるとその場で写真を撮って、のぼりを作ってくれるというサービスのひとつ。こののぼりには、シーズン終了後選手全員がサインをしてプレゼントされる。顔写真がのぼりになることが恥ずかしくて辞退される方もいるそうだが（確かにちょっと恥ずかしいかも）、面白い試みだし、チームを支える人ののぼりが増えて、スタジアムの外周を取り囲むような様子を見てみたい気もする。

とうほう・みんなのスタジアムもあづま総合運動公園も本当に楽しいが、満喫するには時間が必要。次回は、もう少し早めにスタジアムに行くことに決めた。BGMはもちろん「栄冠は君に輝く」で。

ホームタウン

茨城県鹿嶋市、神栖市、潮来市、鉾田市、行方市

前身

住友金属工業（株）蹴球同好会

Jリーグ加盟年

1991年

練習グラウンド

鹿島アントラーズ
クラブハウスグラウンド

ホームスタジアム

県立カシマサッカースタジアム
（収容:37,496人）

Jリーグ最高順位

J1リーグ年間優勝
（1996、98、2000、01、07、08、09、16年）

主要タイトル

J1リーグ年間優勝
（1996、98、2000、01、07、08、09、16年）
Jリーグカップ（1997、2000、02、11、12、15年）
天皇杯（1997、2000、07、10、16年）

©1992 K.A.FC

鹿島アントラーズ

ジーコのスピリットを受け継ぐ常勝クラブ

Ｊリーグ発足前夜、Ｊリーグに加盟できるかどうかもわからない状況からスタートしたクラブは、25年後にはＪリーグの中で一番多くのタイトルを獲得したクラブに。本当の意味での勝利の喜びを知るクラブ。鹿島アントラーズのスタイル。それは勝つこと。

プレーで視覚を楽しませ、サポーターが刻むビートは聴覚を刺激。マスコットのしかおやしかこ、アントンに触れて、スタジアムグルメでは味覚はもちろん嗅覚も満足させる。県立カシマサッカースタジアムは五感すべてを楽しませるスタジアムだ。

Jリーグ初GOALはこの選手

ジーコ

1993年5月16日（県立カシマサッカースタジアム）
Jリーグ 1stS第1節　鹿島5-0名古屋（25分）

開幕戦でのジーコのハットトリックはこれからもずっと語り継がれていくだろう。このファーストゴールはアントラーズのスタートを象徴するものであり、Ｊリーグが始まったことを世界に告げた。開幕戦でのハットトリック。さすがジーコ！

県立カシマ
サッカースタジアム

ご主人（しかお）不在時に、妻（しかこ）と息子（アントン）と私で撮った、楽しげスリーショット写真。野生の世界なら、この後、ご主人の角が私の体を突き刺していただろう。

ひらちゃんのおすすめ TOP5

1 ジーコ

現役時代の容姿、そしてプレーのかっこよさを忘れることはできない。1982年スペインW杯、ブラジル代表の黄金の中盤（ジーコ、ソクラテス、ファルカン、トニーニョ・セレーゾ）は特に印象的。ジーコが来日していなかったら、Ｊリーグや日本のサッカーは一体どうなっていただろう？

2 グルメ ※1

このスタジアムのグルメは間違いなくＪリーグでトップクラス。味、品数、店舗数、すべて充実。もつ煮は値段も安く、量がとにかく多い。もつ煮を提供する店も多く、店によって味の特徴が違ったりして飽きさせない。五浦ハムは反則級。あの煙と匂いをかいで、食べずにいられる人間がこの世にいるだろうか？ いられないに決まっている。だって、店頭の長蛇の列を見ればわかる。我慢できない。そして、そのハム焼きの味は絶品極まりない。並ぶだけの価値がある。県立カシマサッカースタジアムに行くときは、空腹が必須。お腹を減らして行かないともったいない。

季節モノだと思うんですが、メロンまるごとクリームソーダもたまらないですね。

3 カシマサッカーミュージアム

県立カシマサッカースタジアム内にある展示施設。鹿島アントラーズの歴史を感じることができ、そのすごさに圧倒されるミュージアム。トロフィーやメダル、盾、賞状などが所狭しと展示されている。アントラーズを彩った偉大な選手の功績がわかるTHE HALL OF LEGENDは見ごたえ十分。そして、歴代在籍全選手の顔写真を見るのも楽しい。懐かしい感じになったり、この選手もいたなーと思い出したり。そして、無垢な感じの新人時代の顔写真は必見。今や引退して監督や解説をしている人たちの若い頃の写真を見ることができます。

4 クラブハウス

レベルが高いと言われる鹿島の練習を見ることができる。ピッチの緊張感が練習を見ている人たちの客席にも伝わり、みんなひそひそと小声で話しているのがたまらない。練習後にはファンサービスとしてサインや握手に応じてくれることも（ルールは守りましょう）。クラブショップにはオフィシャルグッズが豊富に揃えられていて、見ているだけでもかなり楽しめます。

ご飯を食べたりお茶したりしながら練習を見学できます。

5 鹿島神宮

鹿嶋市といえばやはり鹿島神宮。敷地も広大で、杉木立は空気が澄んでいて森林浴気分も楽しめ、心身ともに気持ち良くなります。アントラーズのマスコットは鹿島神宮の鹿がモチーフ。鹿島神宮内には、鹿たちが神様の使いとして鹿園に飼われている。シーズンが始まる前、鹿島アントラーズの監督、選手が必勝祈願に訪れるのはもちろん、試合前に勝利を祈願するアウェーチームのサポーターの姿を見かけることもあります。

行くだけで時が経つのを忘れる、パワースポットです。

※1 鹿島のスタグルでは、産地直送ブースも楽しみの一つです。

諦めの悪い大人なんて最高だ

「子供たちに夢を」。Jリーグ会場に限らず、日本の至る所で見たり聞いたりするような言葉だけれど、私はあまり好きではない。まず、子供は放っておいても勝手に夢を見ると思う。スタジアムで活躍するサッカー選手に憧れたり、学校の先生になりたいと思ったり、被災地で活動する自衛隊の人を見て、病に苦しむ患者を助ける病院の先生を見て、人のために働く職業に就きたいと考える。明確な理由があるかどうかはともかく、子供なりの感性で夢を見る。だから、アイドルでもキャバクラ嬢でもユーチューバーでも、大人が考える夢の正解などには関係なく、子供は自由に夢を見る。

だから、大人が「子供たちに夢を」なんて心配する必要などない。そして、「子供たちに夢を」と言っている大人に、夢のなさそうな人が多いのもあまり好きではない理由だ。夢や希望を持って生きている大人を見れば、子供はそんな大人に憧れて、あえて「子供たちに夢を」なんて言われなくても、夢や希望を持つことができるはずだ。

鹿島アントラーズの練習場に行くと、選手やスタッフは「よくこんなところまで来てくれましたね」。と歓迎してくれた後、決まってこの言葉を付け加える。

「何にもないでしょ!」

鹿島アントラーズのホームタウンの一つ鹿嶋市。平成30年6月1日の時点で、人口6万7550人。鹿島神宮や海水浴場があるとはいえ、東京や大阪に比べれば街は少し、いや結構寂しい。若い人にとっては刺激が少し足りないかもしれない。だからこそ、鹿島アントラーズが凄いと思う。「何もないでしょ!」の街にプロのサッカークラブがあり、そのサッカークラブは最多のタイトル数を誇る。何もない街にプロのサッカークラブを作り、ジーコを呼ぶことを大人が夢見て、その夢を叶え、さらにタイトルを取り続けていく。鹿島アントラーズは大人が夢を見て、実現し、また夢を追い続けるクラブなのだ。

そもそも、まだ日本にプロのサッカーリーグがない時代に、「何もないでしょ!」の街にサッカークラブを作り、大スターのジーコを呼ぶという壮大である種無謀な夢を持つなんてことができるだろうか? バカにして笑った人もいるだろう。相手にもしてくれなかったり、夢を見るなと怒った人もいるだろう。もしかすると、大人は夢を持たない方が無難に生きることができるかもしれない。だけど、夢を追って、リスクを負って大人が挑戦したからこそ、今ここに鹿島アントラーズがある。

このクラブの根底に流れ続けるジ

ーコスピリット。一体、ジーコスピリットとは何なのか？２００７年から鹿島一筋の遠藤康は、よくわからないけれどと前置きした上でこう答えた。「フロントの人が負けず嫌いです」。実に素敵なクラブだ。諦めの悪い大人なんて最高だ。

物分かりのいいような顔をして、妥協しながら生きる方が楽に決まっている。だけど、夢を追いかける大人は違う。観客に夢を与える側が夢を、そして勝利をあきらめずに戦い続ける。

ただ、いくつものタイトルを持つクラブであっても、選手獲得には困難がつきまとうと、負けず嫌いのフロントの人は教えてくれた。特に、家族持ちの選手を獲得するにあたっては、「何もない」街がネックになることもあるという。東京などの都会で暮らしたい奥さんに鹿島行きを反対されることもあるし、子供をいわゆる良い学校に行かせたい、東京にしかないような学校に通わせたいという思いから鹿島からのオファーを断る選手もいるという。

サッカーを続けるには家族の協力は不可欠で、その判断は尊重されるべきものだ。ただ、「献身、誠実、尊重」を大事にしたジーコが、もう一つ大事にした言葉が「ファミリー」。負けず嫌いが集まった集団に生まれる絆。「ファミリー」だからこそ、これだけのタイトルが獲得できたともいえる。

サッカー観戦において、私の大好きなシーンがある。コンコース内からスタジアムの階段を上り、徐々にピッチが見えてくる、あの瞬間がたまらない。最初、空が見える。階段内の暗さと空の明るさのコントラスト。階段を上るにつれて、次第にスタジアムが見えてきて、階段の最上段に立った時に目の前に広がるピッチの美しさとスタジアムの大きさ、そして解放感。

県立カシマサッカースタジアムで私の前に階段を上る子供がいた。そして、最上段に到達した瞬間、大きな声で「すげー！」と感嘆の声を上げた。大人が夢を見て、実現したことが子供に夢を見せた瞬間だった。「何もないでしょ！」の街には、子供たちにたくさんの夢を与えるスタジアムやサッカークラブがある。

スタジアムのジーコ像は、ちょうど逆光になることが多くて、なかなかよい感じに撮れません。

水戸ホーリーホック

©2000 MITO HOLLYHOCK

ホームタウン
茨城県水戸市、ひたちなか市、笠間市、那珂市、小美玉市、茨城町、城里町、大洗町、東海村

前身
FC水戸

Jリーグ加盟年
2000年

練習グラウンド
アツマーレなど

ホームスタジアム
ケーズデンキスタジアム水戸（収容:12,000人）

Jリーグ最高順位
J2リーグ7位（2003年）

水戸にはサッカーを楽しむ懐の深さがある

「水戸が育てた」選手は数知れず。監督が代わろうとも、選手が入れ替わろうとも、このクラブには選手が成長する何かがある。そんなクラブを愛する人たちは、水戸ホーリーホックを楽しむ引き出しを実にたくさん持っている。本当に懐が深い。

Jリーグ初GOALはこの選手

鳥《と》羽《ば》俊《とし》正《まさ》

順天堂大学から1998年、JFL時代の水戸ホーリーホックに加入した170センチのディフェンダー。かつての水戸は、この試合のひたちなかや笠松をホームスタジアムとして使用。芝生席もあってのんびりムードが嫌いではなかった。

2000年3月19日（ひたちなか市総合運動公園陸上競技場）
J2リーグ第2節　水戸2-1大分（70分）

バックスタンドの応援がメインスタンドに広がり、このスタジアムが手拍子に包まれた時の雰囲気はかなり気持ちいい。

ケーズデンキスタジアム水戸

かつて負傷したホーリーくんだったが、入院費用が足りず、クラブは「ホーリーくんリニューアル募金箱」を設置。みんなの善意でホーリーくんは回復し、元気な姿に戻った。

ひらちゃんのおすすめ TOP5

1 本間幸司

この人を抜きにして水戸ホーリーホック、そしてＪ２は語れない。選手生活のスタートは1996年の浦和だが、1999年JFL時代の水戸に加入。その年から水戸一筋20年。年齢も41歳になり、Ｊ２通算出場試合数も600試合に迫っている（※本稿執筆時）。その存在はバンディエラという言葉ではおさまらない。水戸の象徴、まさにレジェンド。水戸ホーリーホックのゴールマウスを守り続けていた本間だが、2017年シーズンは笠原昂史（現大宮）の成長、台頭もあって、水戸加入以降初めて1試合も出場することはなかった。ベンチ入りするものの、試合に出場することのない本間幸司にスタジアムで会って、何度か会話を交わしたが、不平や不満を彼の口から聞くことはなかった。前向きかつ優しく気遣いのできる漢《おとこ》は、「夏休みが長くなっちゃいましたね」とおどけて見せた。そして2018年。全試合出場という訳ではないが、ケーズデンキスタジアム水戸のゴールマウスに彼の姿があった。水戸、そしてサッカーへの熱い情熱は尽きることはない。そんな本間幸司のドキュメンタリーDVDが2018年2月に発売された。タイトルは「CHALLENGE」。Ｊ２フリーク垂涎のDVD。ぜひ、お買い求め下さい。

2 310

「310」とはもちろん「みと」。選手バス（現在はアウェー観戦のツアーバス）のナンバープレートは「310」。Ｊリーグ通算310得点目（通称、水戸ゴール。得点者、吉本岳史）を記念して「310ゴールＴシャツ」も作成。「310」へのこだわりが強いなぁ～と思っていたが、そもそも茨城県水戸市の郵便番号の最初の三ケタがなんと「310」。水戸はやっぱり懐が深い。

3 水戸電力グルメ広場

スタジアムグルメで有名なスタジアムはいくつかあるが、ここも実はかなりお勧め。店舗数も多く、おいしいものがたくさん味わえる。

チキンのグリルを見かけたこともあります。ジューシーで最高でした。

4 ガールズ&パンツァー

略して「ガルパン」。茨城県大洗町を舞台とする「ガルパン」が水戸ホーリーホックをサポート。ユニフォームスポンサーにもなっている。コラボグッズ多数。背中に「あんこうチームのマーク」がプリントされたコラボレプリカユニフォームも。けっこうかわいい。

このコラボも水戸の懐の深さの一つですね。

©MITO HOLLYHOCK

5 市毛梨園

ケーズデンキスタジアム水戸と道路を一本挟んだ向かいにある市毛梨園。時期が合えば、おいしい梨を食べることができます。

アウェーのスタンドの裏側にあります。スタジアムに行った際には是非見つけていただければ。

春夏秋冬

水戸ホーリーホックを応援する人たちにとって冬とはどんな季節なんだろう？

資金が潤沢ではないクラブには、秋ごろから活躍した選手が他のクラブへ移籍もしくは期限付き移籍の選手が元のクラブへ戻るという噂が出始める。携帯やスポーツ紙をチェックする。噂が現実のものとなる。やはり、水戸を去っていく。

残念なのは間違いない。ただ、これまでもたくさんこういうことを経験してきた。そして、クラブに余裕がないのも知っている。だから受け入れざるを得ない。そして、新たに加入する選手にまた期待する。ユースでは凄い選手らしい。大学選抜に選ばれたことがある。少しでも良い情報に胸膨らませ、新しく水戸を彩る選手に期待を寄せる。

ある冬のこと、香川真司の取材でドイツ、ドルトムントの地を訪れた。自宅を取材させていただいたとき、部屋の奥にあるソファーに座りゲームに熱中していたのは2008年に水戸に在籍したパク・チュホだった。パク・チュホは現在でも水戸時代にお世話になった人と交流が続いているらしく、その人たちに会いたいと日本語で話してくれた。

水戸に所属した選手たちは、この地で様々な人と出会い、それをずっと良い思い出にしている。

「偕楽園は行った方がいいですよ！」と会うたびに言っていたのは、かつて水戸の監督を務めていた柱谷哲二氏。結局、偕楽園はいまだに訪れてはいないが、闘将に会いたくて何度も水戸の地を訪れた。

やはり、水戸に春の訪れを告げるのは偕楽園の梅とJリーグの開幕だ。ただ、2011年には春を感じることができなかったかもしれない。2011年3月11日に発生した東日本大震災。岩手、宮城、福島のことは大々的に報道されたが、茨城県の被害も甚大なものだった。ライフラインは寸断され、厳しい生活を余儀なくされた。ホームのケーズデンキスタジアム水戸もメインスタンドに損傷が見つかり、メインスタンドが使用できない状態が続いた。

そんな中、ボランティア活動に奔走したのは、水戸ホーリーホックの顔、本間幸司。1999年から所属し2018年で20年目を迎えるバンディエラ。彼は日刊スポーツのインタビューにこう答えている。「震災直後には逃げた方がいいという人もいたけど、おれは実家が日立だし（高校は水戸短大附属高／現・水戸啓明高）、嫁の実家も水戸。そして、水戸でプレーしている。逃げる場所がないから、逃げられないわけだし。それなら大変な思いをしている人たちと時間をともにして暮らし、一緒に前進

東日本大震災でケーズデンキスタジアム水戸も、メインスタンドの改修に迫られた。

していきたいと思った。地元とともに生きようと」。

試合終盤、1点ビハインドもしくは同点の水戸ホーリーホックのコーナーキックの場面。自陣のゴールを離れ、相手のゴール前に走っていく本間幸司。「コージー！」の声と共に盛り上がるケーズデンキスタジアム水戸。あの走る姿には、水戸と一緒に前進していきたいと思った彼の生きざまが詰まっている。

2012年の夏、少し早めの別れがあった。国士舘大学から加入し、水戸の守備を牽引していた塩谷司にサンフレッチェ広島からオファーが届いた。私は、まだ塩谷司のポテンシャルに気づいていなかったころ、当時水戸に在籍していた元日本代表市川大祐が塩谷司について教えてくれたことがある。「あいつバケモノですよ！」。選手が選手のことをバケモノと評す場合、最大級の賛辞になる。そして、その後の塩谷司の活躍は誰もが知るところ。

塩谷司の水戸ホーリーホックでの最後の試合。サポーターは「シオ日の丸を背負うお前をみたい」と手書きの横断幕を掲げた。そんなサポーターに向かって塩谷司はこう言った。「次、サポーターの皆さんと会えるのはJ1のピッチやと思うんで、先にJ1に行って待ってます。また、J1で会いましょう」。その後、塩谷司はUAEの強豪アル・アインへ移籍し、J1ではなくACLでしか会われへんやないか！ と水戸のサポーターがツッコミを入れたかどうかは定かではないが、きっと塩谷司の活躍や飛躍を喜んでいるに違いない。

秋風が吹くころ、少し微妙な空気が漂い始める。「最近、○○選手凄いですね。でもこれだけ良いと来シーズン……」。悪気はなく、選手を褒めるつもりでサポーターに言ったのだが、かぶせ気味に「それ以上言わないで」と言葉を遮られた。愛するチームに少しでも順位を上げてもらいたい。そのためにも選手には活躍してもらいたい。だけど、活躍すると他のクラブから引き抜かれる。そんなジレンマを感じながらも、懐深く水戸を愛する人たちはホーリーホックを見放さない。

♪走れ 走れ 俺達と共に 水戸の誇り 見せてやれ 進め 進め とどまることなく 希望の拳 突き上げろ♪

偕楽園の梅が見ごろを迎えるころ、いつものチャントがスタジアムに響き渡り、また新しいシーズンが始まる。

ホームタウン
栃木県宇都宮市

前身
栃木教員サッカークラブ

Jリーグ加盟年
2009年

練習グラウンド
河内総合運動公園陸上競技場

ホームスタジアム
栃木県グリーンスタジアム
(収容:15,325人)

Jリーグ最高順位
J2リーグ9位(2013年)

©2009 TOCHIGI SC

栃木SC

ぶれないハードワークを県民の歌が支える

栃木SCがＪ２の舞台に戻ってきた。いついかなる時でもハードワークを怠らず、栃木県民の歌が緑のスタジアムを包む。餃子だけではない。宇都宮には栃木SCがある！

Jリーグ 初GOALはこの選手

入江《いりえ》利和《としかず》

2009年4月5日(栃木県グリーンスタジアム)
J2リーグ第6節　栃木1-0岡山(30分)

2008年に加入したレフティー。2012年にチームを離れた後はラトビアやポーランドのクラブでもプレー。注目していただきたいのは、初ゴールが第6節ということ。無得点で5連敗のチームを救ったのは、地元出身の入江利和だった。

ピッチとスタンドが近く、迫力十分で見やすさ抜群。グリーンスタジアムの名の通り、たくさんの緑の木々に囲まれたスタジアム。

栃木県
グリーンスタジアム

©TOCHIGI SC

冒険心と好奇心いっぱいの少年猿トッキー。耳が「S」と「C」になっているのをついつい見逃してしまう。

©TOCHIGI SC

ひらちゃんのおすすめ TOP5

1 栃木県グリーンスタジアム

略してグリスタ。宇都宮清原工業団地の中にあるスタジアム。このあたり一帯は、道幅も広く、大きな工場が立ち並ぶ。そして、試合開催日は土日が多いので、交通量が少なく静かで、どこか異空間に迷い込んだような、若干の不安感に襲われる。Ｊリーグ観戦に行くと、スタジアムが近づいてきたことを感じ取ることができるが、グリスタ周辺には、他にはない独特の空気が流れる。

毎回「ホンマに合ってるの?」って思うくらい、たどり着くまでのドキドキ感がありますね。

2 栃木県民の歌

♪とちの葉の　風さわやかに　晴れわたる　町よいらかよ　男体は希望に明けて　日の光よもにみなぎる　栃木県　われらの　われらのふるさと♪。試合前、そして勝利後に歌われる栃木県民の歌。日本人の心に訴える旋律と歌詞は、どこか校歌のような趣もあり、なんだか泣けてくる。そんな栃木県民の歌を、家で試合の中継を見ながら、栃木出身でもないのに、私も大声で歌っている。ゴール裏から聞こえる大熱唱の歌声の中にも、メインスタンドで大きくはない声で口ずさむ歌声の中にも、栃木愛、地元愛が詰まっている。

3 餃子とジャズとカクテルの街

とちぎテレビのアナウンサー、篠田和之さんが中継の時、宇都宮の枕詞として使うフレーズ。宇都宮が「餃子の街」として有名なことは誰しもが知るところだが、国内外のコンクールで数多くの優勝者を輩出した「カクテルの街」でもあり、ナベサダこと渡辺貞夫さんが宇都宮出身で「ジャズの街」でもある。宇都宮の輪郭を短いフレーズに凝縮して見事に表現。語感もいいし、記憶に残る。何より口に出したくなる。

栃木に行ったら餃子だけではなくカクテルやジャズも楽しみたいところですね。

4 TOCKEY SQUARE（トッキースクエア）

宇都宮の街の中にある栃木SCのオフィシャルストア。チケットやシーズンパスポート、オフィシャルグッズを販売。栃木のユニフォームサプライヤー「アスレタ」の商品も。「アスレタ」はブラジル感があって、子供の頃から憧れのブランド。サッカー好きの心をくすぐるデザインで、とにかくかっこいい。宇都宮で餃子とジャズとカクテルを楽しんだ後（前でも途中でもいいけど）に、ぜひトッキースクエアにもお立ち寄りください。

5 BISTRO TOCKEY（ビストロトッキー）

2018シーズンから、グリーンスタジアム内のスタジアムグルメが「BISTRO TOCKEY（ビストロトッキー）」というネーミングに生まれ変わりました。これまでも好評だったメニューに加え、新たなメニューもプラスされてリニューアル。なかなか珍しい玉子焼き専門店や女性に嬉しい季節の食材を用いたパスタなどもスタジアムで楽しむことができます。

「心のこもったグルメとホスピタリティ」を目指しているとのこと。

栃木ＳＣが存在することの意味

ＪＦＬからＪ２に昇格して間もないころの栃木県グリーンスタジアムでのこと。メインスタンドに夫婦と子供一人の３人組が観戦していた。若めの夫は多分サッカー経験者なのだろう。ピッチに向かって大きな声で指示を出していた。監督よりも大きな声で。「クリア！」「サイド、サイド！」「セイフティーに！」。

その指示は「がんばれ〜！」などの声よりは具体的で、音量は相当大きなものだった。試合が進むにつれて音量と共に、ジェスチャーも大きくなり始めた。熱狂的なのはいいが、周りの人に少し迷惑が掛かるほどになってきた。最初は、恥ずかしそうにしながらも、子供の手前もう少しおとなしくしなさいよとでも言っているような奥さんだったが、ついには愛想をつかし子供と席を立った。一人になったが、なおも観戦と指示を続ける夫。しかし、応援むなしく栃木ＳＣは敗れてしまう。

試合後、選手はゴール裏のサポーターに挨拶に行った。ゴール裏からはブーイングが聞こえた。ここ数試合、栃木ＳＣは勝ちから見放されていたからだ。そんな時、若めの夫はすっくと立ち上がり、ゴール裏に向かって一人叫び出したのである。「まだ早いよ！まだ早いって！」。栃木ＳＣはＪ２に参入したばかり。そんなに、結果ばかり求めてはいけない。もう少し、長い目で栃木を応援しようよ。ブーイングなんかせず応援しようよと言わんばかりに叫び続けた。

もちろん、ブーイングにかき消されてゴール裏まで届くはずもないし、栃木ＳＣが負けたことと、大騒ぎしたこともあって、彼の周りには誰もいなくなって、たった一人ぼっちだったけど、彼は声を枯らして訴え続けた。彼の栃木ＳＣに対する思いがビンビンに伝わってきた。

２０１０年７月31日、対横浜ＦＣ戦。いつもは、試合開始よりもできるだけ早くスタジアムに着いて、スタジアム周辺やグルメを楽しむことにしているが、この日は到着が試合開始ぎりぎりになってしまった。前半、１対１で終わるや否や記者席から立ち上がりグルメが並ぶところを訪れた。栃木県グリーンスタジアムのスタジアムグルメも楽しい。特に、ナイターだと夏祭り風情が味わえてたまらないのである。

何を食べようかと思案していると、一人の男性に声を掛けられた。「ひらちゃん、ちょっと話を聞いてもらっていいですか？」。少し思いつめた様子だったが、きっと写真を撮ってもらっていいですか？　とかサインお願いできますか？　もしくは、最近の栃木ＳＣどう思います？　みたいなことを聞かれると勝手に想像していた。しかし、実際は深刻な話

タイの洪水の際の募金活動（上）とスタジアムグルメ（下）。スタジアムには、いつも新しい何かがある。

だった。彼は、私を道路の端に誘導し、一人静かに語り出したのである。

1週間前に彼は父親を亡くしたという。悲しさと葬式の手配などの忙しさもあって、この1週間誰とも話さず、声すら発しなかったと言い出した。だけど、今日は大きな声を出したくて、このグリスタに来たんだと言った。私もとっくの昔に父親は亡くしてはいるけれど、私の言葉など彼の力にならないだろうし、彼も私に優れた返答など求めていない。ただ、誰かに言いたくて、その誰かが私だっただけだ。そして、案の定、気の利いた答えの一つもすることはできなかったけれど、一瞬でも少しでも彼の気が晴れたならそれでいいと思った。

後半アディショナルタイム。リカルド・ロボのゴールで栃木SCは勝利した。彼はどれぐらい大きな声を出すことができただろうか？ 1週間の苦しさから少しは解放されただろうか？ 勝とうが負けようが、栃木SCがそこに存在していることこそが、彼にとって大きな意味がある。

「どこ行くの？」という声は確かに聞こえたが、誰もその質問に答える人はいない。「どこ行くの？」。どうやら声のベクトルは私に向かっているようだ。京浜東北線の車内で声を掛けてきたおじさんは、私に今日はどこのスタジアムに行くのかを尋ねてきた。そういうおじさんこそ、今日はどこへ？ Y.S.C.C.横浜戦を見るためニッパツ三ツ沢球技場に向かう栃木サポーターのおじさんだった。車内で栃木への熱い愛を私に語った後、これが観戦スタイルだと言って、眼鏡を黄色の縁のメガネにかけ替えた。その後、この黄色メガネおじさんとは色んな所で会うことになる。富山でも会った。栃木のゲームでもないのに、群馬でも会った。「あんたも好きだね！」とおじさんは言った。私は顔では笑っていたが心でこう言っていた。「あんたもだよ！」。

栃木SCがなければ、私はこんな素敵な人たちと出会っていなかった。これだけで、その土地にサッカークラブが存在する意味がある。私にとっては、これもサッカーで、こんなひと時が大好きだ。

ザスパクサツ群馬

ホームタウン
群馬県

Jリーグ加盟年
2005年

練習グラウンド
コーエィ
前橋フットボールセンター

ホームスタジアム
正田醤油スタジアム群馬
(収容:15,190人)

Jリーグ最高順位
J2リーグ9位(2008、11年)

北関東ダービーに群馬の存在は欠かせない！

2018年、J3で過ごす群馬。群馬にとっては北関東ダービー(対水戸、栃木)のないシーズンに。これは少し寂しい。ちなみに、クラブ名にクサツとありますが、スタジアムは前橋にあります。

Jリーグ初GOALはこの選手

宮川大輔《みやかわだいすけ》

1979年生まれ。いわゆる黄金世代。セレッソ大阪でプロデビュー。J1出場はセレッソでの1試合のみだが、その1試合でゴールを決めている。J1から群馬県社会人サッカーリーグ1部まで、多くのカテゴリーでプレーした苦労人。

2005年3月19日(群馬県立敷島公園県営サッカー・ラグビー場)
J2リーグ第3節　群馬1-4札幌(14分)

このスタジアムの持つ雰囲気は格別。とくに、スタジアムグルメが軒を連ねるエリアは本当に楽しい。

正田醤油
スタジアム群馬

湯友くんの背番号は「932=クサツ」。温泉で顔が真っ赤なことといい、草津色をふんだんに出しています。

HOME STADIUMはこちら

ひらちゃんのおすすめ TOP5

3 「ほっとけない!」※2

チームの顔、群馬出身の松下裕樹が2015年横浜FCからザスパに戻ったときに残した言葉。横浜FCに残りたい気持ちもあったけれど、ザスパの危機を「ほっとけなかった」。その名言によって「ほっとけない」Tシャツが作成された。

広島、福岡などでも活躍した。

4 「塾サボってやる!」

2017年、長く勝利から見放されたザスパに対し、ゴール裏のサポーターは怒りの声を上げた。サポーターの怒りがMAXに達したとき、とある高校生が怒りの気持ちを込めてこう言った。「俺は帰んねーぞ！ 塾サボってやる！」。周りの大人の共感を得られると思いきや、先ほどまで怒り震えていた大人たちが、「塾は行きなさい」「人生がかかっているんだから」と高校生をなだめたというヒューマンドラマ。2017年ザスパクサツ群馬を振り返る時、欠かすことができないゴール裏の物語。高校生は「はい、わかりました」と言って、塾に向かった。

5 上毛かるた

群馬県の自然や歴史を題材にした上毛かるたは、群馬県では百人一首よりも有名という話も。先日、スタジアムの外で「世のちり洗う」と大きな声で言ったら、中学生が「四万温泉」と答えてくれた（群馬県内大爆笑）。私の夢は、群馬県出身のJリーガーを集め、上毛かるた大会を開催すること。群馬県出身Ｊリーガーの方はぜひ。

1 敷島公園

敷島公園の中に正田醤油スタジアムはある。東京から遠すぎず、近すぎずドライブには最適な距離。この公園はばら園で有名。春は桜の人気スポットでもある。ボート池では手こぎボートや足こぎのスワンボートをカップルや家族連れが楽しみ、実にいい雰囲気。ただ、一人サッカー観戦が基本の私は、もちろんボートに乗ったことはない。

正田醤油スタジアムは、敷島公園の敷地内にあります。

2 湯もみ娘

ザスパクサツ群馬を応援するゴール裏には、いつも湯もみ娘の姿があり、湯もみ板を動かして応援する様子はこのクラブの名物の一つ。このスタジアムには湯もみ娘ブースがあり、500円で湯もみ娘の衣装を貸してくれる。この衣装を着て応援するも良し。写真を撮って、インスタにアップするも良し。アウェーの方も大歓迎だそうです。一度、体験してみてはいかがでしょうか？

こんな感じの受付があります。500円はクリーニング代とのこと。

※1 東京から前橋までは、距離的にもドライブにちょうどいい感じです。
※2 「ほっとけない。」Tシャツを松下裕樹本人に欲しいと言ったら「スタジアムに見にきたらあげます」と。ちゃんと群馬まで行ってもらってきました。

“史上最強のB級グルメ”

正田醤油スタジアム群馬のスタジアムの外にある、グルメのお店が並ぶ一角の雰囲気はたまらないものがある。店舗数やグルメの種類もさることながら、あの土地と、そこに集まる人たちが作り出す空気が私の心を鷲掴みにする。

その中でもお勧めは、平日のナイター開催。子供の頃に行った、夏祭りや盆踊りを思い出させてくれる。いつもは何気なく見ている日常の景色が、その時は違った空間になり、非日常を感じさせてくれる。ほろ酔いの大人。怪しい照明。鼻孔をくすぐり、胃袋を刺激するソースの焦げるにおい。通常は家にいなくてはいけないような時間に、幾ばくかのお金をもって大人の世界を浮遊することにドキドキする。このスタジアムのグルメのお店が居並ぶところを歩いているとき、私の脳の奥の方ではそんな子供の頃の記憶が少し呼び起こされているような気がする。

「今年はね、スポンサー料増やしたよ。分割にしてもらったけど」。と笑顔で話してくれたのは、長年このスタジアムで試合開催の日にお店を出している「ほんまもんや亭」の天川さん。2017年シーズン、ザスパクサツ群馬はJ2最下位になり、2018年シーズンの戦う舞台をJ3に移した。にもかかわらず、ここが踏ん張りどころとスポンサー料を増やした天川さん。

ザスパクサツ群馬のホームページのスタジアムグルメ紹介の「ほんまもんや亭」のところにはこんなことが書かれている。「Jリーグを愛してやまない、あの平ちゃんも常連のお店」。スナックやキャバクラなどほとんど行ったことのない私に常連の店などない。強いて言えば、近所の丸亀製麺ぐらいだ。しかし、「ほんまもんや亭」の紹介文に偽りはない。

スタジアムに行けば必ず顔を出すし、お店の人も温かく迎えてくれる。いくらでも名前を使ってもらって結構。光栄かつ拡散希望だ。

通うようになったのには訳がある。それは、かつてここで売られていたものに魅了されたからだ。ピザ風お好み焼き「いかぴっちゃん」。史上最強のB級グルメ。要は粉ものである。小麦粉の生地にいかの切り身を入れて焼いたものだが、ここで甘辛ソースにすると関西風のイカ焼きということになってしまう。ところが、ソースがピザ風でこれが絶妙な味を生み出す。

はっきり言ってチープな味だ。料亭でこれが出されたら客も困惑するだろう。しかし、最高なチープ。史上最強のB級グルメなのだ。300円ぐらいだと記憶しているが、費用対効果は抜群で満足度が非常に高い。そして、正田醤油スタジアム群馬と史上最強のB級グルメ「いかぴっちゃん」を作る天川さん。幻となってしまったこの味を、いつの日か復活させてほしい。

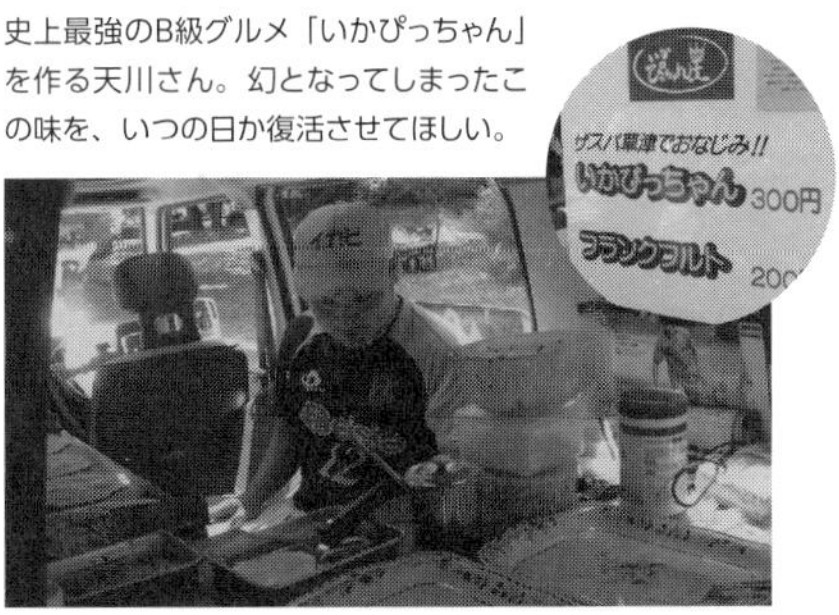

正田醤油スタジアム群馬で見かけた「いわな塩焼」。こういう、その日その時の出会いがたまらない。

いうロケーションが加わればもう最強。試合を見に行っているのやら、「いかぴっちゃん」を食べに行っているのやらわからなくなるくらいだった。

ところが、ある時店頭から「いかぴっちゃん」が消えた。ショックだった。脳の中で作り上げられていた非日常空間のほろ酔いの大人はしらふに戻り、怪しい照明は消え、何のにおいも感じなくなった気がした。なぜ「いかぴっちゃん」が消えたのか？　聞かずにはいられなかった。天川さんはその理由を教えてくれた。

いかぴっちゃんの肝であるピザ風味のソースの作り方を教えてくれた師匠がいた。しかし、ある時師匠が亡くなってしまう。天川さんは師匠がいなくても、あのソースを作ろうと努力に努力を重ねた。しかし、あの師匠の味がどうしても出せない。いや、私の舌ぐらいならきっとわからないとは思う。ただ天川さんは納得しない。何度も何度も味見を重ね、その影響で体重は10キロ以上増えた。その後も試行錯誤を続けたが、あの師匠の味を出すことはできなかった。この味ではお客さんに失礼だと判断した天川さんは、「いかぴっちゃん」を提供することを断念した。

非日常空間を作り出すための日常での苦労を聞いて頭の下がる思いだった。そして、史上最強のB級グルメは思い出の味となり、記憶に深く刻まれることとなった。

その後もスタジアムで店を出し続ける一方で、プリンを作ることになった天川さん。そのプリンがふるさと納税の返礼品の一つにも選ばれ、日常も忙しく過ごしている。店舗のキッチンカーはいつも4人体制。天川さんと天川さんの両親といつも一人の女性が働いている。

天川さんはこの女性と結婚する気があるみたいだけど、まだ踏ん切りがつかないご様子。でも、結婚式の夢は膨らんでいる。ここで店を出すことによって知り合った、これまでザスパクサツ群馬に在籍していた選手を結婚式に呼んで、私を司会に呼ぶことが夢だそうだ。私はその旨ももちろん快諾。いつになるかわからないけれど、その要請を首を長くして待っています。そして、無理をしなくてもいいので、いかぴっちゃん復活の報も首を長くして待っています。

浦和レッズ

©2001 URAWA REDS

ホームタウン
埼玉県さいたま市

前身
三菱自動車工業サッカー部

Jリーグ加盟年
1991年

練習グラウンド
さいたま市大原サッカー場

ホームスタジアム
埼玉スタジアム2002
（収容:63,700人）

Jリーグ最高順位
J1リーグ年間優勝（2006年）

主要タイトル
J1リーグ年間優勝（2006年）
Jリーグカップ（2003、16年）
天皇杯（2005、06年）
ACL（2007、2017年）

圧倒的なサポーター力まさしく、これぞホーム！

かつてシャビ（元スペイン代表、元バルセロナ）は「バルセロナというクラブはどんな存在ですか？」と聞かれ、「宗教です」と答えていたが、レッズもそれに近い感覚かもしれない。サポーターの皆さんは誰が得点したかはもちろん見ているが、その先の浦和レッズという存在自体を見ている気がする。唯一無二のクラブです。

Jリーグ初GOALはこの選手

望月聡《もちづきさとる》

1993年5月22日（横浜市三ツ沢総合公園競技場）
Jリーグ 1stS第3節　横浜フリューゲルス1-3浦和（72分）

守山高校、大阪商業大学を経て日本鋼管（NKK）へ。1992年浦和に加入。日本代表、国際Aマッチ7試合出場。引退後は指導者の道に進み、2011年FIFA女子ワールドカップではコーチとしてなでしこジャパンの優勝に貢献した。

ピッチから見るスタジアムも素晴らしいはず。選手なら一度はこのピッチに立ちたいでしょう。

埼玉スタジアム2002

レディアの妻、フレンディアとのレアなツーショット写真。双子の子持ちとは思えない若々しさに、思わずひらちゃんピースサイン。

ひらちゃんのおすすめ TOP5

1 サポーター

浦和レッズをサポーター抜きに語ることはできない。味方選手を熱く鼓舞し、対戦相手に恐怖を与えることができるサポーター。アジアチャンピオンズリーグでのホーム感は圧倒的。時折みせるコレオグラフィーは圧巻。コレオグラフィーの素晴らしさに加え、それぞれの思いが伝わってくる。

2 埼玉スタジアム「南広場」

浦和美園駅から歩いていくと、到着と同時に目の前に広がる南広場。たくさんのテーブルと椅子が用意され、おいしいグルメとビールに舌鼓を打ちながら、試合開始までの時間を楽しく過ごすことができる。飲みすぎにはご注意を。

写真は「エンジョイ! 丼ぶりフェス」。地元の美味しいグルメが楽しめるイベントもたくさん開催している。

©URAWA REDS

3 大原サッカー場

住宅街に突如現れるレッズのトレーニンググラウンド。多くの熱心なレッズファンが見学に訪れる。ここでは、埼スタで見る選手とは、また違った表情を間近で見ることができる。最寄りの駅はさいたま新都心駅。駅に隣接したコクーンシティは大きなショッピングモールで、楽しみが尽きることはない。練習の見学後は食事をして買い物をして映画を見る。このあたりで1日楽しめる。

4 浦和駅

浦和駅にはもとからレッズ色が漂っていたが、2018年3月に浦和駅中ノ島地下通路（通称URAWA SOCCER STREET）が開通。オフィシャルショップの「レッドボルテージ」もこちらに移転し、さらにレッズ色が濃くなった。デジタルインフォメーションウォールと呼ばれるタッチパネル型のデジタルサイネージ（カタカナばかりでよくわかないけど、要は電子看板）があり、画面に触れると、レッズのクラブ情報や歴史などがわかるようになっている。

浦和駅前のイルミネーション。

5 埼玉スタジアム「もみの木広場」

南広場をさらに奥に進んでいくと、そこにあるのは「もみの木広場」。芝生の広場では、子供たちがサッカーをしていたり、家族がのんびり過ごしていたり、恋人同士が語り合っていたりする。暖かい日に、この広場を見ているとほっこりします。

スタジアムの中の熱さとは対照的な、アットホームな広場です。

ゴールポストに込めた思い

埼玉スタジアム2002のミックスゾーンは、人気クラブだけに多くのマスコミ関係者でごった返す。浦和の選手たちも丁寧に対応し、色々なところに人だかりができる。そんな中、低音ながらよく通る声で丁寧に記者の質問に答える選手がいた。

現在、ギラヴァンツ北九州でプレーするゴールキーパー山岸範宏。姿勢を正し、大きな声で答える姿はまるでプロレスラーの趣で、その様子を遠巻きから興味深く見ていたのだが、山岸は私が出演していたスカパー！のハイライト番組を見てくれていたようで、いつしか試合後話すようになった。

そのころ、山岸は試合前の円陣が解けると、ゴールマウスに向かって走っていき、ポストを両手で挟むように持ち、額をポストにこすりつけ、祈るようなことを行っていた。何をどういう気持ちでやっているのかを山岸に聞いたところ、プロの世界で戦うことの意味を教わることになった。

キーパーの練習は過酷だ。相当に自らを追い込む。どんなシュートが飛んできても対応できるように、日々練習を重ねる。ただ、試合になって簡単に処理できるようなシュートが飛んでくるとは限らない。味方や敵に当たってコースが目前で変わる。ブラインドになってシュートが見えない。それでも何とかボールに反応する。手が届くか届かないかぎりぎりのシュート。そのボールが手のひらに当たるか、指の第二関節あたりに当たるか、それとも指先に当たるかで大きく勝敗、人生が変わる。何とか触って、ゴールネットが揺れなければ問題ない。

ただ、そのボールがポストに当たる時がある。ポストに当たってボールが外に行くか、それともゴール方向に転がりゴールインするかは数センチ、数ミリの世界。もう、人間の力ではどうにもならない世界だ。ただ、それで勝敗も人生も変わることもある。だから、最後の最後にポストに気持ちを込める。すべてを研ぎ澄ました選手同士が戦うピッチで勝負がどちらに転がるかなんて本当に紙一重だ。

そんな山岸だけでなく、浦和の選手、スタッフそして浦和レッズを愛する人たちが通う中華料理店が浦和駅近くにある。店主である中国人のコウさんの料理は絶品で何を食べても間違いなくおいしい。コウさんももちろん浦和レッズを心から愛している。そして、コウさんの優しさと心の広さにみんな魅了される。初めて店に行った時のこと。すべての料理がおいしすぎることと宴の楽しさのあまり、気づけば終電がなくなっていた。そうすると、コウさんは何気なくこう言った。「ヒラ、家まで

2006年にJ1優勝時の山岸範宏。

送っていくよ」。

当時、私は中野に住んでいたので、浦和からは近い距離ではない。なのに、車で家まで送ってくれた。車中でいろんなことを話した。中国のこと。日本に来た時のこと。料理のこと。でも、何を話しても最後はレッズの話になる。コウさんは浦和レッズを、そして浦和レッズに関わる全ての人を愛してやまない。

ある日、コウさんの店でご飯を食べていると、どこからともなくこんな情報が耳に入った。「ギシ（山岸）移籍するよ」。大学卒業後、浦和一筋の山岸範宏が期限付きでＪ2のモンテディオ山形に移籍することになった。そんなことはプロの世界では当たり前で、コウさんもそんなことはたくさん見てきたはずだけど、どこか少し寂しそうに見えた。

２０１４年、モンテディオ山形に移籍した山岸は正ゴールキーパーとしてだけでなく、キャプテンとしても山形を引っ張った。シーズン序盤は波に乗れなかった山形だが、徐々に順位を上げて6位フィニッシュ。Ｊ1昇格プレーオフに挑むことになった。その準決勝ジュビロ磐田戦では、後半アディショナルタイムのＣＫで伝説のヘディングシュートを決め、決勝進出を決めた山岸範宏。まさに奇跡だったけれど、よく考えてみると、あれだけ勝負にこだわり続けている山岸範宏へのサッカーの神様からの贈り物だと思えてきて、偶然ではなく必然だなと一人納得していた。

ヤマハスタジアムで声を掛けようにも、多くの記者に囲まれた山岸にも近づきさえできなかったけれど、背筋を伸ばし良く通る低音で記者の質問に答える姿は埼スタで見る山岸と何も変わらなかった。

味の素スタジアムでのＪ1昇格プレーオフ決勝。1対0で千葉に勝利したモンテディオ山形はＪ1昇格を決めた。ゴール裏に集まるサポーターに挨拶をする選手たち。その選手に私はインタビューをしていた。ゴール裏のサポーターの歓声は鳴りやむことはなかった。感動に泣いている者。ただただ選手の名前を連呼する者。「ありがとう！」と叫ぶ者。

インタビューを終え、控室に戻ろうとすると、ゴール裏から私の方に向かって叫ぶ人がいた。「ヒラ！ヒラちゃん！」。声の主はコウさんだった。山岸範宏の雄姿を見るため、コウさんは味の素スタジアムに足を運び、山形サポーターの中で応援していたのだ。山岸範宏の勝負にかける思いとコウさんの浦和に関わる人への愛情が重なって、なんだか泣けてきた。

大宮アルディージャ

©1998 N.O.A

ホームタウン
埼玉県さいたま市

前身
NTT関東サッカー部

Jリーグ加盟年
1999年

練習グラウンド
大宮アルディージャ練習場

ホームスタジアム
NACK5スタジアム大宮
(収容:15,600人)

Jリーグ最高順位
J1リーグ第1S5位(2016年)

主要タイトル
J2リーグ優勝(2015年)

老若男女を問わない大宮らしさが楽しい

大宮の街が楽しい。子供から年配の方まで楽しめる。お酒が楽しめる店も多い。スタジアムでも老若男女問わず、色々な人がアルディージャのサッカーを楽しんでいる。温かいサポーターが、大宮アルディージャに、オレンジ色の愛を注ぐ。

Jリーグ初GOALはこの選手

佐藤《さとう》昌吉《しょうきち》

1999年3月14日(韮崎中央公園陸上競技場)
J2リーグ第1節　甲府1-2大宮(48分)

五戸高校から日本鋼管サッカー部、京都パープルサンガを経て1999年大宮へ。在籍は1年。出場はJ1・24試合。J2・13試合。ナビスコカップ(現ルヴァンカップ)13試合。合計50試合で1得点。このゴールが唯一の得点だった。

サッカー観戦には理想的な大きさのスタジアム。ピッチにいる選手の声も聞こえる。ゴール裏からは、相手のサポーターがかなり近くに見えて、サポーターって本当に戦っているんだなぁと実感する。

NACK5スタジアム
大宮

HOME STADIUMはこちら

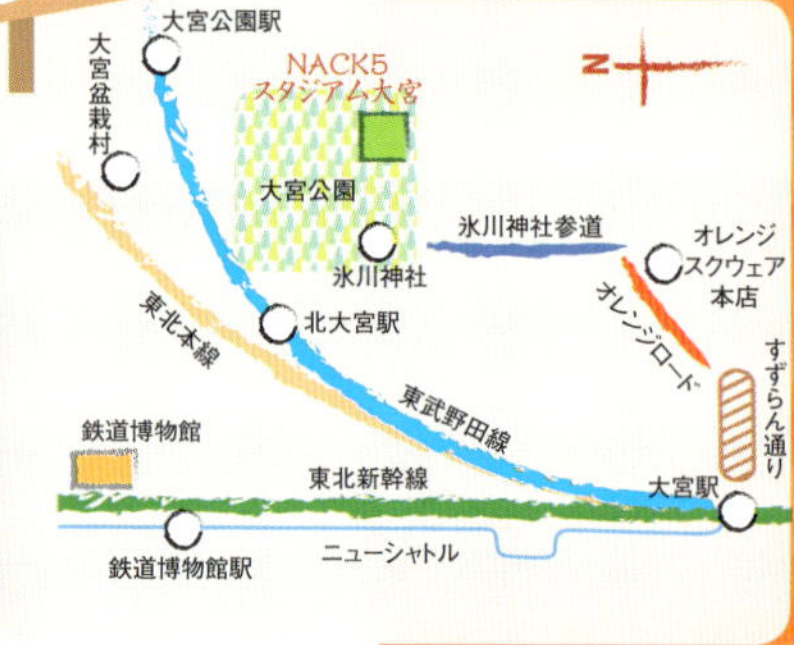

アルディくんもミーヤちゃんも本当に可愛い。私の姿を見ると近寄ってきてくれます。一度、取材申請が通っていないことがありましたが、焦っている私にアルディくんとミーヤちゃんが近寄ってきて「どうぞ」と通してくれたことがあります(笑)。

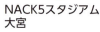

ひらちゃんのおすすめ TOP5

1 NACK5スタジアム大宮

2007年のこと。大宮公園サッカー場が改修されて、NACK5スタジアム大宮としてスタートという前日に、その頃青海にあったスカパー！のスタジオからこのスタジアムまで、距離にして約39キロを歩くという無謀な企画に巻き込まれ、夜中ひたすら歩いてこのスタジアムに行くという、忘れたくても忘れられない思い出がある。あまりの疲労と眠さで、監督会見室の床で泥のように眠ってしまった。試合内容はほとんど記憶にありませんが、大宮の対戦相手が大分トリニータであったことは鮮明に覚えています。

今も大宮の関係者の中に「歩いてきたんですか?」と聞いてくる方がいます。

2 氷川神社

NACK5スタジアム大宮の近所にある氷川神社は、東京、埼玉近辺の約280社ある氷川神社の総本社。大宮の名は氷川神社を「大いなる宮居」とあがめたことに由来するといわれる。たいへん立派な神社で、パワースポットでもあるらしい。大宮駅から徒歩でNACK5スタジアム大宮に向かうときに、この氷川神社の参道を通ることになるが、一直線に伸びるケヤキ並木の参道は、不思議と心が落ち着く、癒しスポットでもあります。

参道を歩いてお参りしないのもバチが当たる気がして、参拝せずにはいられません。

3 鉄道博物館

大宮は鉄道の街。数多くの路線が通り、大宮総合車両センターもある。大宮駅からニューシャトルに乗ってわずか一駅で鉄道博物館に行ける。車両やジオラマも充実。駅弁も種類豊富。大宮の試合の帰りに、いつも鉄道博物館のことを思い出し、次こそは必ずと思いながらも結局行けずじまい。次こそ。

4 盆栽

大宮は知る人ぞ知る盆栽の街。関東大震災で被害を受けた盆栽業者が盆栽育成に適した土壌を求めて移り住んだそうだ。盆栽村があり、盆栽美術館や盆栽園もあって、見学や購入もできる。盆栽について全く疎い私ではあるが、この盆栽村で見た盆栽の世界観になぜか吸い込まれていった（購入はしなかったけど）。じっくり見てみると、けっこうおもしろい。そして、勝手に一人値段当てクイズも楽しんだ。最近では、盆栽が世界的なブームで、外国人の姿も多い。大宮では、盆栽の奥深さにも触れることできる。

5 武蔵野銀行

大宮のスポンサーである武蔵野銀行のCMが泣ける。ドラマ仕立てになっていて、そのドラマの出来栄えが素晴らしく、終わった後に必ず感情が揺さぶられる。大宮の試合をテレ玉で見ると、ハーフタイムに武蔵野銀行のCMが流れる。秀逸なCMなので見入ってしまう。すると、後半が開始しているにもかかわらず、頭の中が武蔵野銀行に引っ張られていることに気づく。サッカーに集中できない感動的なCM。是非一度ご覧あれ。

ゆるゆる大宮散歩

京浜東北線で大宮駅に着くと、発車メロディーが耳に入って来る。大宮アルディージャオフィシャルソング「Vamos Ardija」の歌なし、オルゴール風バージョン。この音楽はかなかなNACK5スタジアム大宮にたどり着けない、楽しい大宮散歩の出発メロディーでもある。

到着ホームから階段を上ると、甘い香りがどこからともなく流れてくる。おそらく、いつも列ができている「ベイク」のチーズタルトが源だと思われるが、それ以外にも駅の中に誘惑が多く、相当強靭なメンタルでないと駅から出ることができない。乗降客の多い大宮駅だけに、駅自体が楽しくなっている。

改札を抜け、東口には待ち合わせも含め多くの人。信号を挟んで、向こうに見えるのがすずらん通り。かなり年季の入ったすずらん通りの看板と、その下のアウェーチーム歓迎の横断幕。私はホームでもアウェーでもないが、この時点でメンタルゆるゆる状態に陥る。すずらん通りは、アルディージャの旗を掲げる店も多く、アーケードの下は全体的にオレンジがかっている。その通りに、程よく入りやすそうな飲食店が居並ぶ。昼も夜も、行きも帰りも魅力的なお店も誘惑もいっぱい。歩いているだけで楽しい。

すずらん通りを抜け、信号を渡ると、今度はオレンジロードが出現。ここをわき見もせずに歩ける人がこの世に存在するだろうか? 古着屋に美容室。ラーメンにお好み焼き。履物の店などの古い商店。新旧の魅力的な商店が軒を連ねる。この通りの電柱に取り付けられたスピーカーからは、大宮アルディージャオフィシャルソング「Vamos Ardija」歌詞入りバージョンがうっすらと流れている。♪wow wow wow ア～ルディ～ジャ♪この部分は聞き取れる。ただ、それ以外の歌詞はよくわからない。だから、いつも心の中でサビ待ちしている。そして、このさわ～っとうっすら流れているのがたまらない。大音量で土足で体内に入り込んでくるより、じわりじわりと街とアルディージャが体に浸透してくる感じが好きなんだ。

オレンジロードの終点には、クラブショップのオレンジスクウェア本店。普通なら、そろそろサッカー観戦モードになるところ。しかし、そう簡単にはいかない。信号を渡ると氷川神社の参道が大きな心で迎えてくれる。この氷川神社は約280社ある氷川神社の総本社。中山道から南北2キロに延びる参道は日本でも最長という話。

この参道の二の鳥居から、NACK5スタジアム大宮に向かって行く大宮駅東口のすずらん通り。魅力的な飲食店が立ち並んでいる。

大宮公園の児童スポーツランド。昭和な感じがたまらない。

ことになるが、まっすぐに伸びる参道とこのケヤキ並木が本当に心地良い。歩くだけで癒される。ゆえに、三の鳥居を前にして、参道を逸れ、スタジアムに向かう右の道を歩き出すことはできない。これだけ、心を癒していただいた神様に、そんな失礼なことはできない。もちろん、三の鳥居をくぐり境内へ。実に立派な神社で、参道も含めパワースポットとも言われているそうだ。そんなことを微塵も感じることができない私でさえ、何となく納得の趣。時が経つのを忘れてしまう。

ゆっくりと参道と神社を散策し、ＮＡＣＫ５スタジアム大宮と言いたいところですが、ここでそのままスタジアムに入ってしまうのはもったいない。ここまで来たら、大宮公園にも足を延ばしましょう。

この公園には、魅力的なものが盛りだくさんで本当に楽しい。小動物園はなんと無料。最近は、見せることに趣向を凝らした動物園やサファリパークなどがあるが、この小動物園の売りは「ほっこり」。なので、巷の動物園では主役級のトラやライオンなどはいない。なぜならば、ほっこりしないからだ。入り口をくぐり迎えてくれるのは、ブタ、やぎ、インコ。最高のほっこりラインナップ。イベントもあり、「ブチハイエナのガリガリタイム」や「ツキノワグマのペロペロタイム」などほっこりしているかどうかは別にして、魅惑のイベントが満載。

そして、小動物園入り口の前に広がる、大宮公園児童スポーツランド。もちろん無料。乗り物に乗る時に、小銭を投入し楽しむ。フリーパスなんていらない。並ぶこともない。懐かしさを感じるバッテリーカーや、子供がまたがって乗るミニ電車。ノスタルジックな世界が広がる。油断するとちょっと泣きそうになる。

そして、この公園に行くならお勧めは春。この公園の売りの一つは桜。１０００本以上の桜は見ごたえ十分。公園内にたくさんの屋台が出て、そこかしこで楽しげな宴会が繰り広げられ、多いに賑わう。ＮＡＣＫ５スタジアム大宮に行くときには、時間と体力に余裕を持っていくことをお勧めします。油断すると、楽しくてスタジアムになかなかたどり着けなくなります。

ホームタウン
千葉県市原市、千葉市
前身
古河電工サッカー部
Jリーグ加盟年
1991年
練習グラウンド
ユナイテッドパーク
ホームスタジアム
フクダ電子アリーナ
（収容:19,470人）
Jリーグ最高順位
J1リーグ第1S2位（2001年）
J1リーグ第2S2位（2003、04年）
主要タイトル
Jリーグカップ（2005、06年）

©1996 JEF.FC

ジェフユナイテッド市原・千葉

ポテンシャルはＪ１ 何かできっと変わる

ナビスコカップ（現ルヴァンカップ）を連覇した。オシム監督時代のサッカーは注目を浴びた。だが、気が付けば今年でＪ２、9年目。ただ、サポーターの数も多く、スタジアムも素晴らしく、予算規模もＪ１クラス（だと聞く）。何かできっと変わる。その何かを探すのに、少し時間がかかっただけだ。

Jリーグ初GOALはこの選手

パベル

パベル懐かしいな〜。Jリーグにはブラジル人選手が多いものですが、ジェフはブラジル以外の外国人選手も多い。リトバルスキー、マスロバル、ハシェック、ストヤノフ。このパベルはチェコ人プレーヤー。歴史を感じます。

1993年5月16日（広島スタジアム）
Jリーグ 1stS第1節　広島2-1千葉（67分）

サッカーの楽しさ、美しさを感じられる日本でもトップクラスのスタジアム。日本に、この規模のサッカースタジアムがもっと増えればいいと思います。

フクダ電子アリーナ

HOME STADIUMはこちら

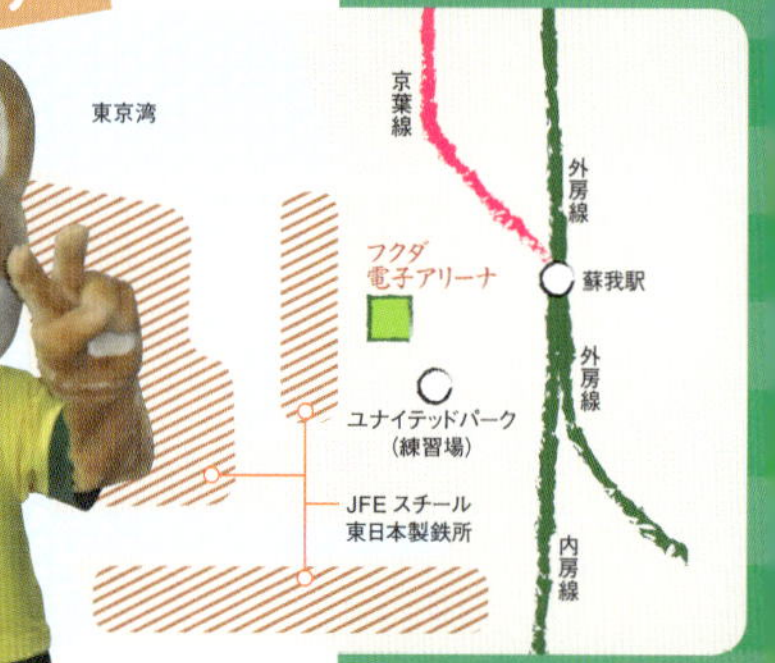

千葉なのに、ジェフィ（左）とユニティ（右）はなぜか秋田犬なんです。でも今は秋田犬がブームですし、先読みしていたのかな。

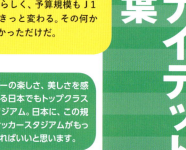

ひらちゃんのおすすめ TOP5

1 フクアリ

観戦していて、まったくストレスを感じない。なので、さあ試合を見るぞと気持ちを整えなくても、自然と試合に集中できる。スタジアムの構造はもちろん、規模感がサッカーを見るにはちょうどいい。文句のつけようがありません。

選手の入場を待ちわびる子供たち。

2 蘇我駅

外壁、内装、床がジェフカラーに染まっています。駅員さんがジェフのユニホームを着ていることもありますし、トイレの床のデザインもジェフカラーです。

いっそのこと「ジェフ駅」にならないのかなとずっと思っています。

3 「喜作」のソーセージ

スタジアムグルメの中でもトップクラスで有名なメニューです。ソーセージ盛りですが、味もいろいろあって、ケチャップつけようがマスタードつけようが自由。通はタッパを持参していって多めに入れてもらいます。もちろん美味しいです。

アウェーのサポーターもタッパを持参するほど有名です。

4 工場群

いわゆる工場萌えっていうのでしょうか。工場のむき出しな感じが見ていて飽きないです。夜は煙突から炎が出ていることもありますけど、なかなか上手く撮れないんですよね。

スタジアムのすぐ隣が工場です。

5 場外案内DJ

蘇我駅からフクアリに到着すると、小さなステージで、女性の方が一人でずっとしゃべっています。一般開場からキックオフまで、試合の見どころとか、イベント案内、水分補給の注意といったことをずっとしゃべっています。試合終了後は「気をつけて帰ってください」「信号が変わります」とDJポリス的な役割も果たしています。勝った時はお客さんとハイタッチしたり、馴染みのお客さんに「また来てくれたんですね」と声かけたり。この方の働きぶりは凄いですね。尊敬しています。僕の中でのフクアリ名物です。

日常と非日常の分岐点

2017年6月10日。ジェフユナイテッド市原・千葉対アビスパ福岡。この日は、NHK BS1で放送中の「Jリーグタイム」J2スペシャルのロケで中川絵美里キャスターと共にこの試合を観戦するロケを行っていた。朝から天気も良くロケは快調。メインスタンドのアビスパ福岡のサポーターが応援するゴール裏寄りの座席で観戦することになった。

午前中の天気は良かったが、試合が始まるころになると風が強くなってきた。フクダ電子アリーナは海に近いこともあって、風が強い日もあるにはある。ところが、試合が進むにつれて霞み始める。砂埃が大気を覆い始める。後半に入るころには、向こうサイドで何が起こっているかわからなくなった。

その原因は、スタジアム南側に新設された全面土の野球グラウンドらしい。強風が予想され、午前中からグラウンドに散水したものの、風が強すぎたため、うまく散水することができず、グラウンドの土は大量の砂埃となってフクアリを襲った。目は痛い。耳も鼻も穴という穴はじゃりじゃりだ。何をやっているんだ！管理者出てこい！と怒っている人もいたという。

しかし、普段はお猪口《ちょこ》もしくはお猪口の裏ぐらいの器しか持ち合わせていない私だが、ことサッカーに関しての器は大きい。形はいびつだけど。こんなことぐらいでは腹が立ったりしない。死ぬことはないが、なんとなくニュースになる現場の当事者であることも嫌ではないし、サッカーバカが集まってサッカー談議になった時、あのフクアリに俺はいたんだぞと良いネタにもなる（そんな会話になったことないけれど）。

それに、こんな視界の悪い中、無失点に抑えたジェフのゴールキーパー山本海人（現横浜FC）とアビスパのゴールキーパー兼田亜季重（現大分）の奮闘ぶりを見れば、なんで文句を言えようか（言ってもいいけど）、いや言えるはずがあるまい。

不思議なもので、大勢いる中でひとりだけ砂埃だらけなら目立つし、みじめな気分になるかもしれないが、この日スタジアムに足を運んでいた1万人以上の人間、全員が砂埃まみれになると、それが当たり前になり、別に何とも思わないようになる。

ただ、その後、シャワーを浴びた時の、排水溝の砂の溜まり具合は尋常ではなかった。何度シャンプーしても、髪の間に指が入っていかず、髪の毛バシバシ状態。それもまた良い思い出だ。しかし、このままでは少し寂しいので、この日フクアリに行っていた方は、是非話しかけてください。フクアリ砂埃談義をしましょう。

砂埃の舞うフクアリ。

ファンが集まりにぎわうスタジアム横の広場。

そんな試合が始まる1〜2時間前。場外でロケをしていた。フクダ電子アリーナは、中も外も楽しめる。「喜作」のソーセージ盛りを筆頭にグルメも存分に楽しめる。外から見ていただけで入ったことがなかった念願の「福有神社」にも行けた。イベントも盛りだくさんでかなり賑わう。

　そして、このスタジアムでいつも感心するのが、スタジアムに到着したところの小さな舞台で喋り続ける場外案内DJの女性。試合の前後、1時間以上もずっと一人で喋り続けているが、これは簡単なことではない。ジェフの現状。試合の見どころ。イベント案内。交通整理をしたかと思えば来場者にも話しかける。勝負事は勝つこともあれば負けることもある。少々機嫌の悪い人もいるはずだ。それでも、ずっと話し続ける姿は称賛に値する。実は、フクアリに行くひそかな楽しみだったりする。

　さて、そんなことがあった日、蘇我駅に降り立ったのは場外ロケの約1時間前だった。スタッフの人たちは車で来るということだったので、蘇我駅のフクアリに向かう方向、つまり改札を右に曲がりスタッフが来るのを待っていた。すると、交通渋滞のため少し遅れるという連絡が入った。パチンコ屋もまだ開店しているような時間ではなく、どうやって時間を潰そうかと、ふらふら駅周辺を歩いていた。

　そして、いい機会なので駅の反対側、改札を出て左の方向に行ってみようと思い立った。なぜならば、蘇我駅には何度も降り立っているが、改札を出て左方向に行ったことがないからだ。そして、これがおもしろかった。

　いつもは、改札を右に曲がり歩いていく。ジェフユナイテッド市原・千葉を感じさせるものもあり、非日常感を感じることができる。しかし、改札を左に曲がり地上に降りると、まったくジェフ感のない蘇我駅の日常を見ることができる。いつもの光景（たぶん）が広がっている。

　ロータリーがあって、タクシーが止まっていて、仕事に向かう人、家に帰る人が普通に歩いている。ファーストキッチンでコーヒーを飲みながら外を見ても、ここから少し歩いたところにスタジアムがあるなんて感じることはできなかった。

　いつもは、何も考えずに右に曲がっている改札が、実は日常と非日常の分岐点だったなんて。これからは、他のスタジアムに行っても違う出口に降りてみようと思った。日常のありがたみと非日常の素晴らしさ。分岐点が意外なところにあった。

ホームタウン
千葉県柏市
前身
㈱日立製作所本社サッカー部
Jリーグ加盟年
1995年
練習グラウンド
日立柏総合グラウンド
ホームスタジアム
三協フロンテア
柏スタジアム
(収容:15,109人)
Jリーグ最高順位
J1リーグ年間優勝(2011年)
主要タイトル
J1リーグ年間優勝(2011年)
Jリーグカップ(1999年、2013年)
天皇杯(2012年)
J2リーグ優勝(2010年)

©1996 .H.K.REYSOL

柏レイソル

地元の人に愛される、地元感があるチームの魅力

なんとなく見たことがあるような街、それが柏。ただし、柏と世界が実は繋がっているということをレイソルが教えてくれる。「柏から世界へ」という言葉が、柏の地元感と世界を結び付けてくれる。何気ない日常の中に世界への扉がある。

Jリーグ初GOALはこの選手

大倉智《おおくらさとし》

暁星高校から早稲田大学を経て、1992年に日立製作所に加入。社員選手としてプレーした。2014年には湘南ベルマーレの取締役社長に就任し、2015年からいわきFCの社長に就任した。いわきから日本のサッカーを変える。

1995年3月18日(静岡県営草薙陸上競技場)
Jリーグ 1stS第1節　清水3-2柏(24分)

日立台こと三協フロンテア柏スタジアム。柏熱地帯から生み出される熱狂がスタジアムを包む。とにかく、観客席とピッチが近い!

三協フロンテア
柏スタジアム

漢字が苦手なレイくんだが、幼年期の王なので、そんなちっぽけなことを気にする必要はない。スタジアムでは大人気。

ひらちゃんのおすすめ TOP5

1 ブラジル人

レイソルには、昔から優れたブラジル人が在籍していた。カレカ、ミューレルにはじまりフランサ、レアンドロ・ドミンゲス、現在ではクリスティアーノ。代表歴の有無にかかわらず、個で違いを出せる優れたブラジル人が加入し、アカデミー出身の選手と融合しチームを構成している印象。フランサの遊び心のあるプレーは好きだったな〜。ブラジル人以外で印象的なのは、やはりストイチコフ。なんてたってバロンドール受賞者。格が違う。

レイソルお絵かきコンテストの作品。おしゃれな感じのフランサが見事に描かれている。

2 チャント

独特の空気感をもつレイソルのチャント。応援歌のような感じが、耳に残るし歌いたくなる。アニメの曲や懐かしい曲をセレクトし、拍子も日本人好み。難しい裏打ちの感じがない。今シーズン加入の江坂任のチャントの原曲は山東ルシアさんの「太陽の季節」。すごいところから持ってくるな〜。1975年の曲だぞ！ この絶妙なセンスが、他のクラブの応援チャントと一線を画すところ。そして、柏熱地帯の勢いが、どんな曲でも押し切ってしまう。かっこをつけず、変な照れがなくて、やりきってしまう。実に楽しい。

3 アカデミー

大谷秀和や中村航輔などアカデミー出身の選手が順調に育ち、しかもトップで活躍しているというのが素晴らしいですよね。

大谷秀和（左）や中村航輔（右）も柏U-18の出身。

4 王者の魂

このスタジアムの試合前のウォーミングアップ中の選手紹介がくせになる。最近の選手紹介では、短いカットで画面が切り替わるようなパターンが多いが、柏はじわ〜っとゆったり。選手の半笑いのような顔写真の後ろに、レイソルのエンブレムや「柏から世界へ」の文字が浮かび上がる。その時に使用されているBGMがジャイアント馬場の入場曲「王者の魂」。この曲がかっこいい。ギターのリフもトランペットの音色もすべていい。ミディアムテンポが体に染み込んできます。

5 パッパラー河合さん

千葉県柏市出身。熱烈にレイソルを応援。長年にわたりレイソル応援ブログを書き続けている。スタジアムでお会いした時、パッパラーさんからお願いされ写真を撮ったが、実は写真を撮ってほしかったのは私の方だ。なぜなら、私は爆風スランプの大ファンだったから。次、お願いします。

世界とつながる柏の「地元感」

もし柏生まれで、何年かぶりに柏に帰ってきて、柏駅東口のペデストリアンデッキに降り立ったら、色んな記憶が蘇ってきて泣いてしまうかもしれない。

子供の頃、柏から2つ3つ離れた駅に住んでいたら、柏に行くとき緊張しただろうな〜。いつもより大人に見える格好で、柏に行ったに違いない。

そう思わせる、柏独特の地元感。

日本的なものと言えば神社仏閣、風光明媚な自然に寿司、てんぷらなどの和食。しかし、私にとっての日本的なものと言えば柏駅周辺に広がる景色。全国、どこにでもありそうな店が雑多に並びカオスな空間を作る。あの雑多な景色がやけに落ち着く。これこそ、日本的であり地元感なのだ。

ペデストリアンデッキ（日本で初のペデストリアンデッキらしい）から地上に降りるエスカレーターのゆっくり加減。低速運転と書かれているが、いまだ通常もしくは高速運転を見たことはない。ただ歩いてはいけない。あの速度こそ、柏を体に慣らすための適正な速度。はじめて柏に降り立った人も、地上に降りた頃には地元民になる。

若干、スタジアムまで距離はあるが、徒歩がお勧め。行くたびに発見がある。アーケードの商店街が楽しいのはもちろんのこと、そこを抜けても、居酒屋、自転車屋やクリーニング屋。号外を配布してくれる朝日新聞もあれば、ラーメン屋にそば屋、スナック。日本人にはお馴染みの商店が次々と現れる。そのそばを、変声期真っ最中の中学生が自転車に乗って、大きな声で会話をしながらスタジアムに向かう。たまらないな〜柏。

そんな地元感を浴びていると、日立台として親しまれる三協フロンテア柏スタジアムに到着する。このスタジアムもおいしいものが多いが、お勧めは「侍」のからあげ。やばい！うますぎる！鶏のジューシーさ。衣の香ばしさと揚げ加減が絶妙（上あごやけど要注意）。500円で5個入っているが、1個の大きさもかなりのもの。ビールに合うのは間違いないが、私の夢はこのからあげをおかずに白飯を食べること。かなりの人気で、長蛇の列になることも少なくないが、並んで食べる価値は十分にある。

そして、このスタジアムとスタジアムに来る人達が作る空気は本当に素晴らしい。私は、このスタジアムをライブハウスとよく形容するが、サッカーそして柏レイソルを愛するパッションが伝わりまくる、まさに地元のライブハウス。多少スピーカーの音が割れていたって一向にかまわない。弦が切れても、コードを間違えても問題ない。譜面通りでなくてもいい。CDのようなきれいな音楽を聴きたいのではなく、魂のこもったシャウトが聴きたいのだ。

　ゴール裏（柏熱地帯）はタテノリでスタジアムのグルーヴを生み出し、ピッチから放射される情熱がさらにグルーヴ感を増幅させる。そしてゴールの瞬間、スタンドは熱狂の渦に包まれ、人々の心は解き放たれる。

　そんなピッチには地元のユース育ちの名ベーシスト、大谷秀和がいる。正確なリズムを刻みながらも、時に微妙にずらしてみたり、ソロになるとチョッパーで盛り上げてみたりと自在にピッチを操る。ゴール裏の1階と2階の間に、黄色い布に選手の名前が書かれた横断幕がある。「H.Otani」と書かれた横断幕の黄色の色褪せ具合はたまらない。かすれ過ぎて、元が黄色だとわからないぐらいの色褪せこそが、在籍16年目のバンディエラの証である。

　柏のソウルがわかるベーシストがステージにいれば盛り上がらないはずがない。盛り上がるゴール裏からは、

　♪柏から世界へ
　激情を見せつけろ
　目の前の敵をぶっつぶせ
　俺達柏♪

と歌声が聞こえる。柏駅から、スタジアムに向かうまでも「柏から世界へ」という文字を何度も見た。もし、柏に生まれ、レイソルがなかったなら、私なら世界なんて意識もしなかっただろう。しかし、柏にはレイソルがある。地元のチームは世界クラブ選手権に出場し4位になった。この日本的な街は、実は世界に通じているのである。地元に、世界に通じているようなクラブがあるなんて本当にうらやましい。

　いつもは、試合開始1時間前ぐらいにスタジアムに到着しているが、今度はさらに1時間ぐらい早めてみよう。ジャージかスウェットにサンダルかビーサンで地元感を演出して、駅前のゲーセンやパチンコ屋に行って、喫茶店で一服して柏に浸る。自転車で地元感を満喫して行こう。タッパーに詰めた白米持参で。

スタジアムグルメの人気投票で1位を獲得したこともある、レイソルカリー。

うますぎる「侍」のからあげ。

ホームタウン
東京都
前身
東京ガスサッカー部
Jリーグ加盟年
1999年
練習グラウンド
FC東京小平グランド
ホームスタジアム
味の素スタジアム
(収容:48,999人)
Jリーグ最高順位
J1リーグ第1S2位(2015年)
主要タイトル
Jリーグカップ(2004、09年)
天皇杯(2011年)
J2リーグ優勝(2011年)

FC東京

長谷川健太監督を迎え、FC東京はさらなる高みへ

2020年は東京五輪。首都東京は国内外から注目される。そんな首都の青赤軍団、FC東京。長谷川健太監督を迎え、内容も結果も充実してきた。東京五輪の熱とともに、さらなる高みへ。

Jリーグ初GOALはこの選手

岡本《おかもと》勇人《はやと》

1999年3月14日(国立西が丘サッカー場)
J2リーグ第1節　FC東京2-0鳥栖(04分)

出雲工業高校から1993年、東京ガスに入社。スピードを活かし、1998年JFL優勝にも貢献。岡本勇人が初ゴールを決めた1999年はJ2がスタートした年。FC東京は最終節の劇的な展開の中で2位になり、J1昇格を決めた。

歓喜も涙もブーイングも、FC東京のファン・サポーターはサッカーの楽しみ方の幅が広い。

味の素スタジアム

HOME STADIUMはこちら

東京ドロンパの動きの質は、間違いなくJリーグトップクラス。メリハリのある動きは非常に愛らしく、視線を釘付けにする。一輪車を使ったパフォーマンスも秀逸。ダンスにもキレがあり、アジリティの高さをいかんなく発揮。

ひらちゃんのおすすめ TOP5

1 YOU'LL NEVER WALK ALONE

略してユルネバ。リバプールはもちろん、セルティックやアヤックスなど世界のあらゆるサッカー場で歌われているが、Ｊリーグならやはり FC東京。ユルネバ熱唱時に、聞き耳を立ててファン・サポーターの後ろを通ってみたが、子供でも英語の歌詞をそらで歌っていたりする。派手な曲ではないけれど、歌詞とともに、胸にじんわり沁みてくる。

「試合が始まるなあ」という感覚がジワーッと迫ってきます。

2 西が丘

味の素フィールド西が丘（通称、西が丘）が好きなサッカーファンは多い。ピッチが手の届きそうなところにあり、選手の息づかいを感じられる。FC東京U-23が使用。2種登録のU-18の選手や有望な若手選手、オーバーエイジで参加するトップの選手を見ることができ、かなりのお得感がある。熱心な多くのFC東京ファン・サポーターも詰めかけ、温かな眼差しで見守りながら熱い声援を送る。

本当にサッカー好きな人が集まるイメージがあります。

3 アカデミー

多くの優秀な選手を輩出するFC東京のアカデミー。非常に技術の高い選手が多く、どの選手もボール扱いが巧み。将来を嘱望される平川怜などは早めにアカデミーを通過し、トップに昇格。レギュラー獲得を目指し、しのぎを削っている。たとえ、トップ昇格を果たせなくても、FC東京アカデミー出身者はＪリーグの各クラブで活躍中。レベルの高さの証になっている。

4 チャント

曲数も多くノリがいい。「東京」にまつわる歌も多く「東京ラプソディ」や「東京ブギウギ」など昭和の名曲を取り入れる（私の好きな「東京」はやしきたかじんさんの「東京」。チャントには向かないけど）。チャントを聴いて、改めて原曲の素晴らしさを知る。一切古さを感じない。名曲には普遍性がある。東京スカパラダイスオーケストラの「DOWN BEAT STOMP」に乗せて歌う石川直宏のチャントは有名。石川直宏がいいプレーをしたとき、このチャントが歌われるのを心待ちにしていた。※1

5 飛田給駅

味の素スタジアムの最寄り駅。大きな駅ではなく、電車の本数も多くない。試合当日は急行系列車の臨時停車などの対応で混雑を緩和していたが、最近、武蔵野の森総合スポーツプラザができ、そこでコンサートが開催された時にはかなり大変。こちらのイベント情報も要チェック。

この駅名、知らない人は読めないですよね。「とびたきゅう」です。

※1 石川直宏のチャントは、引退した他クラブのある選手が「あのチャントっていいっすよね」って言っていたほどです。

青赤が生みだす独特の遊び心

２０１８年2月24日。浦和レッズを味の素スタジアムに迎えた開幕戦で試合前に登場したのは東京スカパラダイスオーケストラ。開幕戦の華々しさを加速させる素晴らしいキャスティング。スカパラのメンバーも青赤のタオルマフラーを首に巻き、首都東京のクラブの開幕を盛り上げた。

ステージが設置された場所も素晴らしかった。メインスタンドとホームFC東京のゴール裏の間。ピッチと同じレベルに舞台が用意された。コーナーフラッグから10メートルほどスタンド寄り。陸上の１００メートルのスタート地点。

スカパラのメンバーの前にはピッチが広がり、その前では選手たちがウォーミングアップをしている。まさにサッカーと音楽の融合。選手が音楽に乗ってアップをするわけではないけれど、乗っているように見えてくるから不思議だ。テンポのいいスカパラの音楽に身を委ね、スタンドの観客も大いに盛り上がった。

そして、試合開始直前には恒例「You'll never walk alone」（通称ユルネバ）の大合唱。そもそも英語だし、歌の入りもしっとりな感じだし、難しいと思うんだけど、けっこう子供や女性もヴィジョンに映る歌詞も見ずに歌っている。これはかなり凄いことだと思うし、都会的だなとも思う。

一方で、とりぎんバードスタジアムで行われたJ３、ガイナーレ鳥取対FC東京U－23の試合前、ピッチではガイナーレ鳥取のマスコットキャラクター、ガイナマンが鳥取県をPRするガイナマン体操を披露していると、アウェー側のゴール裏のFC東京のサポーターもガイナマンの動きに合わせて踊っていたりする。

スカパラ、ユルネバ、ガイナマン。FC東京を応援する人たちはとにかく楽しみ方の幅が広い。そして、都会的な部分と地方的な部分を合わせ持つ独特の雰囲気を醸し出す。

ＮＡＣＫ５スタジアムではこんなことがあった。大宮のサポーターがあるチャントを歌い出した。しかし、どうやら同じ原曲のチャントがFC東京にもある。すると、FC東京のサポーターはかぶせて大音量で歌い出した。

記者席で見ていた私は、一瞬ふき出してしまった。そして、一言呟いた。「悪いわ～」。けしからんという意味ではない。いい意味での「悪いわ～」である。彼らはある種、プロレスができる人たちだ。もちろん真剣に応援している。だけど、そこかしこに遊び心が散りばめられている。どこかクールで、どこかフランクでフレンドリー。

そんなFC東京の忘れられないシーンは、２０１１年10月19日のアウェー横浜FC戦。東日本大震災の影響もあり、Jリーグの日程は過密になっていた。10月に行われたこのゲームは6節に予定されていたもの。6連勝でこのゲームに臨んだFC東京だったが、どちらもゴールがないままアディショナルタイムに入った。右サイドから徳永悠平がクロスを上げる。そして、バウンドしたこぼれ球を途中投入された石川直宏がダイレクトボレー。これが見事に決まり

2018年2月24日の開幕戦、東京スカパラダイスオーケストラのステージ。

2011年10月19日の横浜FC戦で、決勝ゴールを決めた石川直宏。

劇的勝利。7連勝を達成した。

試合後、石川直宏以外の選手はサポーターに挨拶を済ませていた。ヒーローインタビューを受けていた石川直宏は少し時間をおいて、一人でピッチに登場した。ニッパツ三ツ沢球技場のアウェーゴール裏からは、いつものスカパラの「DOWN BEAT STOMP」に乗せて石川直宏のチャントが響く。

するとどうだろう、数日前に石川直宏に第一子が誕生したことを祝して、ゴール裏からゆりかごダンスが広がっていった。メインスタンドから見て右側は色んな人が両腕を右に左に揺らした。おい！ベベット見たか！これこそが史上最多人数のゆりかごダンスなんだ！いつもの石川直宏のチャントに合わせてのゆりかごダンスはしばらくの間続いた。それは実に幸せな光景だったし、至福の時間だった。

そして、この石川直宏こそFC東京を体現していた人なのかもしれない。見た目も格好良くスマートで、スピードに乗ったドリブルは爽快でクール。その反面、泥臭く相手と戦い、怪我とも戦った。そしてどんな人に対してもフレンドリーに対応する。

かつてFC東京を率いた原博実監督の「今来たら使っちゃうよ」というフランク過ぎる誘いに応じ、FC東京にやってきた男は、気が付けばFC東京の顔とも言える存在になっていた。そんな石川をファン・サポーターはリスペクトしていたからこそ、あのゆりかごダンスに繋がった。

都会的なようで地方的。クールなようでフランクでもある。相反するように思えるものを、FC東京という胃袋でうまく消化して、自分らなりのやり方でサッカーを幅広く楽しむ。まだまだおもしろいサッカーの楽しみ方を見つけるに違いない。

東京ヴェルディ

ホームタウン
東京都
前身
読売サッカークラブ
Jリーグ加盟年
1991年
練習グラウンド
ヴェルディグラウンド
ホームスタジアム
味の素スタジアム
（収容:48,999人）
Jリーグ最高順位
J1リーグ年間優勝（1993、94年）
主要タイトル
J1リーグ年間優勝（1993、94年）
Jリーグカップ（1992、93、94年）
天皇杯（1996、2004年）

日本のサッカーを語る上で欠かせないクラブ

Ｊリーグ以前、異端児扱いされることもあったが、そこから日本のサッカーを支える多くの優秀な選手が生まれたことは言うまでもない。このクラブには、サッカーの楽しさや喜びが詰まっている。そこかしこにブラジル感が散りばめられ、個人技をベースにしたサッカーは魅力的。日本のサッカーを語る上で、欠かすことのできないクラブの一つ。

Jリーグ 初GOALはこの選手

ヘニー・マイヤー

1993年5月15日（国立霞ヶ丘競技場）
Jリーグ 1stS第1節　横浜マリノス2-1東京V（19分）

ここは、そのクラブのJリーグ初ゴールを紹介するコーナーだが、このゴールだけは、後世名前が残るJリーグ第1号ゴール。ただ、通算11試合で2ゴール。半年でチームを離れたマイヤー。凄いのか？ 凄くないのか？ よくわからない。

フッキの蹴ったボールの軌道は放物線を描かずに、バックスタンド奥に見える離陸時のセスナのように、斜めにひたすら上がっていった。

味の素スタジアム

HOME STADIUMはこちら

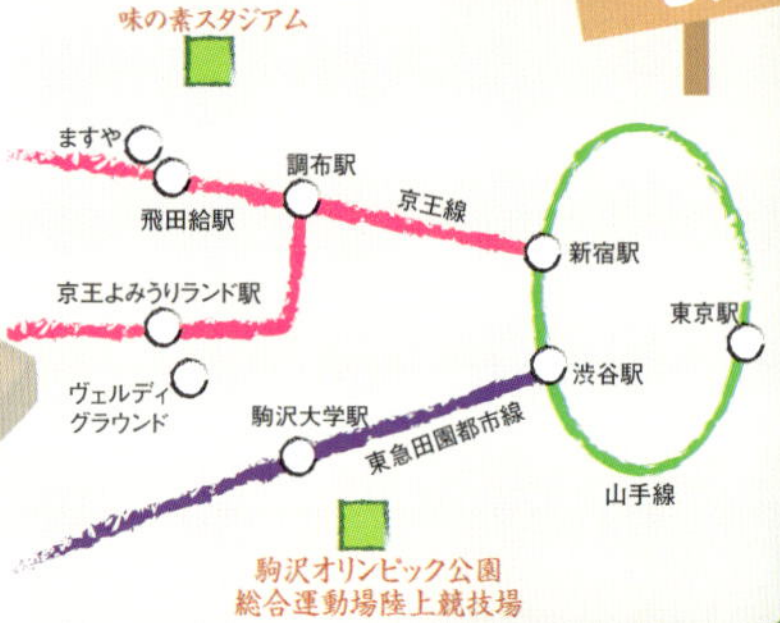

いっときヴェルディくんのお腹が出てきた時があって、みんなにいじられるという可愛い部分もありました。

ひらちゃんのおすすめ TOP5

1 歴史、伝統

クラブの創設は1969年。来年で50周年を迎える。あまたのスター選手が緑のユニフォームに袖を通し、スタジアムを沸かせた。創設当時は大半が企業チームという時代に、クラブチームとしてスタート。海外では当たり前のことだったが、日本では画期的。そんな歴史の詰まったクラブは他には見当たらない。創設50周年は一体どんな年になるだろう? ヴェルディはさらに歴史を重ねていく。

カズさん、ラモスさん、与那城ジョージさんといった日本のサッカーを語る上で欠かせない選手が数多く活躍しました。

2 アカデミー

ヴェルディの育成組織は歴史もあり、優れた多くの選手を輩出している。プレーを見ると、ヴェルディ育ちと分かる要素が多かれ少なかれ滲み出てくるのがおもしろい。そこには、卓越したテクニックだけではなく、したたかさも兼ね備え、厳しいプロの世界で生きていく術を若い時から教えられているのがわかる。松木安太郎、都並敏史もヴェルディのアカデミーでサッカーに触れ、森本貴幸、小林祐希、中島翔哉に加えて俳優の竹内涼真までもがヴェルディ育ち。そして、日テレ・ベレーザにはユース&ジュニアユースとして日テレ・メニーナ、中学生年代限定の日テレ・メニーナ・セリアスがあり、女子でこれだけ充実しているクラブは他にない。女子のサッカーでもしっかりと育成組織を作り上げている、育成の大事さを知るクラブである。

3 駒沢

たまに試合会場となる駒沢オリンピック公園総合運動場陸上競技場の駒沢公園は都会にありながら緑も多く気持ちのいい公園。抜群のアクセス。最寄りの東急田園都市線、駒沢大学駅は渋谷駅から6分。この公園もヴェルディ同様に歴史がある。

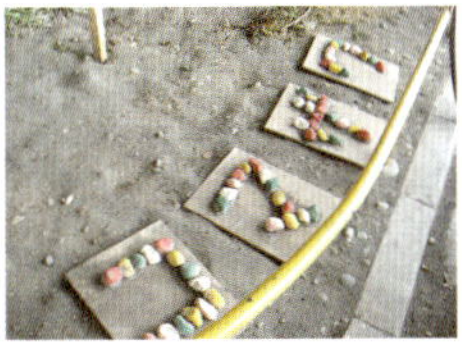

絵になる? 場所がたくさんあるのも、駒沢らしさです。

4 プチショップますや

ヴェルディのホーム、味の素スタジアムの最寄り、飛田給駅前のジュースやパンの食料品はもちろん酒もたばこもある昔ながらの商店。飛田給の辺りに生まれていたら、子供の時に通っただろうなと思わせるたたずまい。試合が開催されていない飛田給の日常と、地元の人に愛されているだろうなと何となく想像できるお店です。

自分でプチショップと言うところが可愛いくて、看板のファンシー感も含めてツボです。

5 全力さん

東京ヴェルディの有名サポーター。全力を出し切る応援スタイルで、一心不乱に全力で飛び跳ねる。90分間全力で飛び跳ねるフィジカルと、雨にも暑さにも負けない強靭なメンタルの持ち主でなければ不可能な応援スタイル。ゆえに、リスペクトの気持ちを込め、「全力くん」でも「全力ちゃん」でもなく「全力さん」と呼ばれているのだろう。中継映像にもよく映っているが、本物の「全力さん」を生で見られた時は、ちょっと嬉しかった。日本代表戦にも必ず出没しています。

ヴェルディを愛する人たちの情熱

1階から地下2階までが日本サッカーミュージアムになっている日本サッカー協会のビル、通称JFAハウスでとある収録を行っていると、Jリーグ関係者の方から「このあと少し時間ありますか？」と声を掛けられた。何も問題ない旨を伝えると、ではこの後、上の階に来てくださいとのことだった。

呼び出されたフロアに行くと、なぜか多くの人が集まっていた。カメラを手に持つ人もいて、フロアには期待感が充満していた。そして、この日の主役が登場する。そのフロアにギター片手に登場したのは、TUBEのギタリスト春畑道哉さん。

Jリーグ好きならずとも、聞き覚えのある名曲Jリーグ・オフィシャル・リーグ・テーマソング「J'S THEME」を作曲し、1993年のJリーグ開幕の国立競技場でこの曲を演奏した誰もが知るギタリスト。そんな春畑さんがJリーグ25周年を記念して「J'S THEME 25th ver.」を制作。そんなこともあって、この日春畑さんはJリーグを訪れていた。そして、なんと特別に1曲披露してくれることになったがゆえにフロアに生まれた期待感だった。

アンプなど音響設備もないフロアで春畑さんは、「J'S THEME」をアコースティックギターで演奏してくれた。アコースティックギターの音がほどよくフロアに反響し、全員が聴き入った。うっとりする女性。感傷に浸り、25年前に思いを馳せる男性。

曲が進行し、誰もが知るサビの部分に突入する。すると、村井チェアマンを旗頭に大合唱が始まった。

♪オーオーオー♪

突然、フロアに生まれる得も言われぬ一体感。素晴らしい演奏に感動し、高揚感に浸り、至近距離で演奏が聴けることに喜びを感じた。しかし、頭の中では別のことも考えていた。25年前、仕事を勝手に早退し、大阪のワンルームマンションの小さなテレビで見たJリーグ開幕の光景は本当に遠いものに感じていたことを。

私が、子供の頃から知っているサッカーとは根性をベースにした、体力重視のサッカーだった。なんだかわからないけど、長い距離を走らされ、意味もなく重たいタイヤを引っ張ってみたりした。そんな時に見た「読売」、「ヴェルディ」のサッカーは夢のようだった。テクニックがあり、見ていて楽しく遊び心があり、サッカーの喜びを教えてくれた。

Jリーグが開幕し、緑のユニフォームを着て、明るく楽しいサッカーを繰り広げる「ヴェルディ川崎」の選手はまさにスター。カズ、ラモス、北澤、柱谷。遥かに遠い存在だった。

もちろん、他のチームにもたくさんスターはいた。ただ、緑のユニフォームを着た選手には何か特別なものを感じた。強烈なプロ意識。尽きないサッカーへの情熱。仲間を思う漢《おとこ》気《ぎ》。そしてヴェルディ愛。それは、現役の時も、チームを離れても、引退しても変わらない。

「うちの試合も見に来てよ！」とかつてFC岐阜の監督を務めていたラモス瑠偉は私に会うたびに必ず言った。東京23FCで現役を続ける土屋征夫も栃木ウーヴァで戦略統括責任者を務める岸野靖之も試合を見に来てくださいと誘ってくれる。みんな、何かの形でサッカーと関わり、そして会うたびにサッカーの話をする。しかも情熱的に。そして尽きることがない。

そんなクラブには、サッカーを愛しヴェルディを愛する人たちが集まる。東京ヴェルディには「VERS」という商品がある。28万円を払うと、51〜100番の好きな番号を自分の番号としてクラブに選手登録することができる商品。色んな特典はあるが、その一つはホームゲームで選手として大型ビジョンで紹介されるというもの。本名ではなくニックネームの人もいる。恥ずかしいからなのか顔を出さない人もいる。犬もいる。サッカーを本気で楽しむ人が企画し、本気で楽しむ人たちが参加する面白い企画。安い商品ではないけれど、サッカー愛とヴェルディ愛と少しの余裕があれば、実に楽しい商品だ。

そして、ヴェルディはなんだか遠いクラブではないような気もしてくる。「○○選手、最近彼女と別れたのよ」という女性サポーターがいる。本当によく知っている。天気のいい日、今日は暑いですねというと「うちの試合は寒いからちょうどいいのよ」とバンドのグルーピーみたいなことをいうクールな人もいる。ヴェルディを愛する人が、それぞれの程よい距離感でヴェルディを楽しんでいる。

Jリーグ開幕当初から、ゴール裏で応援し続けている女性がいる。なぜ、ヴェルディを応援し続けるのかを聞くとこんな答えが返ってきた。「カズさんに、俺が引退するまで辞めるなよと言われたから」。25年前、勝手に距離を感じていたけど、サッカーそしてヴェルディを愛する人にとっては、そんな距離感はなかったのだ。Jリーグもヴェルディも身近なところにある。

1993年5月15日、Jリーグ開幕戦が行われた国立競技場で演奏する春畑道哉さん。

この日のスタメンは、遥か遠い存在に感じられた。

ホームタウン
東京都町田市
前身
FC町田トップ
Jリーグ加盟年
2012年
練習グラウンド
小野路グラウンド
ホームスタジアム
町田市立陸上競技場
(収容:10,328人)
Jリーグ最高順位
J2リーグ7位(2016年)

©2009 FCMZ

FC町田ゼルビア

サッカーどころのみんなが支えるクラブ

町田はサッカーどころ。子供の頃から、サッカーに親しんでいる人も多い。そんな街のクラブ、FC町田ゼルビアに、通算6年目となる相馬直樹監督のサッカーは浸透し、J２リーグで好調をキープしている。現在J１ライセンスはないものの、J１に向けた機運は高まりつつある。

通称、野津田(のづた)。何度か改修工事が行われ、2018年は大型映像装置が設置された。ただ、個人的には動画再生不可能な電球式の電光掲示板のドット表示には味があって、嫌いではなかった。

町田市立陸上競技場

Jリーグ初GOALはこの選手

平《ひら》本《もと》一《かず》樹《き》

2012年3月17日(とりぎんバードスタジアム)
J2リーグ第3節　鳥取0-3町田(47分)

このゴールは、クラブのJリーグ初ゴールであるとともに、J2リーグの通算10000ゴールでもあった。町田に在籍したのは1年だけだったが、祖父や親せきが町田在住という縁もあり、2018年、クラブPRリーダーに就任した。

町田市の鳥、カワセミがモチーフのゼルビー。スタジアム内外で精力的に活動している。愛媛FCのサポーターがマスコットのぬいぐるみをゼルビーの長い口ばしに乗せているシーンを目撃。ただ、少しも怒るような素振りを見せず、写真撮影に応じていたゼルビー。寛大な心の持ち主。つまり男前。

ひらちゃんのおすすめ TOP5

1 ゼルビアキッチン

FC町田ゼルビアが運営する定食屋。栄養士監修のカロリー計算されたメニューがビュッフェスタイルで楽しめる。メニューも多く、味も申し分なし。天気が良い日は、木がふんだんに使われているオープンテラスも楽しい。小田急線鶴川駅からバスで約10分。スタジアムに向かう道の途中にあります。

©FcMachidaZelvia

選手や監督も利用しています。

2 ペスカドーラ町田

FC町田ゼルビア同様、町田市をホームタウンとするフットサルクラブ。Ｆリーグディビジョン1所属。FC町田ゼルビアとは密接に交流し、協力関係を築いている。このチームのコーチ、甲斐修侍はフットサル界のレジェンド。ブラジルのフットサルクラブでもプレーし、日本のフットサルのパイオニアでもある。実は、甲斐修侍は私の高校の後輩。４歳離れているので、一緒にプレーしたことはないが、甲斐の兄が私の1学年下でよく知っている。スケジュールによっては、どちらも観戦可能な日もあるので、ペスカドーラ町田にも足を運んでいただき、生のフットサルの迫力を感じて下さい。

3 永山駅

小田急線鶴川駅からスタジアムに向かう道路は、片側一車線で渋滞することも多い。そこで、おすすめなのが京王線もしくは小田急線の永山駅。この駅からスタジアムへ行くと、ほとんど渋滞することもなくストレスなし。距離は少し遠くなりますが、結局、タクシー料金もほぼ同じです。

4 スタジアムグルメ

ゼルビーランド内のグルメは種類も豊富でおいしいものが多い。中でもおすすめはコンフィ（写真）。鶏の唐揚げは大抵のスタジアムにはあるが、コンフィは珍しい。鶏肉は柔らかく、肉汁が中に閉じ込められていてジューシー。かつ、絶妙な塩加減がたまらない。このおいしさがスタジアムで食べられるなんて、本当に贅沢。その他にも、かなり手の込んだ料理も多く、おすすめグルメスポットです。

©FcMachidaZelvia

5 町田出身

町田は少年サッカーが昔から盛んで、多くのＪリーガーを輩出。北澤豪をはじめ、林健太郎、太田宏介、小林悠、秋元陽太など優秀な選手が多い。きっと、この街にはサッカー選手が育つ土壌がある。そして、これからにも大いに期待したい。

ゼルビアでは10番の土岐田洸平が町田出身です。

関東

町田の集客大作戦、“ＰＲポスター篇”

町田はサッカーの街。昔から、少年団のサッカーは盛んで、Ｊリーガーも輩出している。野津田の森にある町田市立陸上競技場のバックスタンドの入場口の前に広がる芝生の広場では、サッカーボールと戯れる多くの子供たち。子供たちと一緒にボールと戯れる若いパパやママの姿もあり、サッカーの街を感じさせるとともに、その光景は見ていて微笑ましい。

２０１８年、監督就任通算6年目を迎える相馬直樹監督率いるＦＣ町田ゼルビアは全体をコンパクトにし、フィールドプレーヤー10人がまるで一つの生き物のように、連動した動きを見せ、Ｊ2の中でも存在感十分。順位も高い位置でシーズンを過ごしている。なので、もう少し町田市立陸上競技場に人が集まってもいいのかなと感じる。

もちろん、クラブもその状況を黙って手をこまねいているわけではなく、様々なイベントを企画し集客に努めている。このスタジアムは本当に楽しい。行けばわかる。だから、そのきっかけ作り、スタジアムに向かう第一歩が大事になる。

そんな折、6月4日から17日までの2週間、小田急町田駅とＪＲ町田駅の間にあるペデストリアンデッキ壁面にＦＣ町田ゼルビアのＰＲポスターが掲出された。タイトルは「サッカー以外も楽しいぞ」。サッカーを知らなくても、スタジアムが楽しいということがわかってくれれば、足を運ぶきっかけになる。このポスターには、かわいらしいイラストに様々なコピーが付けられている。汗も涙も根性もない。楽しい週末へ誘う楽しい世界観が充満している。

「映画館より安くデートに誘えちゃう。」

映画は一般１８００円だそうだが、ホーム自由席なら前売り１５００円。ひざまずいて花束を渡すところで、サッカーボールを渡そうとする男子とその行為に怪訝な表情をする女子のイラストがおもしろい。

「駅からスタジアムまで、ハイキングだ。」

と女性に誘われたら、「膝に水が溜まっている」と私なら嘘をついてしまう。どの駅からかにもよるが、どの駅でも結構な距離になる。つい最近も自転車で来ましたという男性と話したが、ものすごい汗をかいていた。ただ、良い運動にもなるし、仮にスタジアムまで車やバス、タクシーで行ったとしても、公園内も広いので、のんびり散策すれば良い運動になり、気持ちいい。たくさんの樹木に囲まれた公園なので、虫も少なくないが心配無用。スタジアムには虫除けスプレーも用意されている。

「イケメン観戦ともいう。」

町田の街に貼り出された、FC町田ゼルビアのポスター。かわいいイラストと、ひねりの効いたコピーの傑作ぞろいだった。

モンテディオ山形時代、中島裕希の走る姿を見るだけでパワーがもらえるというサポーターの話を聞いたことがある。ただイケメンというだけでなく、彼の攻守両面で労を惜しまず走る姿には、男女問わず心を打たれるはず。なおかつイケメン。言うことなしだ。

「ゆるくないマスコットと2ショット。」

愛媛のサポーターにくちばしの上にたくさんのぬいぐるみを乗せられ写真を撮られているゼルビーを目撃。ゆるくはないが心は広い。

「町田の野菜、お求めはスタジアムで。」

郊外のベッドタウンというイメージがある町田だが、農産物直売所もたくさんある。ステージやグルメのお店がたくさん立ち並ぶゼルビーランドでも旬の野菜が販売されている。スタジアムには行っているけど、結局その街のことがよくわからないまま家に着いてしまうことも多いが、こういう事でその街の一端を垣間見ることができる。

「観戦ついでに文化財とかどう?」

公園内には町田市の指定有形文化財、村野常右衛門生家がある。町田市には約2万3000年前の旧石器時代から近代までの遺跡が約1000か所。私も、観戦ついでにスタジアム近所の神社仏閣を訪れるのが好きで、これもまた楽しい。

「ゼルビードーム大きいお友達も、遊べるよ。」

ゼルビーランドで一際目立つ大きなゼルビーくんのエア遊具。原則として小学生以下対象らしいが、たまに大人が楽しめる日があるという噂。これは楽しそうだ。

「B級グルメ。選手の数より多いぞ。」

はっきり言って、B級グルメと言っては失礼なほど、おいしいものが多い。そして、スタジアムグルメがあるゼルビーランドの雰囲気が良くて、実に楽しい。

このポスターのほとんどのものが、入場料を払わなくても楽しめるもの。もちろんサッカーを見てほしい。だけど、まずはスタジアムに足を運んでほしい。そうすれば、きっと観客の数も増える。こんなスタジアムが家の近所にあればいいなと本当に思う。「ちょっと野菜が足りないからスタジアム行って買ってくるわ」とか「今日、晩御飯作るのが面倒くさいからスタジアムにご飯を食べに行こう」って言うお母さんがいたら最高でしょ!サッカー以外も楽しいFC町田ゼルビア。是非、町田市立陸上競技場へ。

川崎フロンターレ

ホームタウン
神奈川県川崎市
前身
富士通㈱サッカー部
Jリーグ加盟年
1999年
練習グラウンド
麻生グラウンド
ホームスタジアム
等々力陸上競技場
(収容:26,827人)
Jリーグ最高順位
J1リーグ年間優勝(2017年)
主要タイトル
J1リーグ年間優勝(2017年)
J2リーグ優勝(1999、2004年)

クラブとサポーターのアットホームな一体感

フロンターレといえば川崎。地域と密着し、市民との交流、イベントも多く、一体感が素晴らしいことは言うまでもないが、「支援はブームじゃない」を合言葉に、東日本大震災以降、岩手県陸前高田との交流もずっと続いている。

スタジアムの中も外も楽しさいっぱいなので、キックオフぎりぎりに到着していてはもったいない。サッカーを知る人にも知らない人にも楽しさ満載。老若男女問わず楽しめる、幸福度激高スタジアムです。

等々力陸上競技場

Jリーグ 初GOAL はこの選手

浦田尚希《うらたなおき》

1999年3月28日(鶴岡市小真木原陸上競技場)
J2リーグ第3節　山形2-1川崎F(88分)

武南高校では上野良治、室井市衛、浅利悟らとともに一時代を築く。1997年川崎に加入。この初ゴールだけでなく、J1昇格を決定づける鳥栖戦でのVゴールや、2000年、C大阪の優勝を阻止するVゴールなど印象的なゴールが多い。

HOME STADIUMはこちら

選手入場前の誰もいないピッチで、ふろん太、カブレラ、コムゾーが作り出す世界観は実に素晴らしい。できることなら、あの仲間に入れてもらいたい。

ひらちゃんのおすすめ TOP5

1 中村憲剛

まさにバンディエラ。苦しい時も、2017年の感動の優勝時も、中心には中村憲剛の姿があった。大人なサッカー観とサッカーが好きでたまらないというサッカー小僧感を併せ持つのも魅力。ゴールの喜びをサポーターと分かち合い、チームを叱咤激励し、優勝に歓喜の涙。その感情表現も魅力。言うまでもなく、パスワークも魅力。サッカー好きにはたまらない珠玉の言葉がたくさん詰まった巻頭の対談終了数分後、バイク川崎バイクの格好をしていた中村憲剛。魅力的過ぎます。

CKのとき、中村憲剛の煽りがきっかけで、サポーターはさらに盛り上がります。

2 イベント

イベントの企画力、そして実行力は他の追随を許さない。そのイベントをサポーターはただ見るのではなく、積極的に参加することでさらに盛り上がる。陸上トラックをフォーミュラカーが走り、国際宇宙ステーションと交信。クラブのイベントという概念を越える発想は、サポーターを飽きさせない。今後もきっと、たくさんのイベントで楽しませてくれるだろう。

陸上トラックを走るフォーミュラカーはド迫力でした。そんなイベントも許容してくれるスタジアム関係者の方々も本当に素晴らしいと思います。

3 フロンパーク

等々力陸上競技場に行く楽しみの一つは、このフロンパーク。グルメも充実し、その日ごとのアトラクションも楽しい。ゆるキャラが大集合していたり、動物と触れ合えたり、牛が乳を搾られていたり。もし、家の近所にフロンパークがあったら、スタジアムでサッカーを見る時間がなくても、少し立ち寄って、おいしいものを食べたり、イベントを見たりして楽しむこともできる。家の近くにこのスタジアムがあるといいなぁ～と思う。

お馴染み「かわさき特製塩ちゃんこ」など、豊富なメニューが楽しいです。

4 武蔵小杉駅

等々力陸上競技場まで徒歩20分。この駅を利用する人も多い。湘南新宿ラインや横須賀線でこの駅に着くと、スタジアムに向かう出口まで、駅構内のけっこうな距離を歩かなければならない。何度もこの駅を利用しているにもかかわらず、いまだに良い解決策を見い出せていない。行くたびにそんなことを思い、結局次回も歩いている。

5 ファン感

1年に1度開催されるフロンターレのファン感謝デー、いわゆるファン感はＪリーグでもトップクラス。たくさんの人が集まり、選手も様々なパフォーマンスでお客さんの期待に応える。このイベントのために、選手たちは自分たちで考え、練習し、この日に挑む。単なる思い付きや小手先ではなく、本気で挑む。本気ゆえに、メイクや仮装に気合が入り過ぎて、元の本人が一体誰なのかわからなくなってしまうことも往々にしてあるが、それもご愛敬。選手のいつもと違った、いや違い過ぎる一面をみんなは楽しみにしている。

フロンパークのお店の裏で、サッカーに励んでいるイルカちゃんです。

サッカーの楽しさ。そして生きる喜び

「いや、本当にもう最高です。この光景を待っていたんです。試合が終わった瞬間に、みんなが飛び出してきて、その意味が分かって、もう涙を止めることができなかったです」。

２０１７年12月２日。Ｊ１最終節。川崎は大宮に５対０で勝利した。首位の鹿島はドローに終わったため、得失点差で上回る川崎フロンターレはＪ１初優勝を決め、試合後のフラッシュインタビューで中村憲剛は優勝の喜びを語った。

　そのほぼ１か月前の11月４日。ルヴァンカップ決勝でセレッソ大阪に敗れ、またもやタイトルに手が届かなかったフロンターレ。「どうやったら優勝できるんでしょうね！」。決勝が行われた埼玉スタジアム２００２のタクシー乗り場でフロンターレサポーターの男性は私に聞こえるように空に言葉を吐き捨てた。

　タイトルに手が届きそうで届かない。シルバーコレクター、なかには無冠ターレと揶揄する者もいた。タクシー乗り場の男性には１か月後の素晴らしい光景を想像することはできただろうか？

　ルヴァンカップ決勝の前日には、浦和のホテルで前夜祭が行われた。私は、その様子のライブ配信のＭＣを務めさせていただいた。配信終了後、あまりの空腹に耐えきれず浦和駅前の中華料理店（浦和レッズのコラムをお読みください）に立ち寄った。メニューをそれほど見ることもなく担々麺を注文し、一目散に食って空腹を満たした。

　満足感に浸り、帰ろうとすると店主のコウさんが私にこう言った。「奥に村井さん来てるよ」。村井さんとはもちろんＪリーグの村井チェアマン。挨拶だけはしておこうと思い、奥の部屋の扉を開けた。

　部屋の中には村井チェアマンをはじめ、十数人が円卓を囲んでいた。そして、「一緒に飲みましょう」と光栄なお誘い。参加させていただくことになった。

　その参加者の中の白髪の眼鏡をかけた芯の強そうな紳士が私に名刺を差し出した。「武田信平」。名刺をいただかなくても、もちろん知っているに決まっている。川崎フロンターレの社長、会長を務め、現在の川崎フロンターレの礎を作った武田信平氏。もしかしたら怖い人なのかなと勝手に思っていたが、実にフランクな方で「ひらちゃんって呼ぶから、俺のことしんぺーちゃんって呼んでよ」と言ってくださった。

　そのしんぺーちゃんいやいや武田氏の名刺の肩書には「日本アンプティサッカー協会　理事長」とあった。アンプティサッカー？・疑問が頭に浮かんだ私に武田氏はスマホの映像を見せてくれた。初めて見るサッカーだったが、そのプレーの迫力、スピード感そしてテクニックに驚かされた。そして、「もし時間があったら試合を見に来てよ」と誘われた。

　アンプティサッカーとは、病気や事故により上肢または下肢の切断障害をもった人々により行われるサッカー。60×40メートルのフィールドでゴールは少年サッカーと同じ大きさ。7人制でフィールドの選手はロフストランドクラッチ（通称クラッチ）という医療用の杖を使用。ゴールキーパーは上肢切断した選手が行う。

2017年、ついにJ1優勝を遂げた川崎フロンターレ。

　武田氏の人柄に魅了され、アンプティサッカーに興味を持った私は11月12日、富士通スタジアム川崎に向かった。フィールドで繰り広げられるプレーは驚きの連続だった。二本の杖と片足を使うドリブルはテクニカルで華麗なものだった。シュートも迫力満点。様々なプレーを可能にするために、キックの種類も豊富。スポーツとして見ごたえ十分で、かわいそうなんて感情は微塵もわいてこなかった。

　それよりも、サッカーをプレーすることの喜びそして生きることの喜びがフィールドからダイレクトに伝わってきた。接触プレーもあり、倒れることもあるがクレームをつける選手など皆無。男女も年齢も問わないフィールドでは、誰しもが自らの力で即座に立ち上がる。試合が終わっても、子供たちは笑顔で飽きることなくボールを追いかけていた。そんな様子を見ているだけの私もいつしかパワーをもらっていた。

　パンフレットにはこういう記述がある。ブラジルで病院で戦場で九死に一生の末に一命を取り留めた多くのアンプティサッカー選手が「ない機能を嘆くのではなく、今ある機能を最大限に発揮するスポーツ」。スポーツの原点、サッカーの原点がそこにあった。

　J1優勝を決める数週間前に、川崎には素晴らしい光景が広がっていた。無冠ターレなどと揶揄した人間はきっと知らない。川崎にサッカーの喜びや生きることの喜びが感じられる場所がたくさんあることを。

横浜F・マリノス

Yokohama F·Marinos

©1996 Y.MARINOS

ホームタウン
神奈川県横浜市、横須賀市、大和市

前身
日産自動車㈱サッカー部

Jリーグ加盟年
1991年

練習グラウンド
日産フィールド小机

ホームスタジアム
日産スタジアム
(収容:72,327人)

Jリーグ最高順位
J1リーグ年間優勝(1995、2003、04年)

主要タイトル
J1リーグ年間優勝(1995、2003、04年)
Jリーグカップ(2001年)
天皇杯(2013年)

歴史と伝統を持つ港町の名門クラブ

Jリーグ創設時からのクラブ、いわゆるオリジナル10のうち、いまだJ2降格がないクラブは、鹿島アントラーズとこの横浜F・マリノスだけ。Jリーグでも三度優勝している。上の集合写真の三段目向かって右端。22番、ボンバーこと中澤佑二のよそ見は毎年恒例です。

Jリーグ初GOALはこの選手

エバートン

1993年5月15日(国立霞ヶ丘競技場)
Jリーグ 1stS第1節　横浜マリノス2-1ヴェルディ川崎(48分)

Jリーグ開幕戦。ヴェルディ川崎に先制を許し、横浜マリノスはこの貴重なエバートンのゴールで同点に追いつき、その後1点を加え逆転勝利。開幕戦を勝利で飾った。Jリーグの歴史はこの試合から始まり、今に続くこととなる。

言わずと知れた日韓ワールドカップ決勝の会場です。2002年の日本全体に広がった高揚感を忘れることはできません。生きているうちに、もう一度日本でワールドカップを開催してほしいなぁという気持ちになります。

日産スタジアム

マリノス君(右)は試合中、ベンチ横に90分間座りつづける。横浜F・マリノスのサッカーをピッチレベルで長年見守りつづけている。

ひらちゃんのおすすめ TOP5

1 日産スタジアム

ワールドカップの決勝会場がホームスタジアムというのは凄いことですよね。スタジアム内外に大会のメモリアルが残っていますし、F・マリノスの試合を観に行きつつ、何となくロナウド（元ブラジル代表）やオリバー・カーン（元ドイツ代表）を思い出します。

ワールドカップ決勝のモニュメントの上で、ちびっこが飛び跳ねていました。

2 トリパラ

トリコロールのパラソルのこと。勝利後、たくさんのトリコロールのパラソルが開き、コーヒールンバにのせて、サポーターがこのトリパラをくるくる回す光景が見ていて楽しい。ヤクルトスワローズは傘を上に突く感じだが、こちらは傘を回転させる。柄がトリコロールだけに見た目も美しい。降水確率0%でも、勝利を願って傘持参でスタジアムに向かう感じもいいし、実際、傘としては使用できないような小さなトリパラもかわいい。帰宅時の突然の雨にも余裕で対応できるトリパラ。傘を開けば、幸せが広がる。

3 キッズピッチランド ふわふわ

この「ふわふわ」はバックスタンドとアウェーのゴール裏をつなぐ、スタジアムの角の場所にあります。お客さんは階段から降りてきて、試合中でも子供はここで遊べます。選手がピッチでプレーしているのと同じレベルの場所に、試合に飽きてしまった子供たちが遊べる「ふわふわ」があるスタジアムの光景は、実に楽しげです。

ある意味大リーグのボールパークっぽさを感じます。

4 日産自動車

横浜F・マリノスの前身は日産自動車サッカー部。木村和司さんや水沼貴史さん、金田喜稔さんはもちろん、長谷川健太さんや井原正巳さんなど現在でも解説者や監督としてJリーグを支えている方を多く輩出。ライバル、読売サッカークラブとの一戦は「バチバチ」で、エキサイティングなゲームが多く、見ていて本当に楽しかった。

木村和司さんはJリーグでも活躍されました。

5 横浜

中華街、ランドマークタワー、みなとみらい。横浜には楽しめるところが本当に多い。そんな横浜のおすすめポイントで、私が行きたくてしょうがない場所は、横浜の日産本社の横にある「原鉄道模型博物館」。原信太郎さんが製作、所蔵した世界一ともいわれる鉄道模型と鉄道関係コレクションが一般に公開されている施設。楽しいに決まっている。ここは、ぜひとも行ってみたい。

ちゃんと鉄道の音が出るように作ってあるそうです。

♪ゴーゴーニッサン♪から時は流れて

素晴らしいを越えて、でき過ぎ感さえある横浜F・マリノスの試合前の選手紹介からの盛り上げ映像。洗練された選手紹介の映像の後、荘厳で力強い音楽が流れ、選手が奮闘するシーンやサポーターの応援する様子。そして、過去に在籍したスターがちりばめられた映像が流れる。すると、レ・ミゼラブルの劇中歌「民衆の歌」が始まる。その旋律や歌詞はとても感動的で、その音楽そしてビジョンの映像にどんどん引き込まれていく。

レ・ミゼラブルのことはあまりわからない。ミュージカルの類なんて本当に縁遠い。だけど、その映像から放出される世界観に、勝手に感動して、背中を押されたら涙が噴き出しそうな状態になってくる。フランス、トリコロール、自由。なんだかわからないけれど、感動し奮い立つようなワードが頭に浮かぶ。

「すいません。すいません。私たちの席なんですけど」。記者席に勝手に座っていたが、本来その席を使用するべき記者の方がやってきて、私に話しかけていたようだ。しかし、あまりに映像に没頭しすぎて、記者の方の言葉がまったく耳に入ってこなかった。相当没頭していたように思う。なぜなら、再度声を掛けてきた記者の人の声は、びっくりするぐらいの音量だったから。

日本サッカーリーグ時代の横浜F・マリノスの前身、日産自動車サッカー部の試合会場にも音楽が流れていた。

♪ゴー　ゴー　ニッサン　ゴーニッサン♪

荘厳からはかなりかけ離れた応援ソング。ピッチの上で、試合前チアガールがポンポンを持って踊っていたような気もする。木村和司、金田喜稔、水沼貴史。日本サッカーを代表する多くのスターが日産自動車サッカー部に在籍していた。彼らは、個人の力で局面を打開できる選手で、ドリブルやキックの精度、クロスにシュートとあらゆるプレーで観客を沸かせた。彼らの戦うステージはプロのリーグではなかったけれど、ひとつひとつのプレーにはサッカーの自由さ、楽しさ、喜びそして戦うことの美しさが詰まっていた。

1993年5月15日、Jリーグの記念すべき開幕戦、ヴェルディ川崎対横浜マリノス戦のピッチには木村和司や水沼貴史の姿もあった。5万9626人の観衆で立錐の余地もない国立競技場。ピッチに登場する前から、感極まって泣いていた選手もいたという。そんなピッチで木村和司は何を考えていたのか？

「どんなプレーをすれば観客が喜んでくれるか？　それだけを考えていた」

マリノスの歴史を作ってきた名選手たち。（上段）左から水沼貴史、井原正巳、川口能活、（下段）松田直樹、中村俊輔。

と私に教えてくれた。まさにプロの言葉。

♪ゴー　ゴー　ニッサン　ゴー　ニッサン♪が流れるスタジアム（というか競技場）は、お世辞にも観客が多いとは言えないものだった。だからこそ、たくさんの人に見てもらえるありがたみや喜びを知る木村和司の言葉は重い。「ニホンゴ　ムズカシイ　ムズカシイネ」と言いながら迎えてくれたのは、８試合連続ゴールのＪ１記録を持っているフリオ・サリナス。番組の撮影でバルセロナにある自宅を訪ねた。閑静な住宅街にあるプール付きの大きな自宅の庭で、彼は日本のことを懐かしそうに話し、チームメイトだった3人の名前を挙げた。「イハラ　カワグチ　ナカムラ。ナカムラ　チッサイ」。

サリナスが加入した１９９７年に中村俊輔も横浜マリノスに加入した。高校卒業したばかりの中村俊輔は、サリナスには線も細くそして幼く見えたのであろう。ゆえに、サリナスは手のひらを下に向けて「ナカムラ　チッサイ」と言って笑ったのだ。Ｊリーグに歴史を刻んだフリオ・サリナスにとって、日本での、横浜マリノスでの思い出はきっと良いものだったに違いない。懐かしんでいるときのサリナスの顔は本当に楽しそうだった。

そんなサリナスが名前を挙げた川口能活は横浜でプレーした後、海外にも挑戦。日本に帰ってきてからは磐田、岐阜、相模原でプレーする。相模原では川口よりも10歳年下のゴールキーパーコーチの渡辺彰宏も、ディフェンダーの工藤祐生も保﨑淳も横浜の育成組織出身。試合の時にはボールボーイをしていて、マリノス時代の川口に怒られることもあったそうだが、これもまた横浜Ｆ・マリノスの歴史を感じさせるエピソードである。

Ｊリーグは25周年を迎えた。この先50年、１００年と続いていく。ただ、どれだけ続こうともＪリーグで最初に勝利を挙げたクラブは横浜マリノス。現在の横浜Ｆ・マリノスであることは変わらない。これからも、横浜の地で歴史を刻んでいく。

横浜FC

©1999 Y.F.SPORTS C.

ホームタウン
神奈川県横浜市

Jリーグ加盟年
2001年

練習グラウンド
横浜FC・LEOC
トレーニングセンター

ホームスタジアム
ニッパツ三ツ沢球技場
（収容:15,440人）

Jリーグ最高順位
J1リーグ18位（2007年）

主要タイトル
J2リーグ優勝（2006年）

もっと注目されてもいいクラブが横浜にはある

ニッパツ三ツ沢球技場をホームに持ち、実績も経験もある選手を揃えた横浜FC。今シーズンは好調を維持。前線のイバとレアンドロ・ドミンゲスは必見。もっと注目を集めても、おかしくない。

Jリーグ初GOALはこの選手

眞《ま》中《なか》幹《みき》夫《お》

茨城大学から市原に加入。仙台（当時はブランメル）、大宮を経て1999年に横浜FCに加入したディフェンダー。弟、靖夫もサッカー選手でC大阪時代に3分間でハットトリックを達成。ハットトリックのJリーグ史上最短記録である。

2001年3月17日（横浜市三ツ沢公園競技場）
J2リーグ第2節　横浜FC2-1仙台（89分）

このスタジアムの持つ雰囲気は最高。ピッチとスタンドが近く、選手の声やボールを蹴った音がよく聞こえる。芝生の臭いも感じられて、ボールの回転もよく見える。選手も観客も、心からサッカーが楽しめる、実に素晴らしいスタジアムです。

ニッパツ三ツ沢球技場

HOME STADIUMはこちら

フリ丸は、独特の雰囲気がありますね。宇宙っぽいキャラが珍しいからだと思います。

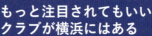

ひらちゃんのおすすめ TOP5

1 ニッパツ三ツ沢球技場

1955年の神奈川国体のために作られた、日本のサッカー専用スタジアムの先駆けです。Jリーグ開幕のときには、ヴェルディとマリノスの開幕戦翌日に横浜フリューゲルスと清水エスパルスの試合が開催されました。日本のサッカーの歴史をずっと見てきているんですよね。そこまでキレイじゃないし、最新鋭の設備が揃っているわけでもない。でも、おでんのつぎ足しじゃないですけど、歴史がないと作れないものってあると思います。

1964年の東京五輪でも使われました。

2 歴代在籍選手

現在も、カズこと三浦知良や松井大輔がプレーし、横浜FCを支えているが、これまでも久保竜彦、山口素弘、小村徳男、三浦淳宏、城彰二などその時代の日本を代表するような選手が多数在籍し、横浜FCの歴史を彩ってきた。

3 三ツ沢公園

横浜駅からバスで10～15分のところにある高台に、自然が楽しめる公園があるというところが、横浜という土地の奥深さの証明。横浜には港も街も観光地もそして公園もある。三ツ沢公園には球技場はもちろんのこと、陸上競技場にテニスコート。そして、馬術練習場もあり、多くのスポーツが楽しめる。そして、自然も多くあり、家族連れで来ても楽しめる公園になっている。

馬術練習場まであります。横浜って凄い。

4 三ツ沢公園の桜

公園内の、桜がたくさん植えられている場所が桜山。お花見の季節、ここは絶景となる。桜のキレイなスタジアムへ春に出かけるのは楽しみの一つ。アウェーの方でも春の季節に三ツ沢で試合があったらラッキー。

三ツ沢はお花見の名所としても有名です。

5 Soccer Junky

サッカーに対する遊び心満載のアパレルメーカーで横浜FCのユニフォームサプライヤー。犬のロゴでおなじみだが、この犬はフレンチブルドッグとボストンテリアのハーフでClaudio Pandiani通称パンディアーニくん。街で着てもおしゃれなアパレルメーカーがチームをサポートしているのはおもしろい。コラボ商品も非常に多い。今度、私と何かコラボしてくれないかなぁ～(下心丸出し)。

三ツ沢、それはドラマが起きる場所

2010年5月2日。ニッパツ三ツ沢球技場。横浜FC対ヴァンフォーレ甲府のゲーム前、甲府のハーフナー・マイクは横浜FCの岸野靖之監督（当時）のもとを訪れた。

ハーフナー・マイクは195センチの長身フォワード。大きな期待を集めていたが、横浜F・マリノスでは目立った結果を残すことができず、2009年、サガン鳥栖に期限付き移籍。そこで、33試合15得点と活躍し、一気にポテンシャルが開花した。その活躍もあって、2010年ヴァンフォーレ甲府に移籍することになるが、サガン鳥栖の時の監督が岸野靖之だった。

二人が挨拶を終えた後、岸野監督はハーフナー・マイクにこう言った。「何でも人のせいにしとったらあかんぞ！」。自立したフォワードになりつつあったハーフナー・マイクはもちろんそんなことは十分理解している

し、岸野監督もハーフナー・マイクの成長を認めてはいたが、和歌山生まれの岸野監督は関西弁で戒めの言葉を伝え、ハーフナー・マイクも長身の体を折り曲げ「わかりました」と頭を下げた。

前半21分までに3得点を挙げ楽勝ムードの横浜FCだったが、ハーフナー・マイクの活躍もあり、終わってみれば3対4で甲府の大逆転勝利。ハーフナー・マイクはプレーでひとり立ちしたフォワードになったことを恩師の前で実証して見せた。

何か、このスタジアムには出会いそしてドラマがある。

2008年4月26日。横浜FC対セレッソ大阪の一戦で、ハーフタイムに香川真司はキングカズこと三浦知良からユニフォームをプレゼントされた。阪神淡路大震災の後、香川真司が通っていた小学校を訪れたのは三浦知良。抽選でキングカズのサイン入りバッグが当たり、それから香川真司が三浦知良に憧れていたのは有名な話。そんな少年がプロ選手になり、ピッチで戦うことになるなんて奇跡のようなドラマだし、そのドラマの舞台には、やはりこのスタジアムはうってつけだ。

ニッパツ三ツ沢球技場のメインスタンドの中央には関係者の入り口がある。入ってすぐのスペースがいわゆるミックスゾーンになる。試合後は、両チームの選手がここを通ってマスコミの取材を受けた後にバスに乗り込む。ここで必ず行われるのがキングカズのいわゆる囲みの取材だ。数台のテレビカメラと、何人もの記者がキングカズを取り囲み質問。キングカズがその質問に答える。

私は質問するような人間ではないし、面識もないので、マスコミ関係者が作り出す人垣の外からその様子を眺めながら、機を見て写真を撮っ

2008年4月26日の横浜FC対セレッソ大阪の試合には、三浦知良と香川真司が出場した。

2010年、甲府に在籍していた当時のハーフナー・マイク。

たりしていた。私のいる場所はキングカズから見て正面やや左。時計でいうなら11時の方向だろうか。インタビューが終わった。バスに乗り込むなら右手。3時方向に行くはずだが、キングカズは11時方向に向かって歩き出した。次第にマスコミ関係者の人垣が割れていく。きっと、私の後ろに知り合いがいるに違いない。これはかなり至近距離でキングカズを見ることができると思った瞬間、予想外の展開が起こった。キングカズは私の前で立ち止まり、手を差し出しながらこう言った。

「いつも見てますよ」

嘘でしょ！なんで自分のことなんか知っているの？というか、バカ面丸出しで写真を撮っていたのも見られていたということか？握手はした。「ありがとうございます」と言ったと思う。だけど、あまりの急展開に見事に気が動転してしまい、自分の行動を覚えていない。誰が見てもあたふた状態だったに違いない。なんとなく、記者の人たちに笑われていたような気もする。一体何なんだこのスタジアム。私にとってもドラマあり過ぎだ。

もちろん、サッカーを楽しむために、このスタジアムに足を運んでいるが、必ず誰かと出会う。知り合いの代理人。放送関係者。Jリーグ関係の人たち。松井大輔には子どもの話やサッカーの話を聞いた。残念ながら亡くなってしまった奥大介は、強化部長を務めていた時期もあって、あの人懐っこい顔で「今度飲みに行きましょうよ！」と誘われたりもした。ピッチとスタンドが近く、サッカーのおもしろさが存分に伝わるニッパツ三ツ沢球技場には、人が出会うような、ドラマが起きるようなそんなパワーも宿しているような気がしてならない。

スタジアムからの帰り、歩道橋を渡り、横浜駅までタクシーに乗ろうと道路に立っていると、1台の車が停まった。車から降りてきたのは60才前後の長身の男性だった。「写真撮ってもらっていいですか？」。快諾した私の横に長身の男性は並ぶとこう言った。「ジャンボの親父です」。なんと、現在ザスパクサツ群馬でプレーし、かつては横浜FCでプレーしていた大久保哲哉のお父さんだったのだ。この出会いはレアケースだけにさらに貴重。このスタジアムのパワーは本当にすごい。

ホームタウン
神奈川県横浜市
前身
横浜スポーツクラブ
Jリーグ加盟年
2014年
練習グラウンド
横浜カントリーアンドアスレチッククラブ
ホームスタジアム
ニッパツ三ツ沢球技場
（収容:15,440人）
Jリーグ最高順位
J3リーグ12位（2014年）

©1990 Y.S.C.C.

Y.S.C.C.横浜

地域に根差し、Jリーグの理念を体現

横浜のＪクラブは、横浜F・マリノス、横浜FCそしてY.S.C.C.横浜の3クラブ。このクラブには、大きなクラブにはないアットホームさがある。地域に根差したスポーツクラブとして、地域の人達にスポーツすることの楽しさ、見ることの楽しさを提供している。

三ツ沢球技場は横浜F・マリノスも横浜FCも使いますけど、Y.S.C.C.が使う三ツ沢も良いですね。スタジアムは何も変わらないわけですけど、チームによってスタジアムの表情が変わるのもおもしろい。

Jリーグ初GOALはこの選手

中西《なかにし》規真《のりまさ》

2014年3月9日（ニッパツ三ツ沢球技場）
J3リーグ第1節　Y.S.C.C.横浜1-1秋田（75分）

滝川第二高校出身。「大迫半端ないって」のフレーズが生まれた、鹿児島城西高校対滝川第二高校の現場にいた選手。あのフレーズを生み出したのは、同じ中西でも、中西隆裕主将。その試合が行われたのは、ニッパツ三ツ沢球技場だった。

Y.S.C.C.のニッパツ
三ツ沢球技場

HOME STADIUMはこちら

Y.S.C.C.横浜には公式マスコットはいませんが、オフィシャルクラブパートナー、カスペルスキーのキャラクター、グリーンベアが、ときどきスタジアムにやって来ます。

ひらちゃんのおすすめ TOP5

1 Y.S.C.C.横浜

Y.S.C.C.横浜とは横浜スポーツ＆カルチャークラブの呼称。2014年からスタートしたＪ３に参入。3年連続最下位だったが、2017年中盤あたりから、樋口監督のボールを大事にするサッカーが浸透し始め、この年最下位を脱出。現在も着実に力をつけつつある。トップチームのほか、セカンドチーム、U-18、U-15、アカデミークラスはもちろん、ミドル（オーバー 30）、シニア（オーバー 40）、そしてフットサルチームもある。中学生以上の女子で構成されたコスモスレディースは神奈川県1部リーグに所属。将来のなでしこリーグ入りを目指す。地域のさまざまな人たちがサッカーに触れ合い、サッカーを楽しむ環境を提供。しっかりと地域に根を張って、一歩ずつ前に進んでいる。

2 YC&AC

YC&ACとは「横浜カントリー＆アスレチッククラブ」の略で、Y.S.C.C.が練習している場所なんですけど、ここは明治元年にスコットランド人が作ったスポーツクラブです。横浜の山手駅から坂をちょっとのぼっていったところ、外国人が住んでいるような大きな家がいっぱいある閑静な住宅街の中にあります。Ｊリーグのクラブの練習場の周りの風景とは少し違いますが、そんな風情も含めて、一度訪れてみてはいかがでしょうか？

港に行っても異国風情は感じられますけど、ここに行っても外国感が感じられます。

3 ブルー・ライト・ヨコハマ

♪街の灯りが　とてもきれいね　ヨコハマ　ブルー・ライト・ヨコハマ♪。横浜を歌った、いしだあゆみさんの名曲をモチーフにサポーターたちは歌う。地元横浜を愛する感じがよく伝わるチャントで、年代的にも私の耳に聞き馴染みがある曲なので、どうしても耳に残る。きっと、スタジアムで歌っている若い人の中には、原曲を知らない人がいるかもしれないが、こういう形で地元の名曲が歌い継がれていくのもいいと思う。

4 Y.S.C.C.の三ツ沢

中継映像を見ていると、バックスタンドやゴール裏に観客の姿が見えない。それは、メインスタンドしか解放していないため。少しさみしい観客席ではあるが、それがすべてネガティブかというとそういうわけではない。それぞれのスタイルで、自由にサッカーを楽しむことができる。どこか牧歌的で、のんびりとした空気の中でのサッカー観戦も実に楽しい。三ツ沢のすごさは、満員の時も観客が少ない時も、それぞれで絵になるということ。そういう意味でも、三ツ沢はいいスタジアムだ。

ニッパツ三ツ沢球技場の観客席を見ていると、本当にサッカーが好きそうな人が多い。

5 応援スタイル

このチームの応援スタイルが好きなのは、応援を先導する人たちが決して上から目線ではないところ。言葉も丁寧で、やさしく語りかける。「みなさん、お願いします」「みなさん、一緒に歌いましょう」。そんな感じが実に新鮮で、なんだか心地良い。クラブもアットホームだが、応援スタイルもアットホーム。クラブ愛の表現はそれぞれで、この愛の形も悪くない。

少しずつ進むY.S.C.C.とリンジェ

JR根岸線、山手駅を降りると閑静な住宅街が広がる。その住宅街にあるのが、YC&AC（横浜カントリー&アスレチッククラブ）。YC&ACは1868年に創立された外国人専用（最近では日本人も入れるとか入れないとか）のスポーツクラブ。グラウンドやプール、屋内にもたくさんの施設があるという。このグラウンドがY.S.C.C.横浜の練習会場の一つ。練習場に近づくと大きな声が聞こえてくる。

「30秒、31、32……」

しっかりボールを動かしながらゲームを進めるY.S.C.C.横浜には不可欠なものの一つである、フィジカルトレーニングの真っ最中。声の主は、フィジカルコーチではなく樋口靖洋監督。それほどスタッフも多くないこのクラブでは、フィジカルトレーニングも樋口監督の直接の指揮のもと行われる。

練習後、選手たちは自主練に励む者。戦術確認も含め話し合う者。クールダウンでゆっくりのペースで走る者。樋口監督も、グラウンドの外周をゆっくり歩いていた。そして、こう呟いた。「ボールが1個足りないな～」。様々なクラブの監督を歴任し、天皇杯優勝監督でもある樋口監督自らボールを探していた。

これまで在籍していたクラブでは、そんな必要は全くなかったはずだが、このクラブでは樋口監督も選手もハードワークを厭わない。そして、そのこと自体に悲壮感など感じられない。地域に根ざし、スポーツの喜びを分かち合うY.S.C.C.横浜にとっては、これが日常で、突貫工事でJ1を目指すというよりも、歩みは少しずつでも1歩ずつ前進し、Jのトップに近づいていくのがY.S.C.C.横浜。アットホームなクラブである。

このクラブの練習場を訪れた目的の一つは、Jリーグの公式ホームページ内で見ることができる「ひらチャンねる」で私が各クラブのお手伝いをする企画を行うため。Y.S.C.C.横浜では新加入選手の入団会見の司会を要請された。「ジャブラニ・リンジェ・アリ」、アフリカのマラウイ出身。ビィ・フォアード・ワンダラーズFCというクラブに所属していたリンジェだが、2017年末に来日し、Y.S.C.C.横浜のセレクションに参加し、2018年加入が決まった。

練習をするリンジェを見たが、アフリカ人特有のバネのようなものを感じるプレーヤーではない。肉体的圧力もそれほど感じない。どちらかといえば細身だ。ゴリゴリのテクニシャンという訳でもなかった。少し話をした。好青年という印象を受けたが、まだ日本には慣れていないようだった。

2018年4月29日の琉球戦でシュートを打つマラウイ出身のリンジェ選手。今後の活躍を期待したい(下写真の右から2人目)。

当然だ。知らない国に来て、聞いたこともない日本語に囲まれての生活、そしてサッカー。その表情から戸惑いは隠しきれなかった。しかし、故郷のマラウイの話をしたときには嬉しそうな顔をした。そして、シマという故郷の料理が食べたいと言った。ただ、日本語もわからないリンジェに日本でシマを手に入れる術などわかるはずがない。

リンジェは4月7日のホームの福島戦、途中出場でJデビューを果たした。4月29日、ホーム琉球戦では85分にピッチに投入された。三沢の横パスを受けたリンジェはトラップをミスしたように見えた。それでも、なんとか右足で蹴ることができる位置にボールを運んだ。トラップミスを誤魔化すかのように、思い切り振った右足から放たれたシュートはどんどんゴールの方向に向かい、まさかのミドルシュート炸裂と誰しもがこぶしを握ったが、惜しくもクロスバー直撃だった。

その話を、別の日にクラブの人たちとした。すると、関係者の人たちは一様に悔しがった。「あれが決まっていればね〜」。少し笑顔交じりに話す様子を見て、リンジェがクラブの人たちの心を掴み始めていることが分かった。

5月19日、ニッパツ三ツ沢球技場には、ベンチには入ったものの試合に出場することがなかったリンジェの姿があった。リンジェは笑顔も自然になり、日本語も少しずつ分かるようになっているようだった。リンジェに日本語が上達していることを伝えると、親指と人差し指を出して「すこし」と日本語で言った。凄い進歩だ。

リンジェに少し待ってと伝え、私はリンジェのために用意したプレゼントを渡した。リンジェはビニール袋の中身を見て、嬉しそうな顔をしてこう言った。「シマ!!」。シマを作るために必要なトウモロコシの粉を上野のアフリカ食材店に行って買ってきた。生きているうちに、まさか上野のアフリカ食材店に行くなんて思っていなかったけれど、リンジェのおかげで良い経験になった。リンジェにはシマを食べて、さらに良いプレーを見せてほしい。アットホームなY.S.C.C.横浜とマラウイから来たリンジェの出会いはどちらにとってもきっと良い経験になるはず。少しずつ、1歩ずつゆっくりと歩みを進めていく。

SC相模原

ホームタウン
神奈川県相模原市
Jリーグ加盟年
2014年
練習グラウンド
ノジマフットボールパーク
ほか
ホームスタジアム
相模原ギオンスタジアム
(収容:6,315人)
Jリーグ最高順位
J3リーグ6位(2014年)

選手との触れ合いも多く 地域に密着したクラブ

かつて日の丸を胸に闘った選手も、Jリーグで試合経験豊富な選手も、大卒で加入したルーキーも、地域の色々なイベントにも顔を出し、積極的に地域の人たちと触れ合う。そんな相模原の人たちが作り出すスタジアムの空気はあたたかい。

Jリーグ 初GOALはこの選手

佐《さ》野《の》裕《ゆう》哉《や》

2014年3月16日(相模原ギオンスタジアム)
J3リーグ第2節　相模原2-0Y.S.C.C.横浜(55分)

技術が高く、攻撃センスあふれるプレーヤー。2001年、東京ヴェルディ1969に入団。湘南、長崎、北九州を経て、2011年から2014年まで相模原でプレー。2018年は九州サッカーリーグのJ.FC MIYAZAKIでプレーしている。

ゴール裏の芝生席は楽しさいっぱい。小さめのテントを持参し、のんびり過ごす人。走り回る子供。試合前、輪になって円陣を組むサポーター。芝生席ならではの楽しみ方がたくさんある。

相模原ギオン
スタジアム

ガミティは選手同様、色々な地域のイベントにも参加。試合中は、メインスタンドに向かって、盛り上げようとステップを踏む健気なガミティ。がんばり屋さんです。

ひらちゃんのおすすめ TOP5

1 相模原ギオンスタジアム

以前、NHKのラジオの取材で行ったときに、サポーターの皆さんは突然の取材にもかかわらず、私の無理な要望にも快く応えていただきました。その節は本当にありがとうございました。

スタジアムグルメにカテゴリーは関係なし。ここも、グルメは充実しています。

2 相模大野駅

最寄りとなるJR相模原線の原当麻駅からスタジアムまでは徒歩だと少し距離があるし、タクシーが停まっていないこともあるので、小田急線の相模大野駅を利用。ここからスタジアムまでは、タクシーで20分ほど。駅直結の相模大野ステーションスクエアには、ビックカメラや無印良品などたくさんの店舗があり、少し早めについた時の時間つぶしにもなるし、何かを忘れた時には、ここに行けば何でも揃うので非常に助かります。

3 相模原麻溝公園

相模原ギオンスタジアムがある大きな公園。グリーンタワー相模原という展望台がランドマークでもあり、スタジアムからもしっかりと見えている。フィールドアスレチックやふれあい動物広場もあり、ポニーに乗ることもできる。少子化という言葉が嘘に思えるほど、この公園では多くの子供たちが遊ぶ姿を目にする。それだけ、この公園が子供たちにとって楽しく、家族連れで遊びに行くには最適な公園であるということだろう。

4 ノジマステラ神奈川相模原

なでしこリーグ1部に所属でSC相模原同様、ホームスタジアムとして相模原ギオンスタジアムを使用。SC相模原とダブルヘッダーもあり、同じ日にＪ３となでしこリーグを楽しめることも。このチームのマスコットはももちゃんことレディ・もも。のっぺりとした顔のおさるさんだが、ももちゃんブランドとしてグッズも販売中。ももちゃんぬいぐるみにももちゃんTシャツ。かわいいかどうかはご自身の目で確認してみてください。

日本代表の田中陽子や元日本代表の大野忍もいます。監督はかつて湘南ベルマーレなどを率いた菅野将晃さんです。

5 実況席

スタジアムには実況席がなく、記者席の一角を実況席として使用。屋根はあるものの、雨が降れば濡れるし、風が吹けば資料は飛ぶし、直射日光が当たる時間帯も。選手や観客と全く同じコンディションで試合を伝えている。記者席がゆえに、時折知り合いが通ることもあり、実況をしながら頭だけは下げて挨拶をしていることもある。そんな実況の様子を観客席から見ることもできます。

興奮して大きな声を出すと、記者の方が振り向くし、小さな声だと音声さんに嫌な顔をされます。

グルメはJ3とはいえ、充実していて楽しいです。写真は僕が観戦した日に販売されていた、東林間のベーカリーによるSC相模原応援パンです。

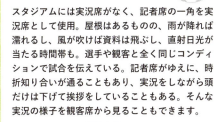

小旅行気分で相模原を訪ねる

　SC相模原は何か所かの練習場を使用しているが、その一つはノジマフットボールパーク。ここに東京から行くには、少しの気合いと小旅行を楽しむぐらいの心の余裕が少しだけ必要になる。

　新宿から海老名に向かう。小田急線の特急で約40分。なかなかの距離。海老名で乗り換え、JR相模線に。相模線は単線。列車の本数は、昼間なら1時間に3本程度。小旅行気分で行けば、列車の本数なんて気にならない。海老名から7分で最寄りの駅、相武台下駅に到着。基本的に無人駅。完全に旅気分。若干テンションが上がる。

　改札を出て左に行き、踏切を越える。すると、かなり本気の畑が目の前に広がる。道端には野菜即売所。

　この時点で、当初の目的が何だったのかを忘れてしまいそうになる。

　土のにおいはすれども、サッカーのにおいが全くしない（ただ、このあたりの伝統行事、相模の大凧まつりの日は様相が一変。八間凧という14・5メートル四方、約950kgものサイズの大凧は日本でもトップクラスで、大凧が空を壮大に舞う姿を見物するために、多くの人がこのあたりを訪れる）。

　歩きながら、少し不安になった頃に、出現する練習場がノジマフットボールパーク。人工芝1面、人工芝フットサルコート1面、クラブハウス1棟。選手寮2棟。ここは、なでしこリーグ1部に所属する、「ノジマステラ神奈川相模原」とアメリカンフットボール「ノジマ相模原ライズ」が共用で使っている施設。ここで、SC相模原も練習を行っている。

　かつて日の丸を胸に戦った選手や、J1やJ2のスタジアムを沸かせた選手。そしてこれからに夢や希望をもった若い選手たちが日々汗を流す。

　かつての代表選手の練習を目の前で見ることができる嬉しさと、ここに来るまでの道のりのことを考えると、そう簡単には帰る気にはならない。どんなに練習が長くなろうとも、練習後の自主練も根こそぎ見てやるという訳の分からないプチ根性が自分の中に芽生えているのがわかった。

　SC相模原のホームスタジアムは相模原ギオンスタジアム。ホームページなどによると、最寄り駅はJR相模線の原当麻《はらたいま》駅。そこから徒歩20分とある。しかし、少し前からお馴染みの小旅行気分が否応なしに味わえるJR相模線であることと、原当麻を案内する車内アナウンスがどうしても「カラータイマー」に聞こえてしまうこともあって、小田急線で新宿駅から相模大野駅に向かい、そこからタクシーでスタジアムに向かうことにしている。

　新宿から相模大野へ行くには、快

速急行や急行などがあるが、みずから小旅行気分を味わうため特急に乗ってみたりする。

その先には箱根があることもあって、電車が動き出すや否やビールを飲みだすおじさん団体客や楽しげな家族旅行客も多く、景色や移動時間に関係なく小旅行気分になる。

スタジアムグルメの中には、SC相模原オリジナルビールも。

ゴール裏で芝生席の良さを味わうのも楽しい。

相模原麻溝公園内にある相模原ギオンスタジアムは家族連れも多く、スタジアムグルメも豊富で小田急の特急の車内に負けず劣らず楽しげな雰囲気が充満している。平成28年度採用の広報部ホームタウン担当（社員扱い）のマスコット、ガミティも様々なところに出没し、スタジアムは温かい雰囲気に包まれる。

スタジアム内の雰囲気もアットホームで、それに一役買っているのがゴール裏の芝生席。ここに来る人達は、芝生席の楽しみ方もよく知っていて、レジャーシートを広げて、それぞれの観戦スタイルでサッカーを楽しむ。

そして、このスタジアムの魅力的なイベントの一つが試合後のハイタッチ。勝っても負けても全選手がハイタッチで来場者をお見送りするというもの。試合後の選手と触れ合い、声を掛けることもできる。

試合の日だけでなく、SC相模原の選手は地域のイベントに顔を出し、支えてくれている地元の人たちと触れ合う。

そして、胸に日の丸をつけて戦った選手も若い選手も触れ合いを通してサッカーをプレーすることのありがたみや地元を大事にすることの大切さを知ることになる。

駒澤大学から鹿島に入団。その後、新潟、名古屋、千葉、長崎を経て2016年にSC相模原に加入した深井正樹はその年に引退することになるが、引退に際しクラブ公式サイトでこんなコメントを残している。

「勝った時も負けた時も、みんなとハイタッチした温かさは決して忘れません」。

小旅行気分でスタジアムに行って、温かさも感じることができる相模原ギオンスタジアム。温かさは箱根以上かもしれない。

湘南ベルマーレ

©1993 SHONAN.BM

ホームタウン
神奈川県厚木市、伊勢原市、小田原市、鎌倉市、茅ヶ崎市、秦野市、平塚市、藤沢市、南足柄市、大井町、大磯町、開成町、寒川町、中井町、二宮町、箱根町、松田町、真鶴町、山北町、湯河原町

前身
藤和不動産㈱サッカー部

Jリーグ加盟年
1994年

練習グラウンド
馬入ふれあい公園サッカー場

ホームスタジアム
Shonan BMW スタジアム平塚(収容:15,732人)

Jリーグ最高順位
J1リーグニコスシリーズ2位(1994年)

主要タイトル
天皇杯(1994年)、J2リーグ優勝(2014、17年)

言わずと知れた湘南の暴れん坊

誰が言ったか知らねえが　泣く子も黙る湘南の　暴れん坊が平塚の　芝生の上で痛快に　敵の守備網切り刻み　網を揺らして高笑い　見ている奴らは踊り出す知らざあ言って聞かせやしょう　湘南スタイル見せつける　これぞ　湘南ベルマーレだ！※1

Jリーグ初GOALはこの選手

野口幸司《のぐちこうじ》

1試合での最多得点(5ゴール)記録を持つ(バレーの6得点は入れ替え戦)。1994年は42試合19ゴール。1995年は49試合23ゴール。ちなみに、この年の得点王は福田正博で32ゴール。驚くべきはゴール数より試合数。

1994年3月12日(国立霞ヶ丘競技場)
Jリーグ 1stS第1節　ヴェルディ川崎5-1湘南(50分)

いつ見ても、美しい緑が広がる素晴らしいピッチは格別で、スピード感あふれるサッカーをさらに演出する。ベストピッチ賞も受賞。2006年の受賞当時、J2リーグのスタジアムとしては初めての受賞だった。

Shonan BMW スタジアム平塚

HOME STADIUMはこちら

海の神、ポセイドンがモチーフのわりには、ピースサインとか軽いポーズをしてくれたキングベルI世。さすが海の神。心が広い。おじいちゃんではないようです。

ひらちゃんのおすすめ TOP5

1 三村ロンドさん ※2

多くのテレビ番組でナレーションを担当しているので、ほとんどの人がいつの間にかロンドさんの声を聞いていると思いますが、湘南ベルマーレのスタジアムナビゲーターでもあります。声量に余裕があるので、スタジアムでもよく通る本当にいい声です。そして、心の底から湘南ベルマーレを愛しているロンドさん。アウェーで前半だけ試合観戦して、その後仕事に行くなど、寸暇を惜しんでベルマーレを応援しています。

2 HIDEゲート

Shonan BMW スタジアム平塚の7番ゲートをHIDEゲートと呼びます。クラブのレジェンド、中田英寿さんをリスペクトする感じが伝わってきます。なにより、この人の登場はインパクトがありました。

こういうことで、クラブの歴史を知り、語り継いでいくことが大事です。
©SHONAN BELLMARE

3 湘南造園

湘南のピッチの美しさを守り抜いているのが湘南造園。この会社のスタッフの方々は湘南ベルマーレのユニホームを着て仕事しているんですけど、芝の管理をしているのでみんな背番号が48（しば）なんですよ。

背番号に注目。
©SHONAN BELLMARE

4 総合型地域スポーツクラブ

ビーチバレー、トライアスロン、サイクルロード、フットサル、ラグビーセブンズのチームも持つ総合型地域スポーツクラブで、Jリーグの理念を実現しているクラブの一つです。ビーチバレーの練習を見に行ったことがありますが、所属の石井美樹選手は日本でもトップクラス。たとえば彼女が世界大会で活躍したら、サッカーを応援している人も応援するはず。そういう関係がどんどん増えると良いですね。

5 平塚市総合公園の日本庭園

スタジアムのすぐ側にあって、実際に入ってみると驚くほどに静かです。サッカーを見に行くついでに日本庭園を見られるなんて、そんなオツなこともなかなかないので、時間のある方は是非覗いて見てほしいです。

サッカーをやっている外の喧噪と、庭園内の静けさのコントラストが凄いです。

※1 湘南という「市」も「駅」もありません。地域の名前です。
※2 アウェーで応援するときには、マスコットのキングベルI世の王冠帽子をかぶっていて、背が高いこともあってスタンドの中では見つけやすいです。

湘南スタイルのハードワーク

サッカーばかり見ているので、サッカーの当たり前が世間の当たり前と勘違いし、肩透かしを食らうことがある。「湘南スタイル」とは何なのか？ スマホで「湘南スタイル」と検索してみた。サッカーライターの方が詳しく書いた記事がたくさん出てくると思いきや、鎌倉、湯河原、葉山、箱根などを中心に、厳選された自然素材と心地良いデザインの家や家具。といったライフスタイルの話ばかりだった（案外嫌いではないけれど）。

では、湘南ベルマーレの湘南スタイルが一体どんなものなのか？ 言葉で理路整然と説明することは困難だが、これを湘南スタイルと呼んでもいいのではないか、という試合に出会ったのは、2014年4月13日、J2第7節フクダ電子アリーナで行われたジェフユナイテッド千葉対湘南ベルマーレの一戦。6対0で湘南が勝利した試合だ。

この試合の湘南ベルマーレが放つ疾走感は爽快だった。フィールドプレーヤーは10人に決まっているが、縦への攻撃が始まると人がドンドン湧いてきて、12人にも13人にも見えた。スピード感を持ったオーバーラップで味方を追い越し、千葉よりもフィールドプレーヤーが多いのではないかと感じさせるほどだった。

それぞれの個が、ベクトルを共有し、同じ意思をもって動き始めると、それは組織になり、フィールドプレーヤー10人の集まりが1つの生き物に見えてくる。息をする暇も与えないほどの勢いと迫力。そして、それに呼応するようにゴール裏に大挙して詰めかけた湘南サポーターたちの盛り上がりも、いつも以上の雰囲気だった。

ピッチで躍動する選手たちとゴール裏から生み出されるリズムの一体感は、グルーヴ感を生み出し、独特の空気が醸成された。あの試合の湘南ベルマーレは湘南スタイルと呼ぶにふさわしいものだったと思う。

クラブのスタッフにも湘南スタイルの体現者はいる。遠藤さちえさんだ（影では勝手に「さっちん」と呼んでいます。すいません）。とにかく、湘南ベルマーレのためにハードワークする。一緒に仕事をすると心地いいし、ノッキングしない。本当に仕事ができる。それに、仕事ができる人にありがちな冷たい感じが微塵もない。どんな人にも、分け隔てなく明るく接してくれる。そして、さっちん（って呼びますね）のスーパー仕事伝説は枚挙にいとまがないが、つい最近もこんなことがあった。

試合終了後、スタジアムの受付にいたさっちん。おつかれさまですと挨拶をして別れた。少し歩くと、何人かのサポーターの方にサインや写真をお願いされ、対応していると少し人が集まってしまった。すると後方から「大丈夫ですか？ 整理しましょうか？」の声。声の主はやはりさっちん。いつの間に。受付からは少し離れて見えない場所だったはずなのに、なんでここにいるの？ という場所にも出没するさっちん。とにかく視野が広い。

　さっちんはかつて広報の仕事をしていた。しかし、違う部署に行くことになった。その噂はすぐに広がった。「桐島、部活やめるってよ」ならぬ「さっちん広報やめるってよ」。だけど、どんな部署に行ってもさっちんは湘南ベルマーレのためにハードワークを怠ることはない。さっちんを湘南スタイルと呼んでも間違いないと思う。

2014年4月13日のジェフユナイテッド千葉戦。湘南の戦いは見事だった。

　どんな地にも足を運んでベルマーレを後押しするスタジアムＤＪの三村ロンドさんも湘南スタイルだし、選手入場時のスタジアムの盛り上がりも湘南スタイル。

　そして、練習場の馬入ふれあい公園サッカー場に集まる人たちも湘南スタイルだ。相模川の河川敷にある練習場を土手から眺める人たち。この人達それぞれの楽しみ方が実に良い。土手に座って練習を見ている人もいれば、自転車にまたがったまま見ている人もいる。練習見学目的で河川敷に来る人もいれば、用事の途中でふらりと立ち寄る人もいる。写真やサインを求める人もいれば、解説者ばりの厳しいコメントをぶつぶつひとりごちる人もいる。

　ただ、相模川の河川敷にある練習場は台風で水没してしまうことがある。そんなとき、いつもはそれぞれ思い思いの楽しみ方で過ごしている人たちが集まって、練習場の復旧作業を行う。それぞれの個が同じベクトルに向かって困難を乗り越える。ハードワークを厭う者は一人もいない。

　結局、湘南スタイルってはっきりしたことはよくわからないけど、性格も特徴も持ち味も違う個人個人が、何か一つのものに向かって、同じベクトルで、ハードワークする、そんな生き方、生き様こそが湘南スタイルのような気がする。家や家具の湘南スタイルも悪くはないけれど、湘南ベルマーレを中心に描き出される湘南スタイルの方が私は好きだ。

ヴァンフォーレ甲府

©1998 VFK

ホームタウン
山梨県甲府市、韮崎市を中心とする全県

前身
甲府サッカークラブ

Jリーグ加盟年
1999年

練習グラウンド
韮崎中央公園陸上競技場・芝生広場／山梨大学医学部Gなど

ホームスタジアム
山梨中銀スタジアム（収容:15,859人）

Jリーグ最高順位
J1リーグ第1S12位（2015年）

主要タイトル
J2リーグ優勝（2012年）

©2018VFK

地方クラブの一つの目標となる存在

大企業のバックアップのない中で、地域に根ざし、何度もJ1に昇格し、夢を見せる市民クラブ。海野会長は、韓国各地での講演やシンポジウムに参加し、その取り組みを紹介。韓国Kリーグの発展に寄与したとして感謝楯を受賞した。Jリーグの地方クラブや韓国のKリーグからも注目されている。

Jリーグ初GOALはこの選手

新明正広《しんみょうまさひろ》

1999年3月14日（韮崎中央公園陸上競技場）
J2リーグ第1節　甲府1-2大宮（51分）

千葉県出身。習志野高校卒業後、1991年、東芝サッカー部（コンサドーレ札幌の前身）に加入。1997年から2000年までヴァンフォーレ甲府でプレー。この日の甲府メンバーの中には、現在ベガルタ仙台監督の渡邉晋の名前も。

いわゆる昔の陸上競技場ですが、ここで試合を観ると、スタジアムは人が作るということを実感させられます。

山梨中銀スタジアム

HOME STADIUMはこちら

甲斐犬がモチーフのヴァンくんとフォーレちゃん。スタジアム内外のイベントに加え、アウェーの地で、他のマスコットとの交流も多い。シーズン前のキックオフカンファレンスでは、ヴァンくんグッズをまとった私と堀米勇輝で写真を撮り、マスコット総選挙の投票をお願いするのが恒例行事に。

©2018VFK

ひらちゃんのおすすめ TOP5

1 山梨中銀スタジアム

通称、小瀬。新しいスタジアムというわけではないし、陸上トラックもある。ただ、ピッチがそれほど遠いとは感じない。そして、ゴール裏のサポーターから発せられた熱がメインスタンドを巻き込み、手拍子がスタジアムを包むと、このスタジアムは劇場空間へと様相を変える。まさに、「小瀬劇場」と呼ばれる由縁である。

グルメを含め、スタジアムの外も賑やかで楽しい魅力的な空間になっている。

2 ドライブ

だいたい東京から110 ～ 120kmくらい、都会からだんだん自然の中へと変わる景色を楽しみながら、短くも長くもなくドライブとしては一番楽しい距離ですね。行く道中も楽しいです。談合坂のサービスエリアもめちゃくちゃ店が多くて、モツ煮とかも美味しいんですけど、ここで食べたらスタジアムで食べられなくなる。誘惑に負けないように、甲府に行くときはトイレと自動販売機しかないような地味なところにしか寄らないようにします。ちなみに電車で行くときは、甲府の駅からスタジアムまでタクシー定額2100円で行けます。タクシーのおっちゃんと話すのが好きなのでこちらも楽しいです。

3 ヴァンフォーレクイーン

毎年、メンバーは変わるようですが、イベントを手伝ったり、スタジアムで応援したりとヴァンフォーレ甲府を後押しする女子のグループ。ゴールが決まると登場し、旗を振って応援をさらに盛り上げることがありますが、突然ゴールが決まると、2、3人がばらばらと出遅れて登場。そんなゆる～い感じもたまらない。ゴールが決まった後、どうしても彼女たちの動きを見てしまいます。

彼女たちが甲府と関わる様子は等身大で無理がない。若干のゆる～い感じに、はまってしまいます。

4 幅広いファン層

Jリーグは基本的にファンの年齢層が幅広いんですけど、ここは本当に幅広い。いろんな年齢のお客さんが来ています。小瀬でいいなあと思うのは、自主的に応援している子供を多く見ること。子供たちだけで来て旗を振り、周りと一緒になってチャントを歌う。首からシーズンチケットをぶら下げて、自分たちの意思で応援している子供の数が、甲府は他のクラブに比べて多いような気がします。ヴァンフォーレってこの街に根付いているんだなと思う瞬間ですね。

5 グルメ

甲府のスタジアムグルメでは甲州鳥もつ煮とか、八ヶ岳ベーコンとか、甲州牛の串といったいわゆる地元の美味しいものが楽しめます。あと時期限定だと思いますが、卵かけごはんはインパクトもおいしさも抜群でした。季節によってはさくらんぼやぶどうなどの山梨特産の果物を配っていたりするのもうれしいです。

卵かけごはんは本当に珍しい。こんなレアなグルメに出会えると、嬉しくなります。

「おらが町のクラブ」を愛する人が作る「小瀬劇場」

全国各地に広がったJリーグのクラブ。大都市だけではなく、小さな都市にもJリーグのクラブがあり、これからJリーグ入りを目指す街もある。あまり大きな街ではない場所にあるクラブの関係者の方と話していると、目指すべきクラブの目標にアルビレックス新潟やヴァンフォーレ甲府の名前を挙げる人が多い。

ヴァンフォーレ甲府は2005年7月19日からホームタウン編成を山梨県甲府市、韮崎市を中心とする13市町村から山梨県甲府市、韮崎市を中心とする全市町村へ広域化したとはいうものの、甲府市の人口は18万9349人(平成29年7月1日時点)。決して大きな都市とは言えない。

そんなヴァンフォーレ甲府をかつて率いていた城福浩監督はプロビンチャ(大きな企業のサポートを受けない地方のクラブ)と呼んだ。

債務超過に陥ったヴァンフォーレ甲府の代表取締役社長に就任した海野一幸は様々な取り組みと経営手腕でヴァンフォーレ甲府を立て直した。現在でもスタジアムに並ぶ多くの企業の看板は、海野一幸が始めた取り組みの一つ。大口のスポンサーに頼るのではなく、たとえ少しの額であっても多くの企業に支えられることによってクラブを運営する。そんな光景を山梨中銀スタジアムで見るたび、プロビンチャいや横文字は少し難しいので「おらが町のクラブ」を感じるのである。

大きくない街の「おらが町のクラブ」は2006年に平均観客動員数が1万人を超えてから、たとえJ2に降格しようとも、1万人を下回ることはない。地域の人たちが支え、苦しい状況になってもみんなで応援する。地方のクラブがヴァンフォーレ甲府を目標にするゆえんがここにある。

一見、何の変哲もないように思える陸上競技場であるホーム、山梨中銀スタジアム(通称、小瀬)だが、時として途轍もないグルーヴとパワーを生み出す。サポーターたちが陣取るゴール裏からの波がメインスタンドを包み込み、メインスタンドも呼応して声援の渦を起こす。そして、その渦がピッチを巻き込み、スタジアムのヴォルテージが上がる。

1点ビハインドの展開から同点に追いつきフリーキックから逆転したゲームを記者席で観戦しているときのこと。ゴールが決まった瞬間、ゴール裏のみならず、メインスタンドの人たちも立ち上がり、歓喜の声を上げた。その様子だけでも感動的だったが、その瞬間、前に座っていた知り合いの記者が振り返り、まるで役者のセリフのようにこう言った。

「これが小瀬劇場ですよ」。

何の変哲もない陸上競技場が極上

の劇場に変化した瞬間だった。そして、スタジアムとは人が作り上げるものであることを確信した。

最新鋭の美しいスタジアムがいいに決まっている。だけど、どんなに上質なコンクリートを使用しようが、座りやすい座席にしようが、最新鋭のLEDでピッチを照らそうが、スタジアムに命を吹き込むのは人である。ここには、最新の舞台装置はないけれど、「おらが町のクラブ」を愛する思いが、どこにもない舞台空間を作り上げる。

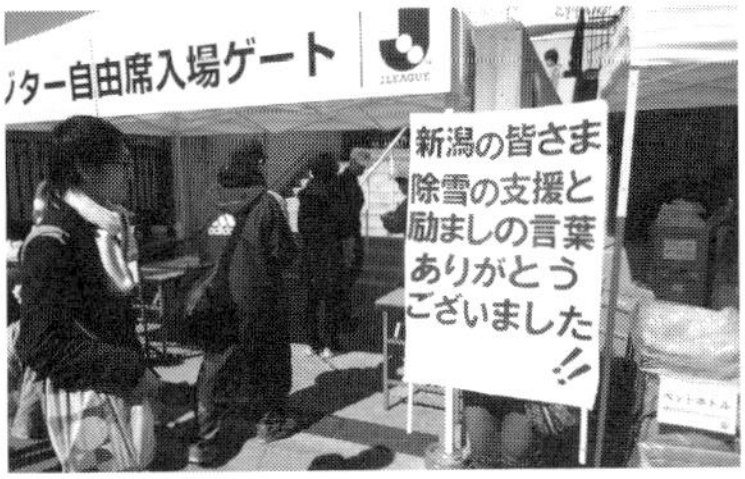

2014年3月15日に行われたアルビレックス新潟戦。2月の大雪の際の新潟からの支援に感謝してゲーフラを掲げる女性がいた。

小瀬に集う人たちは多彩。他にはない独自の雰囲気を作り出している。

小瀬には老若男女、様々な年齢層の人が集まる。子供たちも多いが、親に連れてこられたというよりも自主的に足を運んでいる感が非常に強い。だから、ゴール裏にも多くの子供を見かけるし、大きめの旗を振って応援している姿も見かける。実に素晴らしい光景だし、大人だけでなく子供にも支えられてこそ「おらが町のクラブ」。子供たちも、手拍子と大きな声と旗を振りながら舞台を演出する。

2014年2月、山梨県は記録的な大雪に見舞われた。甲府駅前の道路も雪で埋まり、交通が混乱する様子がテレビからも流れてきた。新潟県と上越市は除雪車など除雪部隊を派遣した。

3月15日、山梨中銀スタジアム、ヴァンフォーレ甲府対アルビレックス新潟。ビジター自由席入場ゲートでゲーフラを持って立っている女性を見かけた。彼女のゲーフラにはこう書かれていた。「新潟の皆さま除雪の支援と励ましの言葉ありがとうございました‼」。彼女は絶対に顔を見せようとはしなかった。ただただ、思いを伝えたくて入り口の前でずっと立っていた。何も言わないからこそ、余計に思いが伝わる。この日の小瀬劇場は本当に温かい空気に包まれた。

その日の空気や温度に合わせて小瀬劇場は表情を変える。そんな「おらが町のクラブ」にある小瀬劇場に命を吹き込んでいるのは、間違いなくこのクラブを支える人たちの思いだ。

AC長野パルセイロ

©2008 PARCEIRO

ホームタウン
長野県長野市、須坂市、中野市、飯山市、千曲市、坂城町、小布施町、高山村、山ノ内町、木島平村、野沢温泉村、信濃町、飯綱町、小川村、栄村、佐久市

前身
長野エルザSC

Jリーグ加盟年
2014年

練習グラウンド
千曲川リバーフロントスポーツガーデンほか

ホームスタジアム
長野Uスタジアム（収容:15,491人）

Jリーグ最高順位
J3リーグ2位（2014年）

長野対松本山雅の熱い魂のダービーが見たい！

映画「クラシコ」でも描かれていた、長野対松本山雅の本当に熱いダービーをJリーグで見てみたい。よそ者にはわからないが、街としてのライバル意識は相当のものだと聞く。心の底から湧き出る魂のダービー。想像するだけで、心が震える。

Jリーグ初GOALはこの選手

高橋《たかはし》駿太《しゅんた》

富山第一高校から、2007年にモンテディオ山形に入団。様々なクラブ、カテゴリーでプレー。2012年、FC琉球時代には辻正男（Y.S.C.C.横浜）と並んでJFL得点王に。現在はザスパクサツ群馬でプレー。スピードに乗ったプレーは健在。

2014年3月9日（味の素フィールド西が丘）
J3リーグ第1節　福島0-1長野（17分）

色々と計算されて作られた最新のスタジアムなのでキレイですし、十分にJ1クラスです。

長野Uスタジアム

HOME STADIUMはこちら

ライオーは三兄弟の真ん中。姉パルル。弟ライト。サッカー博士のパルパパ博士も。現実世界にいるのはライオーだけだが、これからの展開にも期待。

ひらちゃんのおすすめ TOP5

1 長野Uスタジアム

ビジター側のゴール裏以外は二層スタンドになっていることで、上空から見るとU字に。近代的で美しいサッカー専用スタジアム。

外観も近代的。雲とのコントラストも美しい、良い写真が撮れました（自画自賛）。

2 北陸新幹線

東京から新幹線「かがやき」に乗れば1時間25分で長野に到着。「かがやき」の停車駅は、上野、大宮、長野、その先は富山、金沢。上野を越えると、それぞれの駅にＪリーグのクラブがある。なので、北陸新幹線を使って、土日の2日間で金沢を皮切りに、次第に東京に向かいながら、4試合はしごツアーを敢行するというのが私の夢。これは楽しい！ Ｊリーグと北陸新幹線がコラボして、はしごツアーを楽しめるようなスケジュールを作ってもらいたいが、それほど人が集まる自信はないので、声は小さめにしておきます。

3 善光寺

一生に一度は善光寺参りと言うぐらいだから、是非とも一度は行ってみたいと思っているが、まだ一度も行ったことがない。ただ、短時間ではもったいないし、仏様にも失礼だし、時間に余裕をもって行きたいし、しっかりとお参りもしたい。牛にひかれて善光寺参りとも言うし、パルセイロ観戦で長野に行って、善光寺に導かれていこう。

4 AC長野パルセイロレディース

なでしこリーグ1部に所属するAC長野パルセイロレディース。2015年、2部で優勝し、2016年から1部をキープしている。監督は本田美登里。女子ワールドカップでなでしこジャパンが優勝したこともあって、女子のサッカーも注目を浴びることになったが、女子サッカーに「なでしこ」という枕詞なんてつかなかった時代に、日本の女子サッカーを牽引していたのは、本田美登里であり、木岡二葉であり、半田悦子だった。3人とも、かつての女子の強豪清水第八SC出身。「なでしこ」の礎を作ったのは、彼女たちだった。

なでしこという呼び方がなかった頃から女子サッカーを支えている方が監督をしていらっしゃるチーム。感慨深いです。

5 悲願のJ2昇格へ

2014年からＪ３での順位は、2位、3位、3位、5位。あと一歩、あと少し。手が届きそうで、届かなかっただけに、AC長野パルセイロに関わるすべての人にとって、Ｊ２昇格は悲願。悲願だけに、Ｊ２昇格を決めた時のスタジアムの雰囲気を想像するだけでも胸熱なものがある。

2014年には、カマタマーレ讃岐との入れ替え戦に臨みましたが昇格なりませんでした。

甲信越

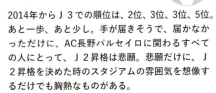

かつて五輪があった街で

「40年前、川崎で運転手しているときは客とね、ギャンブルと女の話しかしなかったけどね、20年前にこっちに来たら、客が山菜の話をはじめたから、違う国に来たかと思ったよ」

長野駅から、長野Uスタジアムに向かうタクシーの運転手は、一見真面目そうな人だった。何気ない会話をひとしきり終えた後、善光寺のことについて色々教えてくれた。もちろん生きているうちに一度は善光寺には行きたい。興味津々だ。しかし、難しい歴史や宗教の話ははっきり言って疎い。なので、私はとんちんかんな顔をしていたのだろう。

そんな空気を察して、運転手は柔らかい話題に軌道修正してくれた。ただ、修正した角度が急すぎて笑いそうになった。私のそこそこほど良い相槌が運転手のギャンブル武勇伝を加速させていく（嫌いな話ではないし）。山菜以外の話題もたくさんあるはずの長野の街で運転手は昭和な博打話を懐かしそうに話し続けた。

タクシーから見る景色は山も多く、確かにこの地で切った張ったのギャンブルの話をする客が乗車してくることなんて少ないかもな〜などと思った瞬間に口から大きな声が出てしまった。

「これ？」。突如現れる大きな建造物。長野Uスタジアムがある南長野運動公園に到着である。大体のスタジアムは何となくスタジアムに到着しそうな空気がわかる。しかし、長野Uスタジアムは何の前触れもなく突然現れた。それにしても、とにかくカッコいい。公園の自然と周りの山々とスタジアムのフォルムが良い具合にフィットして、海外のスタジアムのようにも感じる。運転手のおじさんには申し訳ないが、スタジアムを見た途端に、ギャンブルの話を忘れてしまった。

長野Uスタジアムの奥には、七分咲きぐらいの花のような大きな建造物がある。圧倒的な存在感を放つその建物に近づき、名称を確認して感動した。現在は野球場として使用されているこの建物こそ「長野オリンピックスタジアム」。１９９８年2月開催の長野冬季オリンピックの開会式、閉会式の会場。テレビでしか見たことはなかったけれど、ここで実際にオリンピックが行われていたのかと思うと感無量。

わざわざこの建物だけを見に来るのは大変だけど、パルセイロの試合を見るついでに、この建造物を見ることができるなら相当価値がある。いや、ここに来て、この建造物に気づかない方が無理がある。実に良いものを見ることができた。

長野Uスタジアムは外観も美しいが中もかなり美しい。コンパクトで見やすく、非常に臨場感がある。上

長野オリンピックスタジアムは、その存在感が圧倒的。

長野Uスタジアムのメインスタンドでアウェーゴール方向を向くと、山々の連なる様子が見えた。

層部もある程度角度があり、ピッチは近くに見える。以前、今年加入した津田知宏と話した時に、「テンションが上がる最高のスタジアムですよ」と言っていたのを思い出した。選手にとっても、素晴らしいスタジアムのようだ。

そして、長野Uスタジアムとあるように、アウエーゴール裏は「U」の上の部分になるが、メインスタンドから見て、アウェーゴール裏のスタンドの向こうに見える山々が実に美しい。そんな風景の中に、ゆっくりと軽トラックが一台走っているのが見えたりもする。1秒1秒刻まれていくピッチと時間の流れがゆったりと感じるスタジアムの向こう側に見える風景画のような景色。このコントラストを見ることができただけでも長野に来た価値がある。

鹿児島ユナイテッドFCの白波スタジアム（鴨池）のバックスタンドの向こうに見える桜島や、モンテディオ山形のNDソフトスタジアム山形のバックスタンドの向こうに見える山々同様、長野Uスタジアムのバックスタンドの背後に見える山々は、スタジアムの背景として最高で、脳裏に刻み込まれる。季節ごとに様相を変える山々と毎節順位が変動し、応援する者の揺れる心模様が相まって、その景色はきっと記憶に残っていくだろう。

たくさんの方が優しく声を掛けてくれた。「このスタジアムはいかがですか？」とか「来ていただいてありがとうございます」と言ってくれた人もいた。「このスタジアムは初めてでしょ？」とも言われた。

私は、これまで全国各地のスタジアムを訪れてきた。何十回も行っているスタジアムもあるし、札幌なら厚別と札幌ドーム。名古屋なら瑞穂も豊田スタジアムも行った。そして、このAC長野パルセイロの長野Uスタジアムが、訪れたことがないスタジアムの最後の一つだった。これで54クラブ達成である。長野Uスタジアムが最後になった理由なんてないけれど、試合後知り合いの代理人の方がこのスタジアムについて私に言った言葉が、私の感想と全く同じものだった。

「見やすくて良いスタジアムだね。東京からも近いし、もっと来ないとね」。山々に雪が残る季節も、新緑の季節も、紅葉の季節にも何度でも訪れたいスタジアム。54クラブ目に訪れたスタジアムも、忘れられないスタジアムの一つになった。

松本山雅FC

©2011 YAMAGA

ホームタウン
長野県松本市、塩尻市、山形村、安曇野市、大町市、池田町、生坂村

前身
山雅クラブ

Jリーグ加盟年
2012年

練習グラウンド
かりがねサッカー場

ホームスタジアム
松本平広域公園総合球技場(収容:20,336人)

Jリーグ最高順位
J1リーグ16位(2015年)

One Soul！

松本山雅FCと言えばOne Soul。選手も監督もクラブもサポーターもスポンサーも、松本山雅に関わる人の心、魂を一つにして前に進む。調子がいい時も、苦しい時も心を一つにして、頂きを目指す。

Jリーグ初勝利の決勝GOALはこの選手

飯《い》田《いだ》真《ま》輝《さき》

2012年3月17日(松本平広域公園総合球技場)
J2リーグ第3節　松本山雅1-0北九州(19分)

松本山雅はこのコーナーのタイトルが変わりました。特別編です。様々な行き違いが重なり、このようになりました。ただ、クラブの方は了承済み。しかし、あくまでもクラブのJ初ゴールは弦巻健人。弦巻さん、ごめんなさい。

塩尻市の住宅会社「サンプロ」がアルウィンのネーミングライツパートナーに決定。松本山雅のホームスタジアム、松本平広域公園総合球技場の愛称が10月に「アルウィン」から「サンプロアルウィン」に変わる。

アルウィン

HOME STADIUMはこちら

ライチョウがモチーフのガンズくん。スタジアムに限らず、さまざまなところに出没し、精力的に活動しています。

ひらちゃんのおすすめ TOP5

1 アルウィン

松本山雅のサポーターはアウェーでもホームのような雰囲気を作り出すが、アルウィンの雰囲気はまた格別。緑で染まるスタジアムを見るだけでも一見の価値あり。ゴール裏の熱はすさまじく、タオルマフラーを振りまくり、歌い、飛び跳ねる様子は圧倒的かつ感動的。サッカーを観ること、応援することの喜びが感じられる。サッカーやJリーグのことをあまり知らない人にも、是非見てもらいたいスタジアム。ちなみに、アルウィンとはアルプスとウインド(風)を組み合わせた造語です。

外国の人がみてもびっくりするくらいの雰囲気はあるなと思います。

2 喫茶山雅

喫茶山雅とは、松本山雅FCの「山雅」の名前の由来になった喫茶店。1965年、松本駅前に「純喫茶山雅」が開店。常連客だった国体サッカー長野県選抜メンバーにより、現在の松本山雅FCの前身、松本山雅フットボールクラブが結成された。世界を見渡しても、喫茶店の名前がチーム名についているクラブは見たことがない。ユニークかつカッコいい!1978年、駅前再開発に伴い、惜しまれつつお店は姿を消したが、2017年、場所は変わったものの「喫茶山雅」が復活。松本山雅のグッズも販売されているし、選手プロデュースメニューもある。2階のスペースではイベントも開催され、松本山雅好きにはたまらない喫茶店であるのはもちろんのこと、近所の方がゆっくりとランチやコーヒーを楽しむ姿も見られ、一般の方も楽しめる喫茶店になっています。

かつての喫茶山雅と現在の喫茶山雅。

3 松本駅

松本に行くには出発地点にもよるが、それなりに時間がかかる。ようやく松本駅に到着した安堵感にホームに響くアナウンスが染み込んでくる。「まつもと〜まつもと〜」。中年女性(たぶん)の独特の節回し。「松本に着いたな〜」と実感。自動販売機も喋る時代。どこもかしこも機械的な声が溢れているけど、体温のある声は胸にしみる。そして、このアナウンスはくせになる。

4 チャント

以前、フクダ電子アリーナで会った、松本山雅のユニフォームを着た女性二人組にどこから来たのかを聞いた時、彼女たちは小声で「群馬です」と言った。普段はザスパクサツ群馬を応援している彼女たちは、なぜ緑のユニフォームを着ているのか?「山雅の応援が楽しいから」。本当に応援している人たちの邪魔をしないように、端の方で小さめに歌い踊っているという。見ている人たちも楽しくさせる松本山雅の応援スタイル。チャントの数も多く、ノリも良い。そして、歌わずにはいられないとばかりに、チャントを歌う姿は感動的だ。

良い曲、良い歌詞、耳に残るチャントが多い。

5 山雅切れ(山雅ロス)

シーズンが終わると、基本的には山雅の試合が見られなくなる。すると、サポーターの方は禁断症状を起こす。そのことを「山雅切れ」と呼ぶ。山雅が欲しくて欲しくてたまらないサポーターに、クラブは反町康治監督のトークショーや新体制発表会など山雅切れ緩和剤を投入。禁断症状から解放されたいサポーターはチケットを求め東奔西走。イベント当日の熱気は最高潮に達する。

山雅縁～山雅が結びつける縁～

♪松本　俺の誇り　勝利の道ゆく街　さぁ行こうぜ　緑の友よ　遥かなる頂へと　オオー♪

　勝利後にスタジアムに響き渡る「勝利の街」。歌詞と節回しとタオルマフラーが振り回される光景はいつ見ても感動的。そして、シーズン前のまつもと市民芸術館で開催される新体制発表会の「勝利の街」も感動的。たぶん、サポーターの方は感動させようなんてつもりもなくて、思いっきり「勝利の街」が歌える季節が近づいてきた、「山雅切れ」の禁断症状からようやく解放される、そんな思いが大合唱に繋がっていると思うが、ステージで見せられた新加入の選手は、壮観な光景に驚き感動する。

　2018年シーズン加入の永井龍も、その光景を目の当たりにして、相当感動したようだ。そして、海の向こうのアルゼンチン代表ハビエル・マスチェラーノも感動したようで、その様子はツイッターで全世界に拡散された。

　松本駅前にあった喫茶店「山雅」は本当に地元の人だけが知る喫茶店だったと思うが、何年もの月日を重ねた後、日本を飛び出し、外国の人も知るような名前になるのだから、サッカーはおもしろい。創設当時の応援は太鼓をたたく人と、旗を振りながら歌う人の2人だけの時もあったという。その当時応援していた人たちは、今の状況をどう見ているだろうか？　喜んでいるとは思うが、あまりにも存在が大きくなりすぎて、手元から離れていくようで少し寂しい思いをしているかもしれない。

　そんな「山雅」という喫茶店のことが知りたくて、松本に取材に行くことになった。松本駅を降り、喫茶山雅があったであろう付近を歩いていると、一人のおじさんが立っていた。喫茶山雅があった場所を尋ねると、親切なおじさんは「こっちですよ」と言って案内してくれた。あまりにも、話がスムーズに進むのでディレクターが仕込んだ人だと思っていたが、本当に偶然の出会いだった。

　この、親切でいつもにこやかなおじさんは松本駅前の喫茶店「炉苑」のマスター土田さん。それからというもの、松本へ行くたびに私は必ずこの店に顔を出す。「炉苑」は非常に落ち着いた店内で、地元の人や観光客、山登りに行った帰りの電車待ちの人が利用する喫茶店。最初出会った頃は、それほど山雅熱は高いように見えなかったマスター。アルウィンへ観戦に行ってはいたが、山雅はもちろんながら相手チームの選手が気になっているようで、「今度、三浦のカズさんがくるんですよ」。「（ガンバの）遠藤さんが楽しみです」。と言って、趣味のカメラで有名選手を撮ることを楽しみにしていた。

「炉苑」のマスター土田さん（左）も着々と松本山雅に染まっていきました。

タオマフを掲げる松本山雅のサポーター。

ところが、何度か足を運ぶうちに話の内容が変わってきた。静かに観戦しようと思ったが、隣に座っている若いカップルにタオルマフラーを振りながら応援するように促され疲れたと嬉しそうに話す。負けた後のアルウィンから松本駅へ向かうバスがお通夜状態で、みんな声を小さくして話すこと。知り合いのラーメン屋の店主が、ホームゲームの時は試合開始1時間前になると、店から黙って姿を消すこと。農業を営む知り合いは、朝早くから農作業をした後、試合の時だけ手を止めて、アルウィンに向かい、その採れた野菜をスタジアムでおすそ分けしてくれること。

選手のことを「飯田さん」、「隼磨さん」と呼びだす。もう、完全に山雅サポーターになっていた。元々にこやかなマスターだが、松本山雅の話をするときは本当に楽しそうで、見ているこっちも楽しくなる。そして、どの山雅エピソードも生き生きしている。店内には次第に山雅のグッズや、ご自身で撮った山雅の選手の写真も増えていった。

プライベートで何度もお店にお邪魔してお世話になっているが、何度か撮影にも協力していただいている。申し訳ない気持ちもあるのだが、撮影を快く引き受けてくれるばかりか、喜んでくれて、放送後はお礼のお手紙もくれる。

先日も、便せん2枚に文章をしたためて送ってくれた。1枚目にはこんなことが書かれていた。「前略 先日はお忙しいところありがとうございました。お送りいただきましたDVDは家中、近所の人が集まって楽しく拝見させて頂きました」。そんな手紙をくれるマスターと親しくなれたことが嬉しかった。

ところが、その後が少し引っかかった。「平昌さんは当方のことをいつも気遣ってくれ、何度も宣伝してくれ感謝しております」。文章は全く問題ない。ただ、冒頭の部分。「平昌」になっている。惜しい。惜しいけど。正解は「平畠」。マスターは色んな所で楽しませてくれる。そして、2枚目にはマジックで縦書きで右隅にただ一行こう書かれていた。「松本山雅がんばります!!」。松本山雅がんばれでも頑張って応援しますでもなく「松本山雅がんばります!!」。

たった一行だからこそ、余計に心に響くマスターの文字。松本山雅はマスターの体そして心の一部になっていた。

アルビレックス新潟

©1997 A.N.INC.

ホームタウン
新潟県新潟市、聖籠町

前身
新潟イレブンサッカークラブ

Jリーグ加盟年
1999年

練習グラウンド
アルビレックス新潟
クラブハウス

ホームスタジアム
デンカ
ビッグスワンスタジアム
（収容:42,300人）

Jリーグ最高順位
J1リーグ6位（2007年）

主要タイトル
J2リーグ優勝（2003年）

アイシテルニイガタ
アルビ愛がクラブを支える

デンカビッグスワンスタジアムにこだまする歌声を聞けば、そこにアルビ愛を感じることは難しいことではない。新潟への愛そしてアルビレックスへの愛がこのクラブを支える。みんなの思いはただ一つ。「アイシテルニイガタ」。

Jリーグ初GOALはこの選手

比《ひ》嘉《が》リカルド

1999年3月14日（等々力陸上競技場）
J2リーグ第1節　川崎F0-1新潟（28分）

沖縄県にルーツを持つ日系3世。新潟でプレーしたのは1999年のみ。2003年8月に帰化。その後活躍の舞台をフットサルへと移し、フットサル日本代表にも選ばれた。現在、Fリーグ、シュライカー大阪の監督を務める。

日韓ワールドカップでは3試合が行われた大きなスタジアム。決勝トーナメント、デンマーク対イングランドではベッカムフィーバーに沸いた。大きなスタジアムなだけに、存在感十分。上越新幹線の車内からもその雄姿を確認できる。

デンカビッグスワン
スタジアム

アルビくんは身体が大きいですけどチアリーダーと一緒に踊りますし、アクティブに動けるマスコットですね。

ひらちゃんのおすすめ TOP5

1 スタジアムグルメ

スタジアム1層目、2層目、グルメのお店は充実。そして、Eゲート前広場にも多くのお店が並ぶ。雰囲気も良く楽しい。「みかづきのイタリアン」や「越後もちぶた串焼き」など地元のおいしいものもたくさんある。夜中にアルビのホームページのスタグルは閲覧注意。腹が減って、死にそうになる。

新発田の雑煮に出会ったこともありました。めちゃくちゃ美味しかったです。

2 アイシテルニイガタ

チャントや横断幕、コレオグラフィーにもたびたび「アイシテルニイガタ」は登場する。理由はわからないけど、このカタカナ表記が妙に心を打つ。「愛してる新潟」はなんか観光協会っぽい。「あいしてるにいがた」だと訴えが弱い。やはり「アイシテルニイガタ」がしっくりくる。アルビに対する無償の愛のようなものを感じる。

3 ハッピーターン

誰もが知る亀田製菓の人気商品ハッピーターン。一つの商品が胸スポンサーについているというのがすごい。現在、鹿島でプレーするレオ・シルバもハッピーターンが大好き。新潟在籍時は工場見学にも行き、サポーターからたくさんのハッピーターンをプレゼントされた。食べ過ぎはいけないけど、止められないと葛藤していたという話も。ハッピーターンのおいしさは万国共通です。

4 ぽんしゅ館

新潟駅南口西通路改札を出て0分。越後のお酒ミュージアム、ぽんしゅ館。500円で、越後の地酒5種類を利き酒できる。新潟の日本酒はおいしい。ただ、お土産で買って帰る時に、どの銘柄を買えばいいか悩む。そんなとき、ここで利き酒をして、自分の口に合ったお酒を購入すれば間違いなし。土産選びに悩んだときは、ぜひ！

5 アルビレックスチアリーダーズ

Jリーグ全体の中でも歴史があり、チーフディレクターの三田ジョンストン智子さんはNFLのダラスカウボーイズで活躍されていたすごい方です。トップチームは9人くらいですが、下部組織も含めるとすごい人数です。

2012年には、11周年の写真集も刊行されています。

「アイシテルニイガタ」

だいたい12月初旬に幕を閉じるJリーグ。シーズンが終わると、選手でもないのに、少しほっとしたような寂しいような気分になる私は、海外サッカーをJリーグのシーズン中より多めに見ながらも、基本的には怠惰な生活を過ごす。お菓子を食べては、夜中のテレビをだらだら見る。この時期だけ、ドラマや世の中の流行りをいつもよりは知ることになる。

正月もその流れは変わらない。だらだらテレビを見ては、ソファーで居眠り。夜中は目がさえて、眠れなくなり、NHKの「ドキュメント72時間」ひらちゃん傑作選（ただハードディスクから消せないだけ）を見ては泣く。オチも何もかもわかっているのに泣く。そうこうしているうちに、選手やクラブが始動したという知らせが耳に入ってくる。

そして、私の毎年の新シーズンスタートはこのイベントで始まると言っても過言ではない。「アルビレックス新潟激励会」。その年のアルビレックス新潟の新体制お披露目のイベント。毎年、チケット発売後すぐに売り切れる、アルビレックス新潟を愛する人たちが楽しみにしているイベントだ。

そのイベントに、毎年のように呼んでいただいている。ありがたい。呼んでくれなかったら、春先までソファーで居眠り、ドキュメント72時間を72時間以上見ることになってしまうところだ。

ありがたいのはそれだけではない。選手全員と舞台でトークをすることになるが、久しぶりに会える選手もたくさんいるし、短い時間ではあるが高卒や大卒の選手と話をすることができて、なんとなくキャラクターを知ることができる貴重な機会になる。そして、このイベントに足を運んでくれる人たちは、本当に話をよく聞いてくれる。それは舞台の上から見ていてもわかるしありがたい。なおかつ、アルビ熱が客席からビンビンに伝わって来る。

♪俺たちがついてるさ新潟
ヤケドさせてくれ
このゲーム
俺たちがついてるさ新潟
伝えたいこの想い
アイシテルニイガタ！♪

客席から舞台に放射される歌声の圧が凄い。シーズンオフで歌えなかったチャントを歌う喜びもあるだろうし、自分のアルビ愛を再確認するようなところもあるかもしれないけれど、その歌声はいつも感動的だし、新シーズンがもうすぐ始まる喜びを感じさせてもらう。

そういえば、アルビレックス新潟に在籍経験のある選手とは、私の顔を見るとこのイベントの話になることが多い。愛媛FCに所属する前野イベントやスタジアムで、多くの人から、ひしひしとアルビ愛を感じる。

貴徳は私の顔を見るなり「今年も激励会行きました？」と声を掛けてくれたし、V・ファーレン長崎の鈴木武蔵に、イベントでの川口尚紀の様子を伝えると嬉しそうな顔をしてくれた。「アイシテルニイガタ」の歌声は記憶から消えることはないだろう。新潟にいる人だけでなく、新潟に今はいない人にとっても大切なイベントである。

ホームスタジアムのデンカビッグスワンスタジアムにも何度も行かせてもらっているが、このスタジアムの素晴らしいところの一つは、スタジアムで働いている人たちがきっちりと挨拶してくれること。観客席からは見えない場所にいる人たち。クラブスタッフや育成組織の選手。ボランティアの人や警備員の方。ほとんどの人たちが、しっかりと挨拶してくれるし礼儀正しい。挨拶をしてくれて気分が悪い人なんていない。

これは、一見サッカーとは無関係のように思えるけど、そんな対応をしてくれたら記者の人たちももう少しアルビのことを記事にしようと思うかもしれないし、他のクラブの選手や監督だって、アルビからオファーが来たら受け入れる一つの要素になるかもしれない。デンカビッグスワンスタジアムには見えないところにも、本人たちが気付いているかどうかはわからないが「アイシテルニイガタ」が詰まっている。

そして、このスタジアムの、ゴール裏の熱心な応援はもちろんだが、メインスタンドで観戦している年齢が少し高めの方が、普通にチャントを歌う姿にも驚かされる。ゴール裏から聞こえる歌声に呼応して、自然と歌い出す。歌詞も完璧。自然と歌い出す様子を見ると、チャントが、そしてアルビレックスが体に染み込んでいるんだな〜と思う。「アイシテル」が日常になっている姿も実に良い感じだ。

あるお盆の日、スタジアムに来ていた女性がこんなことを話してくれた。普段は東京で働いているこの女性はお盆で新潟に帰省中。そして、毎年帰省中に必ずこのスタジアムに足を運ぶという。なぜなら、「このスタジアムで試合を見て、サポーターのチャントを聞くと新潟に帰ってきたことを実感できるから」、と女性は言った。

食べ物や馴染みの店ではなく、デンカビッグスワンスタジアム、そしてアルビレックス新潟が彼女にとってふるさと新潟を感じられるものになっている。「アイシテルニイガタ」の思いは故郷を離れると、さらに強くなるのかもしれない。

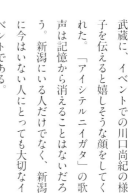

カターレ富山

ホームタウン
富山県富山市を中心とする全県

前身
YKK AP/アローズ北陸

Jリーグ加盟年
2009年

練習グラウンド
北陸電力総合運動公園

ホームスタジアム
富山県総合運動公園陸上競技場
(収容:18,588人)

Jリーグ最高順位
J2リーグ13位(2009年)

新たに安達亮監督を迎え巻き返しを図り、再びJ2へ

2007年、北陸電力サッカー部アローズ北陸とYKK APサッカー部が統合して生まれたカターレ富山。そんな歴史があるにせよ、カターレ富山はカターレ富山でしかない。J3も4シーズン目を迎えた2018年、序盤戦は思い通りのサッカーを披露することはできなかったが、シーズン途中に、経験豊富で酸いも甘いも知る安達亮監督を新たに迎えた。経験、実績のある選手も多く、可能性を秘めている。堅守を取り戻し、攻撃陣が実力通りの力を出せば、勝ち点は自然と伸びてくる。その先にはJ2の舞台が待っているはずだ。

富山駅からだとタクシーで25〜30分。富山きときと空港からだとタクシーで約5分。歩くと30〜35分。無理せずタクシーで行きましょう。

富山県総合運動公園陸上競技場

HOME STADIUMはこちら

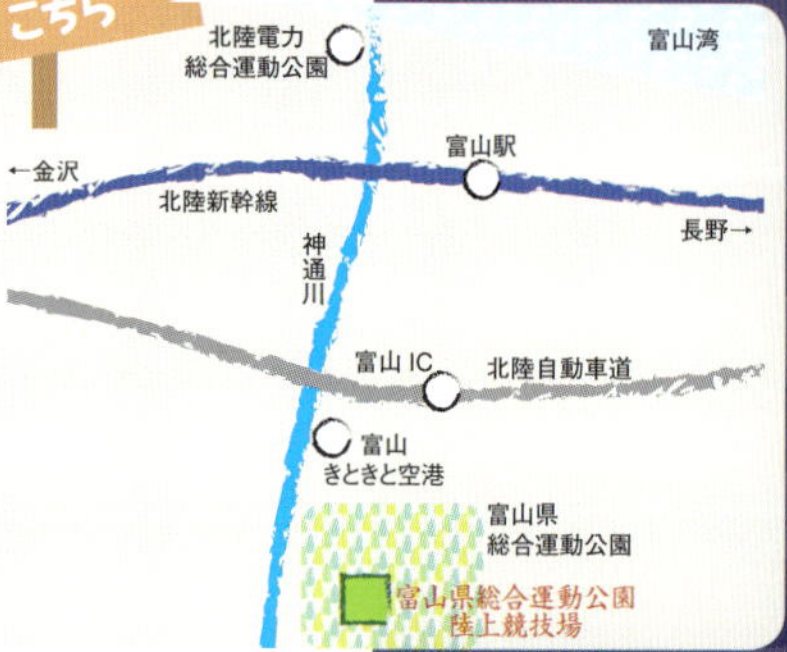

Jリーグ初GOALはこの選手

渡辺《わたなべ》誠《まこと》

2009年3月15日(富山県総合運動公園陸上競技場)
J2リーグ第2節　富山1-2愛媛(66分)

静岡学園高校出身。国士舘大から甲府へ。2005年にアローズ北陸に加入。中盤で複数のポジションをこなすことができるユーティリティーな選手。現在は、清水エスパルスU-11の監督。地元静岡に戻り、選手育成に取り組んでいる。

カターレ富山のホームタウンは富山県富山市を中心とする全県。周辺の市町村にも支えられているので、試合会場にも市町村のキャラクターが来場します。この写真の向かって右側に写っているのは、射水市のムズムズくん。ムズムズくんはけっこうかわいい。そして、左側にいるのがカターレ富山のマスコット、ライカくんです。

ひらちゃんのおすすめ TOP5

1 富山県総合運動公園

調べてみると、その広さ46ha。数字や単位では分かりづらいところはありますが、このスタジアムに足を運んだ経験のある方ならわかる。とにかく広い！ 場所によっては元気広場とかファミリー広場、アルペン広場など名前がついていますが、それもひっくるめてデッカイ広場です。油断してふらふら歩くと、同じ敷地内なのに、スタジアムが遠くに見えることもあります。試合前に散策すると、試合前からちょっとした疲労を感じてしまうので、公園内散策はほどほどに。

通称「県総」。さまざまな大会やイベントが行われています。

2 陸上競技場の照明

私の中では、このスタジアムの名物です。このスタジアムの照明は、支柱一本に横一本というTの字型になっている。この形はかなり珍しいし、フォルムがかっこいい。ホテルの洗面所に用意されているアメニティグッズのカミソリの超特大版（分かりづらっ！）のようにも見えます。スタジアムを明るく照らす、4基のTの字照明。スタジアムを訪れた際は、是非ご覧ください。

いつもかっこいいなと思って撮影するんですが、なかなか納得の1枚が撮れません。

3 きときと

「きときと」は富山弁で「新鮮」とか「活きがいい」という意味。富山に行くと、至るところでこの「きときと」の文字を目にする。空港の名前は「富山きときと空港」。富山県高岡と名古屋を結ぶバスの名前は「きときとライナー」で、このバスを運行している会社がイルカ交通。「きときと」以上にイルカ交通も気になる。「きときと」は語感もいいし、使いたくなる言葉です。

4 おみやげ

たくさんの富山みやげがありますが、自分の中での定番は日本酒とかまぼこ。水がきれいで、酒造りに適した寒さがある富山。おいしい日本酒が多い。そして、富山のかまぼこは、かまぼこ板がなく、魚のすり身を昆布で渦巻き状に巻き上げられたものになっている。これが、おいしい。富山で試合観戦し、家に帰って日本酒とかまぼこ。家に帰ってから、もう一度富山を味わいます。

5 海の幸 ※1

海の幸が本当に豊富ですし、富山に行ったらクラブの方に「あれ食べました?」「これ食べました?」と言われます。中でも必ず言われるのがホタルイカ。みんな美味しいと言います。それと白エビ、ベニズワイガニ、ブリ。深海魚のゲンゲもトライしてみたいですね。新潟と一緒で、回転すしで十分美味しいものが食べられます。

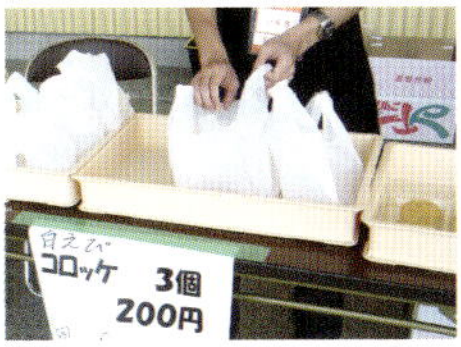

スタジアムでも白エビのコロッケが売られているのを見つけました。

※1 いろんな種類の魚が食べられるのは、富山湾の水深が深いことも影響しているようです。富山に行く前に、旬の魚も調べていくといいです。名物であっても旬じゃない時期がありますから。

「きときと」の街、富山

子供の頃住んでいた家は国鉄（今のJR）の線路が近く、よく電車を見ていた。普通、快速、貨物はいくらでも見ることができたが、特急は数が少ない分、余計に心がときめいた。電車の走る音、車体のフォルムそしてエンブレム。そして、まだ行ったことがない土地が書かれた行先表示にも心が躍った。この電車に乗ればそこに書かれた土地に行ける。その先の土地は一体どんな土地なんだろう？と想像を膨らませた。

たくさん見られるわけではない特急だが、比較的よく見ることができたのが「雷鳥」。赤とクリームのあまりはっきりしない色彩で、先頭車両はボンネット型。そのボンネットの顔が子供心にあまり格好良く思えず、馬面特急という文字が頭に浮かんでいた。その行先は、富山や金沢で、もちろん見たことも行ったこともなかったが、馬面の目線の先の富山や金沢という土地に思いを馳せていた。電車が大好きだった。好きさがゆえに電車のことを考えると他のことが手に付かなくなった。好きなものとの距離感を測りかねていた。

その後大人になり、仕事で何度か富山には訪れてはいたが、北陸新幹線が開通し、東京から富山まで速くて2時間10分ほどで行けるようになり、駅そして駅周辺は美しくなった。便利になって、楽になった反面、届きそうで届かない、行けそうで行けない子供の頃の想像も、それはそれで楽しくまた懐かしい。

北陸新幹線ができる前は、羽田から富山に飛行機で向かい、富山県総合運動公園陸上競技場を目指した。富山空港（現在の富山きときと空港）を出たところにある公園の金と銀の座布団状のオブジェをこれでもかと写真を撮ったが、その意味合いは凡人の私には理解することはできなかった。公園を少し楽しんだ後、きっとスマホを手に入れたばかりの頃だったに違いない。その地図の機能に驚いていた私は、空港から総合運動公園まで歩きだした。所要時間約33分。飛行場を背中に、田んぼや畑、用水路の看板に目を奪われながら歩いていた。次第に体がその土地に馴染んでいく感じが嫌いではない。

少し歩けば、ここが一体どこなのか？どこに行こうとしていたのか？を忘れてしまう。あぜ道的なところを歩いているときは、スマホの地図上から道は消えていた。空港も競技場も見えない、若干の不安感が生まれ始めた時に、カターレ富山のユニフォームと同じ色ののぼりが道路やコンビニの周りに取り付けられているのを見つけて、安心感と現実感が心に戻って来る。意外と、道端ののぼりは必要だなぁ。

「おいしいものがたくさんあるので、

空港から歩きながら、だんだん体が土地になじんでいく。

金と銀の座布団を思わせるオブジェ。カラーで見せられないのが残念です。

ぜひ富山に来てください」と富山の関係者の方は言ってくれる。まだ、それほど富山の「きときと」なおいしいものをあまり堪能したことはないけれど、富山の楽しみの一つは「食」であることには違いない。

特に、冬はおいしいものがたくさんあるが、そんな富山の冬に驚いていたのは今季ＦＣ琉球から加入した才藤龍治。東京出身の才藤だが、沖縄で3年過ごした人間にとっては、富山の冬は堪えたようだ。「久々に上着を買いましたよ」。沖縄と富山では必要な服もタイヤも違う。富山への移籍当初はけっこうな出費だったと笑いながら話してくれた才藤。しかし、本来のフォワードでのプレーを任され、フレッシュに精力的に、まさに「きときと」なプレーを披露、カターレ富山に貢献している。

才藤龍治と試合後、話をしたのは7月8日のアウェーＡＣ長野パルセイロ戦が行われた長野Ｕスタジアムだった。その試合前、カターレ富山を応援するアウェーゴール裏で声を掛けられた。「写真撮ってもらっていいですか?」と男性に言われた。その時、即座に私はこう返答した。「髪の毛の色、青ではなくなってるじゃないですか?」。

久しぶりの再会だった。富山の試合にいくたびに彼の姿を発見していた。髪の毛をカターレ富山のユニフォームと同じ色に染め、カターレ富山を熱心に応援していた。そして、何度か話をしたこともあるし、写真を撮ったこともある。「熱心ですね」と写真を撮りながら話しかけると、「いや、最近はさぼり気味です」と言った。

最近はライブを見に行くのが楽しくなり、カターレの応援は減っているそうで、この日はたまたま京都でのライブが中止になったので、急遽長野でのサッカー観戦に切り替えたという。そして、以前より、少しカターレと距離を取るようになった彼の言った言葉は私の心に残った。「前より、今の方がカターレを見るのが楽しいんです」。

好きなクラブができて、ホームもアウェーも関係なく試合を見に行く。そのうち、自分の中で勝手に義務感が生まれる。好きで見に行っているはずが、いつしか義務感が好きを上回るようなときがある。ただ、好きだっただけなのに。好きなことに対しての適正な距離感。それは、人それぞれで彼はそれを見つけた。「いいじゃないですか」と私は言った。なぜならば、彼の表情が「きときと」していたからだ。

ツエーゲン金沢

©2006 ZWEIGEN

ホームタウン
石川県金沢市、白山市、野々市市、かほく市、津幡町、内灘町を中心とする全県

前身
金沢サッカークラブ

Jリーグ加盟年
2014年

練習グラウンド
金沢市安原スポーツ広場ほか

ホームスタジアム
石川県西部緑地公園陸上競技場（収容:20,261人）

Jリーグ最高順位
J2リーグ12位（2015年）

主要タイトル
J3リーグ優勝（2014年）

加賀百万石の街にはツエーゲン金沢もある

加賀百万石の街、金沢は歴史もあり、街には風情があり、観光スポットも多い。兼六園、ひがし茶屋街、金沢城。ただ、この街にはツエーゲン金沢がある。観戦帰りに観光地に行くサポーターは多いが、観光客にもぜひ、ツエーゲン金沢を見てもらいたい。

Jリーグ初GOALはこの選手

作田《さくだ》裕次《ゆうじ》

2014年3月9日（相模原ギオンスタジアム）
J3リーグ第1節　相模原0-4金沢（52分）

地元石川県、星稜高校出身。1学年上には本田圭佑がいた。筑波大から水戸ホーリーホックへ加入。その後、大分、山形を経て、2014年からツエーゲン金沢でプレーするディフェンスリーダー。地元石川県出身の選手が、クラブのJリーグ初ゴールを決めて、クラブの歴史に名を刻んだのは意義深い。

金沢駅から車で約20分。加賀百万石感はないが、サポーターが作り出す雰囲気もスタジアムグルメが並ぶスペースの雰囲気も実に楽しい。

石川県西部緑地公園陸上競技場

HOME STADIUMはこちら

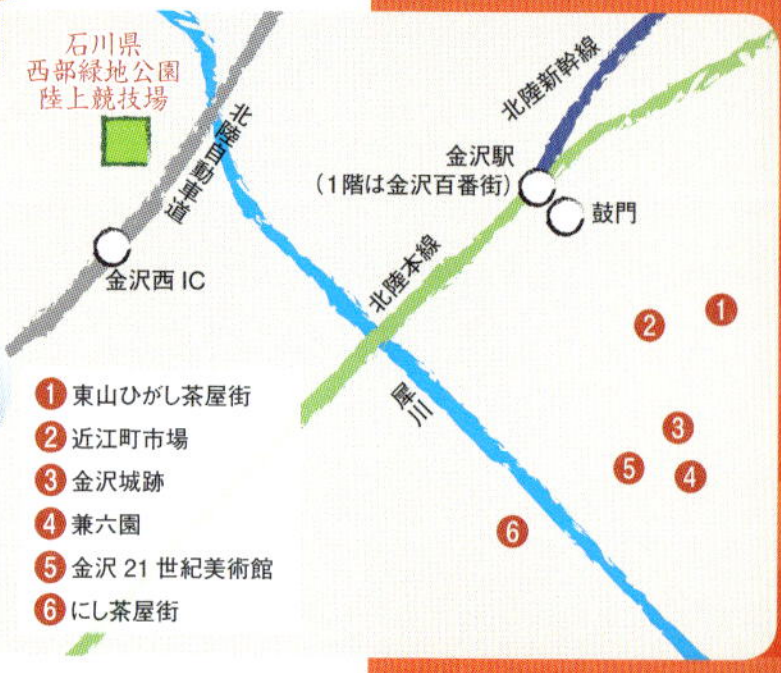

石川県の鳥、イヌワシがモチーフのゲンゾーは静止画より動画。動画より生で見る方が断然かわいい。ゲンゾーはライブで。

ひらちゃんのおすすめ TOP5

1 金沢駅

北陸新幹線も開通した金沢駅は美しく、観光客やサッカー観戦者を気持ちよく迎えてくれる。金沢駅にあるショッピングセンター金沢百番街はおみやげ、食事、ショッピングが大いに楽しめる。金沢土産の種類、量ともに豊富でかなり楽しい。

写真中央の鼓門も存在感があります。

2 グッズ

ツエーゲン金沢でも、他のクラブ同様さまざまなグッズがあり、定番のタオルマフラーやオーセンティックユニフォームなどスタジアムに行くときのマストアイテムが揃っている。ただ、後ほどのコラムでも触れるが、このクラブのマスコット事情が非常にカオスな状況で、その影響がグッズにも波及。ゲンゾー、ナンシー、ゲンゾイヤー、ヤサガラス（すいません。先に進みます。）のぬいぐるみに始まり、ゲンゾイヤーカレーにヤサガラスなりきりTシャツなどかなりカオス。欲しい人にはたまらない、わからない人にはわからないグッズ多数。一度チェックしてみてください。

3 ツエーゲン茶屋街

スタジアムの外にあるツエーゲン茶屋街にはおいしいお店が立ち並び、様々なイベントも行われる。能登ガキやチャンピオンカレーなど石川県らしいものもあり、これがまたおいしい。ステージで行われるイベントは手作り感満載。マスコットのゲンゾーやナンシーも参加し、ツエーゲン茶屋街はアットホームな雰囲気に包まれる。

カキ鍋が食べられることも。

4 チャント

スタジアムには、金沢で活躍しているバンド「シアトルスタンダードカフェ」の歌がすごく流れています。もちろんサポーターもチャントとして歌うので、スタジアムを離れてからも♪ツエーゲン、ガンガン行こうぜ♪ というフレーズがずっと耳から離れません。「パッション」というチャントがあるんですけど、みんなで手の振りを合わせて楽し気な雰囲気を作ります。

サポーターの肩の動きに注目すると皆さんすごく楽しまれているのが分かります。

5 観光

ひがし茶屋街や武家屋敷跡は情緒がある。兼六園は季節によって表情を変え、何度行っても楽しめる。その中でもおすすめは、金沢21世紀美術館。ここはまるで自分が芸術の一部になったような気分になり、芸術を体感できる美術館です。以前、町なかのホテルに宿泊時、雪が降る中、ホテルの屋上にある風呂から見る金沢の景色が美しかったことを覚えています。寒かったけど。

北陸新幹線で、
東京から
2時間半です。

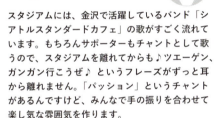

ツエーゲンそしてゲンゾーを巡るストーリー

２０１４年、新しくＪ３リーグが創設され、Ｊ３初年度、見事優勝しＪ２昇格を果たしたのはツエーゲン金沢だった。

２０１５年３月15日、Ｊ２第2節ツエーゲン金沢のＪ２ホーム開幕戦。前日、３月14日には北陸新幹線の長野〜金沢間が開業。観戦するには好条件。北陸新幹線に乗って金沢に向かった。

金沢までの開業2日目ということもあり、大盛り上がりというわけではない東京駅だったが、それぞれの心にある、開業したことに対する気のようなものがドンドン重なって、いつもよりは高揚感のある東京駅だった。

しかし、金沢駅はかなりテンション高め。新しくできた駅というだけでテンションは上がるが、人も多く、そしてイベントも多く、駅のコンコースでは金沢芸妓の方が三味線の音に合わせて踊るなど、金沢情緒たっぷりで開業を祝っていた。

♪ツエーゲン！
ガンガン行こうぜ
ツエーゲン！輝く
〝Ｊ〟の舞台
ＷＯＨ ＯＨ ＯＨ ＯＨ ＯＨ
ＷＯＨ ＯＨ!!♪

石川県西部緑地公園陸上競技場には「シアトルスタンダードカフェ」のツエーゲン金沢公認応援ソング「ツエーゲンのテーマ」が鳴り響く。そして、この歌詞とメロディが頭に残る。「ドン・キホーテ」で買い物状態だ。実際に、このバンドもスタジアムに来て演奏し、場内を盛り上げたが、他の部分を歌っているときも、♪ツエーゲン！ガンガン行こうぜ♪の部分が早く来ないものかと心待ちにしている自分がいた。

金沢の人たちはＪ２ホーム開幕を心待ちにしていたと思うが、試合運営のボランティアの方の中に、ヴェルディの試合を見に行くと何気によく会う男性の姿もあった。その日の対戦相手がヴェルディであるということと、ツエーゲンにかつてヴェルディと関わっていた人がいるという縁でツエーゲンのホーム開幕の運営を手伝っていた。

ちなみに、この男性のヴェルディ愛、そしてサッカー愛の深さは果てしなく、たとえば、ペナルティのワッキーが出演していた演劇の舞台を鑑賞するために、とある劇場まで足を運んでいたこともある。舞台を見に来た理由は、ワッキーがサッカー好きということ。つまりはサッカー仲間。だから見に来ました、とのこと。本当に優しい。そして、サッカー愛が深すぎる。

ツエーゲン金沢のマスコット、ゲンゾーもスタジアム各所に出没し活躍。健気な姿を見せた。後に、壮大

ゲンゾイヤー（左）、ナンシー（中）、ヤサガラス（右）らが登場。目を離せない。

J3初年度、金沢は優勝しJ2昇格を果たす。

かつ不可解なストーリーに巻き込まれていくことは何も知らずに。

２０１６年、Ｊリーグ関係者の方から電話がかかってきた。ツエーゲン金沢がクラブ創設10周年を迎える。そして、９月25日にツエーゲン金沢ＬＥＧＥＮＤＳとＪリーグの歴史を築いてきた往年の選手たちのＪ－ＤＲＥＡＭが記念試合を行う。そこで、ひらはたさんにも参加してほしいとのことだった。

もちろん参加したい。しかし、私はツエーゲンの選手でもなければＪリーガーでもない。はたして何ができるのか？「Ｊ－ＤＲＥＡＭの監督をお願いします」。脳内に渦巻く「？」の数は相当の量だった。持っているのは珠算３級だけで、ライセンスもなければ監督経験もないけれど、あまりにも突拍子もないオファーに、おもしろくなってきて、なぜか引き受けてしまった。

久保竜彦、中西永輔、小村徳男、中田浩二、ゴリサンドでお馴染みの森山泰行（岐阜の項参照）、ほか豪華メンバー。仕切れるわけがないし言うことを聞くわけがない。なのに、ロッカーで「監督、お願いします」と言われ、気づかいに満ち満ちたメンバーをホワイトボードに書き込んだ。初采配は戦術ゼロ、忖度１００で終わった。楽しかったけど。

創設10周年ということもあり、２０１６年のゲンゾーは平和に活動することができていた。しかし、その翌年の５月あたりから、ゲンゾーの周辺が騒がしくなっていく。なぜか、金沢サポーターを絶望の淵へ叩き落すと宣言する悪の化身ヤサガラスが出現。ゲンゾーは連れ去られてしまう。連れ去られたと思ったら、ゲンゾーの別の姿かどうかはわからないが、ヤサガラスからツエーゲン金沢を守るヒーロー、ゲンゾイヤーが登場する。

そういう方向のストーリーかと思いきや、ゲンゾーに一目ぼれした帰国子女で、幼少期に金沢市の姉妹都市フランスのナンシーで育ったというナンシーが現れてみたり、そのナンシーが「夏色のナンシー」で踊るので、ゲストに早見優さんが来場してみたりとゲンゾーを巡るストーリーは急展開を迎え、ゲンゾーは落ち着いてツエーゲン金沢を応援する状況ではなくなっている。

私も、ストーリーに取り残されないように気を付けてはいるが、見るたびに３巻の87ページから読まされている感は否めない。１巻の１ページから読みたいのに。しかし、この先の読めない展開はなんだかおもしろい。ツエーゲン金沢同様ゲンゾーを巡るストーリーからも目が離せない。

清水エスパルス

©1996 S-PULSE CO.,LTD.

ホームタウン
静岡県静岡市
Jリーグ加盟年
1991年
練習グラウンド
清水エスパルス
三保グラウンド
ホームスタジアム
IAIスタジアム日本平
(収容:20,248人)
Jリーグ最高順位
J1リーグ第2S優勝(1999年)
主要タイトル
Jリーグカップ(1996年)
天皇杯(2001年)

サッカーの街、清水
誇りを胸に

清水サッカーのルーツは大正8年という。かつての少年サッカーでは清水FCが無類の強さを見せた。この地から、多くのJリーガー、そして日本代表選手が生まれ育った。街にはサッカーが根づく。そして、清水にはエスパルスがある。

Jリーグ 初GOAL はこの選手

エドゥー

アウェー三ツ沢のゲームだったが、バックスタンドも半分オレンジに染まっていた。1点先制されたエスパルスだったが、42分、堀池巧のパスを受けたエドゥーが冷静に決めて同点に。ゴール後、キャップをかぶるパフォーマンスも決めた。

1993年5月16日(横浜市三ツ沢総合公園競技場)
Jリーグ 1stS第1節　横浜フリューゲルス3-2清水(42分)

ゴールを喜び、失点を嘆き、ファウルに立ち上がる。コンパクトなスタジアムでは、プレーに対して肌感覚。観客の反応が鋭い。

IAIスタジアム
日本平

HOME STADIUMはこちら

Jリーグにはたくさんのマスコットがいますが、パルちゃんに会うと、嬉しいのと同時になぜかほっとします。風格があるんだよな〜。

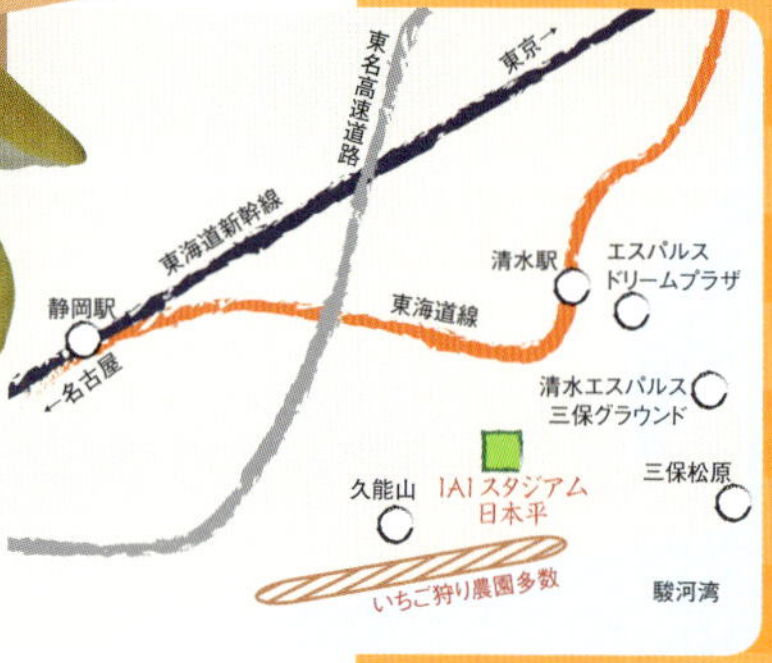

ひらちゃんのおすすめ TOP5

1 鈴木克馬さん

IAIスタジアム日本平にこの人の声は欠かせない。スタジアムDJの鈴木克馬さん。声量に余裕があるし声の張り加減が程よくて、声が通るしスタジアムに響く。「し～み～ず、エスパ～ルス！」。低いトーンで入っておいて、高音で言い放つ。あんな声を出せたら気持ちいいだろうな～。

2 勝ちロコ

選手とサポーターが勝利を分かち合う瞬間。これが本当に楽しそう。楽しすぎて金子翔太は勝ちロコの途中で足をつったこともあった。「またやるの？」みたいな感じで選手がロッカーから出てくることがある。これは清水が連勝している証。勝ちロコはチームのバロメーターにもなる。

勝ちロコ終わりの王者の旗（公式応援歌）がエスパルス勝利後の方程式。

東日本大震災のあと、清水と磐田のマスコットが被災したチームのフラッグを掲げてメッセージを送りました。

3 オレンジウェーブ

清水エスパルスのオフィシャルチアリーダー。キレのあるダンスやフラッグを使ったパフォーマンスでスタジアムを盛り上げる。試合中は、通路の角など観戦の邪魔にならないところで、応援を盛り上げる。試合後は、まだスタジアムの余韻を楽しみたいと、スタンドに残っている人たちとコミュニケーション。パフォーマンスだけでなく、目立たないところでも献身的に活動するオレンジウェーブもエスパルスには欠かせない。

バックヤードでの礼儀正しさもポイント高いです。

4 エスパルスドリームプラザ

通称ドリプラ。お土産屋、雑貨屋、飲食店など色んなお店が入っていて、ここに行くとエスパルスではない清水を楽しめます。大きな観覧車に乗ると目の前の駿河湾を一望できますし、その向こうには富士山も見えます。

清水すしミュージアムやちびまる子ちゃんランド、清水ラムネ博物館もあります。

5 パルちゃん

エスパルスのマスコットといえばパルちゃん。Jリーグマスコット界を牽引するトップランナー。安定したパフォーマンスに加え、何年たってもフレッシュさを失わず、鮮度を保っている。試合前からスタジアムを盛り上げ、試合後もオレンジウェーブ同様、お客さんと触れ合い、アフターケアも万全。これからも、パルちゃんは走り続ける。

日本平の熱狂を生み出す人たち

清水駅方面からＩＡＩスタジアム日本平に向かう。スタジアムは見えないけれど、オレンジ色の服を着て自転車に乗っている人が徐々に増えてくる。家族でスタジアムに向かって歩いている人が増えてくる。そして、信号を右に曲がると、歩道にオレンジ色の服を着た人たちが列になって、丘の頂上に向かって歩く姿。あの雰囲気がたまらなく好きだ。

道一本違うだけで、急に非日常感が生まれる。このひとりひとりが日本平の熱狂を生み出す。その熱狂を生み出すのに欠かせないのがサンバのリズム。特にお気に入りは、ウォーミングアップが始まるかな～ぐらいのとき。全開ではなく、じわりじわりとサンバが始まるよ～ぐらいの感じが気持ちいい。ライブの本番前の音合わせ的な感じで、期待感が大いに膨らむ。

ＩＡＩスタジアム日本平が素晴らしいスタジアムであることは言うまでもない。コンパクトで見やすく、ピッチの美しさは選手のプレーの見栄えをさらに良くする。だけど、最新鋭のスタジアムではない。座り心地が快適な座席という訳でもない。このスタジアムの素晴らしさは、選手や監督はもちろん、あの坂道を登ってきた人たちやサンバのリズムを奏でる人たちを含め、清水エスパルスを愛する多くの人たちが作り上げている。

いつ訪れても、このスタジアムのピッチは大概美しい。そんな時、現在ジュビロ磐田の監督を務める名波浩が私に言った言葉を思い出す。

「美しいピッチでサッカーをできることは、プロサッカー選手のステイタスの一つでしょ！」。

選手のステイタスを守り続ける、芝生を管理する人たちの芝生への愛情は実に深い。私に、このスタジアムの芝生について詳しく解説してくれた。ほとんど理解できなかったけど、言葉の一つ一つに芝生への愛情が込められていた。

そして、この芝生に散水しているのは、地元の消防団の人たち。このあたりを火災から守っている人たちだが、消防団ということは他にも仕事を持っている。忙しい日々の中で、チームからのリクエストに臨機応変に応えながら、ピッチに水を撒き、スピーディーなサッカーを演出している。

「し～み～ず、エスパールス！」。スタジアムに響き渡るスタジアムＤＪ、鈴木克馬さんは声量十分。迫力満点だ。その克馬さんにキューを出すのは、マッサールこと(そう呼んでいるのは私だけ、もちろん由来はマッサーロ）川口勝さん。日韓ワールドカップ、日本対ベルギーを一緒に見に行った人物。マッサールは、

散水やビジョンの映像、選手を支える飲食店……さまざまなサポートがスタジアムの盛り上がりを支えている。

空気づくりがうまい。誰とも分け隔てなく付き合い、仕事を円滑に進める。ヴィジョンに映像を送出しているスイッチャーは、まっちゃん（この人の話は15ページは必要なので割愛。数少ない友人）。とにかく、このスタジアムの演出チームはコミュニケーション良好だ。

試合前後のピッチを華やかに彩るオフィシャルチアリーダーのオレンジウェーブの献身性も見逃せない。試合前後のパフォーマンスに加え、試合中はスタンドの通路の、観戦の邪魔にならないところに立って応援をサポート。試合後の選手が姿を消したピッチに現れ、パルちゃんやこパルちゃん、ピカルちゃんと一緒にスタンドに残っている観客とコミュニケーションをとる。ただパフォーマンスを見せるだけでなく、目立たないところでもエスパルスを支えている。

もちろん選手がＩＡＩスタジアム日本平の主役であることは言うまでもないが、そんな選手を街の人たちはしっかりとサポートしている。

かつて大きな怪我を負い、手術を避けることが出来なくなった長沢駿（現神戸）が、入院直前と退院直後に行ったおいしいパスタを出してくれるお店はなくなってしまったが、2部練習の合間に多くの選手が通うお店はおいしく栄養のあるランチを出してくれる。

ガンバ大阪時代の岩下敬輔は、アウェー甲府の地で試合の後、次の日がオフだったので、宇佐美貴史を連れてお世話になった馴染みのお店に顔を出した。

おいしいナポリピザを出してくれるお店を市川大祐は愛し、そんな市川大祐の引退試合の日、「しずてつ」のシャトルバスの行先表示には「市川選手　今までありがとう！」の文字。清水に生まれ、清水を支えた選手に感謝の意を表した。

スタジアムで応援しているときも、足を運べないときも、多くの人が清水エスパルスを支え、そんな人たち一人一人の思いや念のようなものが、ＩＡＩスタジアム日本平の熱狂を生み出す。このスタジアムの素晴らしさは、エスパルスを支えるたくさんの人たちがいなければ作り出すことはできない。そして、これからもＩＡＩスタジアム日本平の熱狂は続く。サンバのリズムとともに。

ジュビロ磐田

© 2015 JUBILO

ホームタウン
静岡県磐田市

前身
ヤマハ発動機㈱サッカー部

Jリーグ加盟年
1994年

練習グラウンド
ヤマハ大久保グラウンド

ホームスタジアム
ヤマハスタジアム
（収容:15,165人）

Jリーグ最高順位
J1リーグ年間優勝
（1997、99、2002年）

主要タイトル
J1リーグ年間優勝（1997、99、2002年）
Jリーグカップ（1998、2010年）
天皇杯（2003年）、ACL（1999年）

黄金時代から新生ジュビロへ

黄金期のジュビロ磐田の華麗なサッカーは見る者を魅了した。その後、J2降格を経験して、ジュビロ磐田は生まれ変わろうとしている。名波浩監督をはじめ、黄金期を支えたメンバーが作り出す新生ジュビロ磐田。サックスブルーが再びJリーグを席巻する日が近づきつつある。

Jリーグ初GOALはこの選手

大石《おおいし》隆夫《たかお》

1994年3月16日（ジュビロ磐田スタジアム）
Jリーグ 1stS第2節　磐田1-0名古屋（80分）

清水東高校出身。1学年下には、清水東三羽烏（長谷川健太、堀池巧、大榎克己）がいた。途中出場が多く、この試合でも、21分に吉田光範と代わって出場。80分に決めたゴールは、1994年のシーズン唯一のゴールだった。

見やすさという点で言うと、日本有数のスタジアムだと思います。メインスタンドから見るとベンチが近くて監督の声もよく聞こえます。その逆も言えて、監督からもスタンドからの声はよく聞こえるみたいです。

ヤマハスタジアム

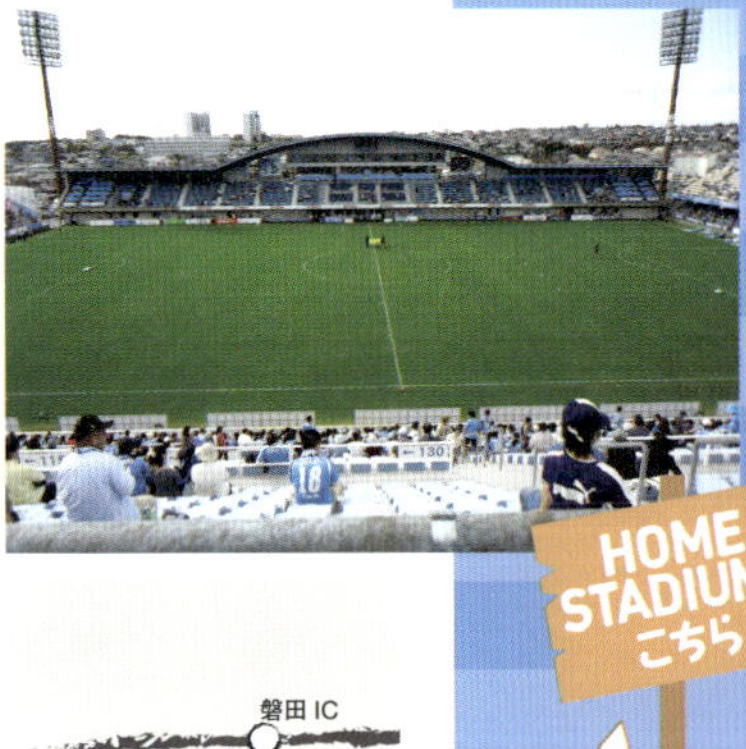

HOME STADIUMはこちら

ジュビロくんは、市内を走るラッピングタクシーにも描かれていますし、商店街ジュビロードにも立っています。街への浸透具合がすごくて、いろんなところで目にします。

ひらちゃんのおすすめ TOP5

1 サックスブルー

チームの色はサッカーにとって、とても大事なことの一つ。レアル・マドリーなら白。リバプールなら赤。そして、ジュビロ磐田といえばサックスブルー。日本語で表すとくすんだ青色ということになるようです。チームに対する忠誠心という意味でもサッカーにとって色は大事で、心のよりどころにもなる。どこかで同じ色を見ると、ジュビロを思い浮かべてしまうほど、ジュビロ磐田とサックスブルーは強く結びついています。

タクシーの運転手さんもサックスブルーでした。

2 ヤマハスタジアム

プレーのスピード感や迫力が、よりダイレクトに伝わる。ジャンピングヘッドをしたときの高さやキーパーのセービングのすごさが、よりリアルに感じられる。そして何よりも重要なことは、選手が大きく見える事。素晴らしいスタジアムです。

スタンドとピッチが本当に近い。

3 磐田市小学生一斉観戦事業 ※1

ジュビロ磐田では、磐田市のすべての小学5、6年生を対象に年に一度試合に招待している。3000人ぐらいの小学生が、バックスタンドを埋める光景が、実に素晴らしい。いつものスタジアムとは違った雰囲気になり、応援する声のトーンもかわいらしい。試合前までに、選手が手分けして小学校を訪問しているので、子供との関係も出来上がり、学校に来てくれた選手の名前を大きな声で呼ぶ様子は微笑ましく、子供パワーの影響なのか、この日の勝率はけっこう高い。

小学生がスタンドにぎっしり（2017年5月20日・柏戦）。

4 アイスコルネット

ソフトクリームのコーンの部分が、アツアツに揚げたコロネパンになり、その中に、冷たいアイスクリームというアイスコルネット。よくぞコラボしてくれました。揚げたパンにソフトクリームの甘さが合う！ 揚げたパンの熱さと冷たいソフトの相性も抜群。浜松発祥だそうで、ヤマハスタジアムで見つけて、初めて食べた時の感動は忘れられない。おすすめスイーツです。

5 ヤマハ発動機ジュビロ

ジャパンラグビートップリーグに参加するヤマハ発動機ジュビロ。このチームを率いるのは清宮克幸監督で、五郎丸歩選手も所属している。そして、試合で使用しているのがヤマハスタジアム。あのスタジアムで、日本のトップクラスのラグビーも見ることができるなんて、考えただけでも興奮する。すごい迫力に違いない。そして、2019年はラグビーのワールドカップが日本で開催され、ジュビロ磐田も時おり使用する、小笠山総合運動公園スタジアム（エコパスタジアム）も試合会場になっている。サッカーもラグビーも生が一番だ。

※1 この中から、1人でも、2人でもジュビロ磐田のファンになってくれればいいし、ジュビロ磐田で活躍するような選手が1人でも出てきたら最高だ。

歓声や悲劇がスタジアムに染み込む

「あんなにたくさんの人の前で試合をしたのが初めてだったんです」。興奮を隠さずに、嬉しそうに話してくれたのは、現在活躍の舞台をオランダに移した小林祐希。２０１２年、シーズン途中で東京ヴェルディから期限付き移籍でジュビロ磐田に加入。その年の7月28日、埼玉スタジアムの浦和戦、途中出場でＪ１デビューを果たした。

その数日後、ジュビロ磐田の練習場であるヤマハ大久保グラウンドでＪ１デビューの喜びを語ってくれた。その表情や口調はサッカー小僧そのもので、彼のサッカーへのストレートな思いが伝わってきた。

そして、彼はその日の練習にも興奮しているようだった。なぜならば、その日の練習会場はいつもの大久保グラウンドではなく、試合が行われるヤマハスタジアムだったから。練習とはいえ、ヤマハスタジアムでサッカーができることを純粋に喜んでいた。

選手がプレーしたくなるスタジアムを持っているクラブは本当に幸せだ。そして、そんな選手の思いが、スタジアムの表情を豊かにしていく。

ジュビロ磐田のホームスタジアム、ヤマハスタジアムはスタンドとピッチの距離が近く、コンパクトで見やすい。サッカーを肌感覚で楽しめる。ピッチが近いがゆえに感じられるスピード感はもちろんのこと、選手のそして監督の怒りや苛立ちや喜びもダイレクトに伝わってくる。

かつて、ジュビロ磐田の黄金期を支えた名波浩、高原直泰、中山雅史、ドゥンガ、スキラッチ、あまたのスター選手を私はヤマハスタジアムで見たことはないが、直接あのスタジアムで見ることができた人達はきっと幸せだったに違いない。プレーだけではなくスターの息づかいも感じることができたのだから。そして、選手の息づかいが聞こえるスタジアムということは、当然観客の声も選手に届いている。そんな歓声がスタジアムに染み込んでいき、スタジアムの血となり骨となる。

２０１４年、11月30日。Ｊ１昇格プレーオフ準決勝。ジュビロ磐田対モンテディオ山形の舞台はヤマハスタジアム。スコアは1対1で、そのまま行けば磐田が決勝進出というアディショナルタイム。山形のコーナーキック。石川竜也のボールにニアで飛び込み、ヘディングシュートを決めたのは山形のゴールキーパー山岸範宏だった。時が止まった。ヤマハスタジアムの時が止まった。

その瞬間、私は記者席で周りの人たちと目を合わせたが、誰も声を発することができなかった。奇跡を目の前にしたとき、人間がこういう反応をするということを身をもって知黄金期のジュビロは、スター選手がスタメンにひしめきあっていた。

監督としてチームに帰ってきた名波浩。

った。目の前の現実を、すぐには受け入れられないのである。山形にとっては奇跡。磐田にとっては悪夢。しかし、こういうこともスタジアムは長い歴史の中で受け入れていく。喜びばかりではなく、悲劇や落胆が表情に皺を刻み、味のあるスタジアムになっていく。

翌年、磐田はJ1復帰。着実に進歩を遂げている。試合前、ヤマハスタジアムにスタジアムDJの大きな声が響き渡る。まずはスタメン。12番はサポーター。続いてサブのメンバーの紹介。そして、「監督は、名波浩！」のコメントにかぶり気味に始まるチャントで一気にスタジアムのボルテージが上がる。

♪ななみ　ひろし
アレアレアレオーひろし
ななみ　ひろし
アレアレアレオーひろし♪

チームのレジェンドであり、監督としてサポーターと共に悪夢を味わい、磐田の新時代を築き上げている名波浩にゴール裏から大音量のチャントが送られる。ゴール裏のサポーターはこのチャントを本当に誇らしげに歌う。なんか、感動的なんだな〜。そして、この瞬間にヤマハスタジアムに力が宿る。サポーターのチャントはヤマハスタジアムの筋肉になっていく。そのピッチに選手が登場するとスタジアムはさらに熱を帯び、盛り上がりは最高潮に達する。

２０１６年、J1昇格プレーオフ準決勝、セレッソ大阪対京都サンガF.C.が行われたキンチョウスタジアムで京都を応援する女性に会った。彼女は、普段ヤマハスタジアムの近くに住んでいるが、かつてジュビロに在籍した森下申一が京都に移籍して以来、京都サンガF.C.も応援するようになったという。

その女性と、ヤマハスタジアムでも会った。彼女は、試合後ボランティアでヤマハスタジアムの周辺の清掃をしていた。こういう方達のおかげで試合は成り立っている。そして、この清掃のおかげで、試合で熱のこもったヤマハスタジアムは徐々にクールダウンして、平静を取り戻していく。

たくさんの人に夢や希望を与えるヤマハスタジアムは、たくさんの人に支えられ、長い歴史の中で人の想いや念を受け入れ、他にはない顔や肉体を持った魅力的なスタジアムになっている。

藤枝MYFC

©2009 FUJIEDAMYFC

ホームタウン
静岡県藤枝市、焼津市、島田市、牧之原市、吉田町、川根本町

Jリーグ加盟年
2013年

練習グラウンド
藤枝MYFCサッカー場

ホームスタジアム
藤枝総合運動公園サッカー場
(収容:5,056人)

Jリーグ最高順位
J3リーグ7位(2016、17年)

サッカーの歴史も実績もある街、藤枝

サッカーの歴史が長く、サッカーへの理解が深い藤枝の街。この街から、多くのサッカー選手が生まれ、日本のサッカー、そしてＪリーグを支えてきた。日本代表を、キャプテンとして牽引してきた長谷部誠も藤枝出身。この街の誇りである。

2002年のワールドカップの際に、セネガル代表がキャンプ地として使用。スタジアムの周りには山も多く、自然を満喫できる。サッカー場なので、サッカーは見やすい。メインスタンドは立派です。

Jリーグ初GOALはこの選手

久富賢《ひさとみけん》

プロのスタートは横浜FC。松本山雅、藤枝を経て、現在はブラウブリッツ秋田でプレー。2017年シーズン、ブラウブリッツ秋田のJ3優勝に大きく貢献した。160センチと小柄ながら、スピードで相手の守備陣を切り裂く。

2014年3月16日(藤枝総合運動公園サッカー場)
J3リーグ第2節　藤枝2-4JリーグU22選抜(50分)

藤枝総合運動公園
サッカー場

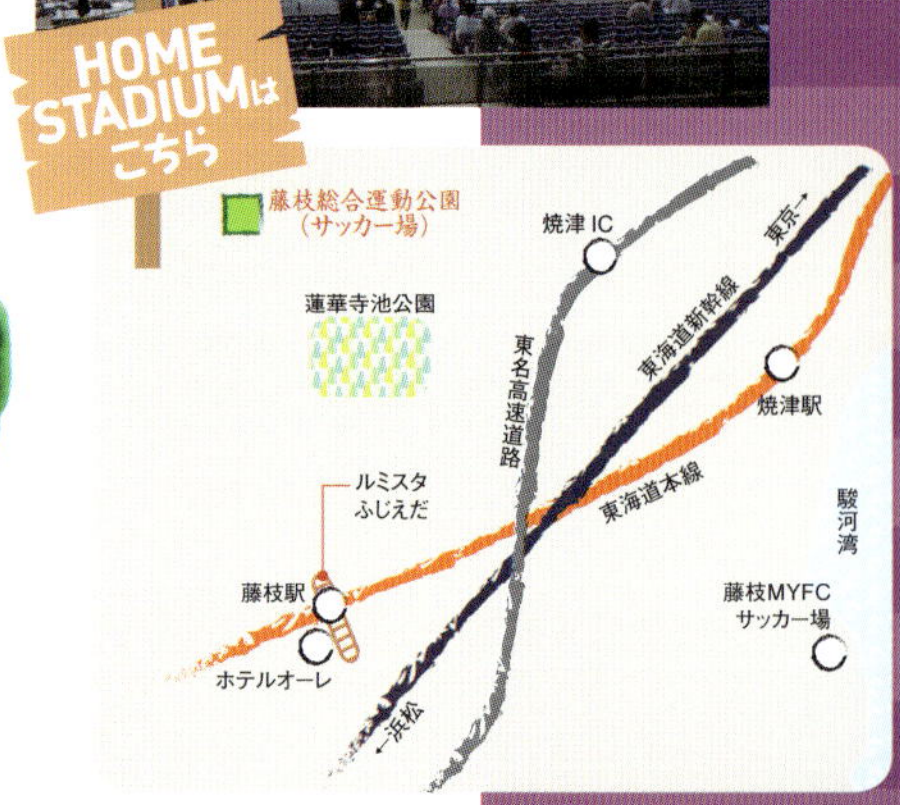

モチーフがわからないし、目も大きくて怖い。そんな彼の名前は「蹴っとばし小僧」。なぜ？ と疑問を持ってはいけない。誰が何と言おうと、彼は「蹴っとばし小僧」です。

ひらちゃんのおすすめ TOP5

1 藤枝総合運動公園

藤枝駅から車で約15分。サッカー場だけではなく、野球場、陸上競技場、グランドゴルフ場などスポーツが楽しめる公園になっている。無料で楽しめるスケートパーク場もあり、スケートボードやBMXを思う存分楽しめる。人工芝広場もあり、藤枝MYFCが試合を行っているときも、ここでサッカーをする少年たちを見かける。

メインスタンド外観です。

2 藤枝出身

藤枝出身のサッカー選手は多く、この後のコラムにも書いた冒頭の3人以外にも、清水エスパルスのボランチ、河井陽介やジュビロ磐田のディフェンスの中心、大井健太郎。藤枝出身ではなくても藤枝東高校出身でいえばジュビロ磐田の山田大記や松本山雅FCの藤田息吹。藤枝にまつわる選手は本当に多い。将来的には、藤枝出身の選手がまずは藤枝MYFCでプレーして、そこから世界に羽ばたいていくのが理想。

藤枝MYFCでは、ゴールキーパーの杉本拓也が藤枝明誠高出身。

3 蓮華寺池公園

蓮華寺池公園は藤枝市民の憩いの公園。梅や桜もきれいですが、藤枝というくらいですから当然、藤もきれい。四季を通して自然の彩りを楽しめる。夏になると毎年恒例の花火大会があり、これはかなり有名。池でボートも楽しめて、ジャンボすべり台や野外音楽堂などもあります。

4 イルミネーション

11月、藤枝の駅前がイルミネーションで美しく彩られる「ルミスタ☆ふじえだ」が始まる。かなり大がかりで、駅前の様子が一変。時期的には、シーズン最終盤。その日の勝利を祝いに、または負けた心の傷を癒やしに、もしくは優勝や昇格の喜びと共に、またはシーズンが無事終わったことに思いを馳せながら、観戦の帰りに、「ルミスタ☆ふじえだ」に寄ってみるのはいかがでしょう？

5 駅直結のホテルオーレ

大浴場もついていて、部屋も清潔、キレイで心地よいホテルです。同じ建物の中に、沼津魚がし鮨ほか、いろんなお店が入っていて、隣にはオーレ藤枝という商業施設もあります。その１階のデイリーヤマザキは、手作り系が結構多いです。コロッケなどのお惣菜や焼き立てのパンとか、ドーナッツとか。ここは楽しめます。夜遅く藤枝に着いたときや朝などは、ここで十分お腹を満たせます。

藤枝駅南口を下りて左手に出ると、すぐにホテルオーレがあります。

サッカーと、時間《とき》を刻む

藤枝市は長谷部誠、名波浩、中山雅史（岡部町出身。岡部町は２００９年藤枝市と合併）だけでなく、たくさんのサッカー選手を生み出す、まさにサッカーどころ。

第26回全日本高等学校女子サッカー選手権大会の決勝で、岡山作陽高校を２対０で下し、見事優勝を果たした藤枝順心高校サッカー部は、全５試合無失点という圧倒的な強さを見せた。その決勝の約１か月後、静岡県高等学校女子サッカー新人大会でも優勝し、こちらは大会15連覇。向かうところ敵なし状態である。

全国レベルというと、東海社会人リーグ１部に所属する藤枝市役所サッカー部を忘れてはいけない。藤枝市の職員、消防署の職員で構成された藤枝市役所サッカー部は、かつて日本サッカーリーグ（ＪＳＬ）２部に所属した経験を持つ。また、昭和46年から開催されている全国自治体職員サッカー選手権大会では通算31回優勝。２０１７年の大会の決勝では、鎌倉市役所に11対０の大差での勝利で４年連続の優勝。これが、海外のチームも参加するような大会なら、藤枝市役所サッカー部が不利になるようなルールを作られても仕方がないような圧巻の強さである。

そんな、サッカーどころ藤枝の名物の一つと言えば、サッカーエース最中。小豆をじっくり炊いたつぶあんがぎっしり入った、程よい甘さの最中。おいしさもちろんながら、最中の形がまん丸で皮は薄い茶色で五角形と六角形デザインの典型的なサッカーボールの柄により、水を含むと重くなる、昔のサッカーボールを思い出す。

このサッカーエース最中が生まれたのは昭和32年。もう60歳を越えている。昭和32年、第12回国民体育大会。サッカーの会場は藤枝市。そして、藤枝東高校は高校の部で優勝を果たした。藤枝市がサッカーの開催地に選ばれたことと藤枝東高校が優勝したことを記念して作られたのが、今にも続くサッカーエース最中。なぜエースなのかという疑問は気にせず、まさにサッカーどころ藤枝らしい誕生秘話である。

至誠一貫がモットーの藤枝東高校は文武両道。成績もトップクラス。そして、サッカーは校技である（すげー）。私の知り合いの娘さんが藤枝東高校に通っているが、入学と同時に人工芝用のスパイクを購入したそうだ。なぜならば、校技だから。

学校から配られる年間予定表に、サッカー部のインターハイと選手権県予選の準決勝、決勝の日にちが記載されている。体育祭の種目にＰＫ合戦があるとも聞いた。サッカーどころ藤枝は他の追随を許さない。

ＰＫといえば、藤枝ＭＹＦＣのホ

ームスタジアム、藤枝総合運動公園サッカー場で、毎年夏に行われる恒例のイベントが「全国PK選手権大会in Fujieda」。PKの日本一を決める大会だ。これが実に楽しいイベントで、カテゴリーもいくつかに分かれている。子供も年齢に応じていくつかのカテゴリーがあるのはもちろんのこと、なでしこ（もちろん女子のカテゴリー）やシニアなどもある。

　この大会の魅力はたくさんあるが、おすすめポイントは格好を気にしなくて良いということ。ユニフォームやサッカーパンツがなくても、いつもの格好でJリーグの試合が開催されるピッチでボールを蹴ることができる。

　子供たちのサッカーを見て、ピッチの外から監督ばりに指示を出すお母さんやおじいちゃんも、実際にボールを蹴ってみてはじめて、難しさや楽しさを知る。そして、不格好なフォームの大人を見るのも、なんだか微笑ましい。サッカーどころ藤枝はサッカーの楽しみ方の懐も深い。

　サッカーに馴染みのある藤枝市民の知り合いも、藤枝駅前で試合開催の告知のビラを現在ヘッドコーチのクモ男ことシジマールに配られ驚いたそうだ。藤枝総合運公園サッカー場に行けば、試合に出場しない藤枝MYFCの選手達も、売店などに現れ、お客さんと触れ合う。試合後は、来場者を選手がハイタッチでお見送り。一秒でも、一瞬でも触れ合うことで、サッカーどころ藤枝に藤枝MYFCはゆっくりと浸透していく。そして、これもまた藤枝市のサッカーの歴史になっていく。

　大正13（1924）年に開校した藤枝東高校の初代校長、錦織兵三郎が校技として蹴球（サッカー）を取り入れてから、もう少しで百年を迎える。

　藤枝駅には「蹴球都市」という文字とこんな一文を見ることができる。「サッカーと、時間《とき》を刻む」。懐深くサッカーを楽しむ蹴球都市で、サッカーと、時間を刻む歴史に身を委ねる。サッカー好きには至福の時間になる。

サッカーエース最中のパッケージの中は、少し懐かしさを感じるサッカーボール。

全国PK選手権大会のポスター。藤枝の街では、サッカーに関わることに頻繁に出会う。

アスルクラロ沼津

©2013 A.C.

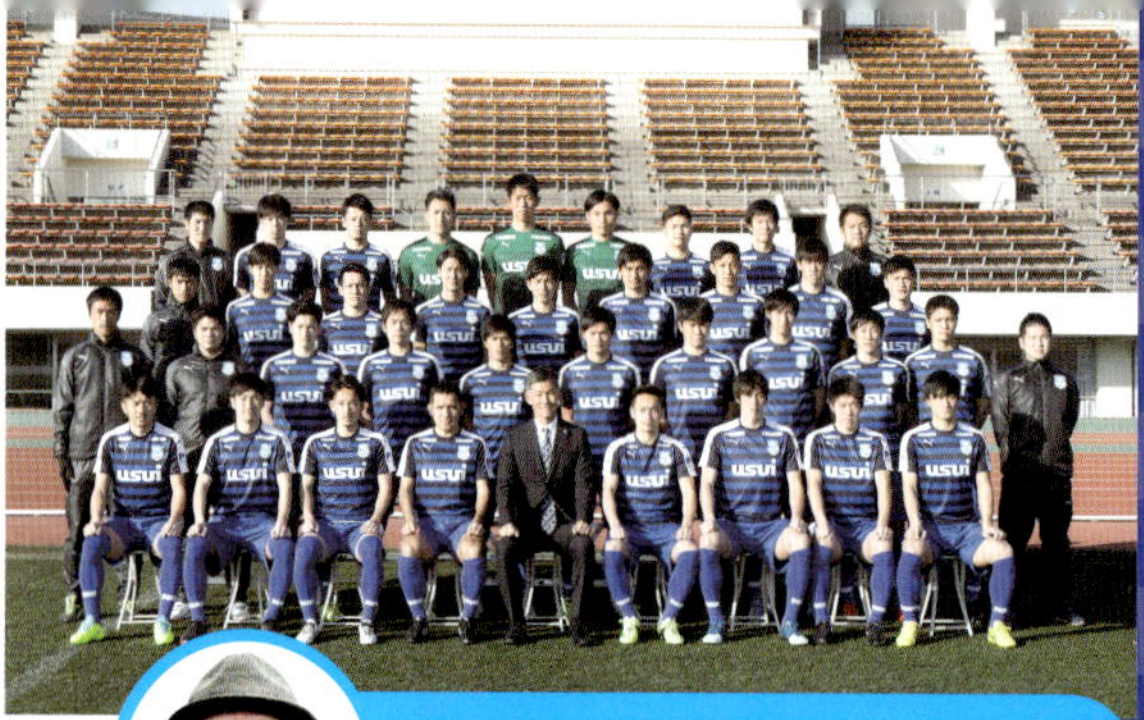

ホームタウン
静岡県沼津市
Jリーグ加盟年
2017年
練習グラウンド
アスルクラロスポーツフィールド　セレステ
ホームスタジアム
愛鷹広域公園多目的競技場
（収容:5,104人）
Jリーグ最高順位
J3リーグ3位（2017年）

サッカーどころ静岡県東部の実力あるチーム※1

トップチームがＪ３に参入したのは2017年からですが、子供のサッカー教室から始まり、昔から沼津で根を張っているクラブです。静岡県東部はサッカーどころ。沼津出身の小野伸二選手や富士市出身の川口能活選手が代表的な存在です。

沼津の駅から車で15分くらい、三島の駅からは20分くらいです。東名の沼津インターから結構近いので、車で行かれる方は意外と便利。グルメは凄いですね。すごく賑やかでお店の数も多くて、イベントも色々とやっていて楽しいです。

Jリーグ初GOALはこの選手

渡辺《わたなべ》亮太《りょうた》

日本体育大学から2013年、愛媛FCに加入。2017年沼津に加入し、1年間プレー。190センチの長身フォワード。沼津はJ参入して今年で2年目。サポーターの方にとっては、懐かしいというよりつい最近の出来事のはずです。

2017年3月18日（愛鷹広域公園多目的競技場）
J3リーグ第2節　沼津1-2福島（73分）

愛鷹広域
公園多目的競技場

HOME STADIUMはこちら

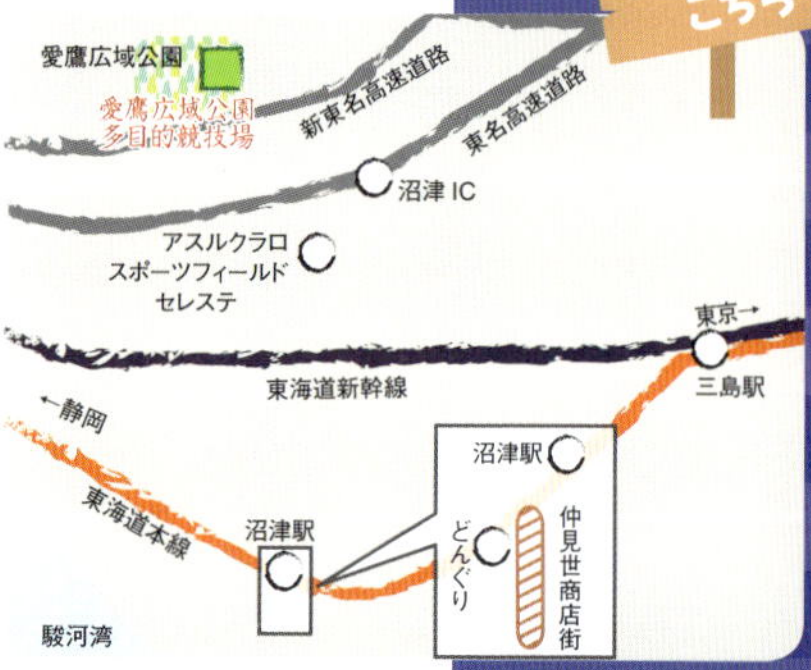

アスルクラロ沼津には公式マスコットはいませんが、「全力アスル」と書かれた車もがんばっています。

ひらちゃんのおすすめ TOP5

1 愛鷹広域公園

アスルクラロ沼津が試合を行う多目的競技場の横には、野球場があり、ここで高校野球の静岡県大会が行われる。その日はかなりの人が愛鷹広域公園を訪れ、かなりの賑わいを見せます。

2 「全力アスル」

ここのクラブの選手たちは、色気はないけど愚直なまでに、無骨に頑張り抜きます。守る時も攻める時も全力で。ある意味プロっぽくないんですけど、愚直な姿に心を打たれます。そこが良いなと思います。このチームは常に「全力アスル」なプレーをします。それをしないと選手も試合に出られないですし。入団する選手もそれを分かって来ています。見ていて気持ちの良いサッカーですね。

ポイントカードにも「全力アスル」の文字があります。

3 沼津港

スタジアムは山側にあるわけですが、沼津に来たら海側にも行ってほしいですね。飲食店街もたくさんありますし、観光客の方もたくさんいらっしゃいます。2011年には「港八十三番地」ができましたし、沼津港深海水族館もあります。昔からある店と最近できた店と両方楽しめます。アジやイワシは美味しいですし、お土産には干物もあります。スタジアムのグルメもいいんですけど、新鮮な魚介類、刺身、お寿司、天ぷら、丼物などをこの沼津港で楽しむのも良いと思いますよ。

4 仲見世商店街

時間に余裕がある時におススメ。かなり昭和感のする商店街なんですけど、地元の方がいらっしゃって賑やかです。中でもおススメは甘味処の「どんぐり」という喫茶店。ここは昭和感の極みです。テーブルの前に水が流れていまして、注文した物が出来あがると、店の奥のほうから桶に乗って品が流れてきます。商品が流れてきたらそれを止めて取ります。テクノロジーが発展したこの世の中で、このシステムは素晴らしいですね。

死ぬまでに一回見ておいて損はないお店です。

5 のっぽパン

沼津といえば、のっぽパンですね。キリンの絵が描いてある長いパンにミルククリームが入っているだけですけど。これは懐かしい甘さというか、結構美味いんですよ。素朴な味だからこそ、飽きることがないし、また食べたくなる。僕も行くと2個くらい買って帰ります。お土産にしても、意外と喜ばれるかもしれません。

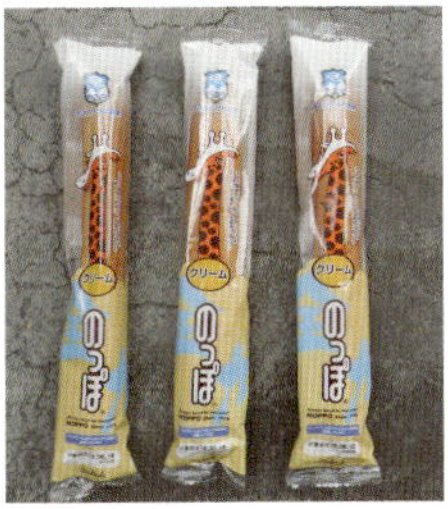

過去にはアスルクラロ沼津とのっぽパンのコラボも。

※1 静岡というと清水や磐田が思い浮かびますが、東部もサッカーどころ。この辺が静岡の幅広さという気がします。

吉田監督の言葉に10年後の沼津を思う

２０１７年、12月３日。朝の沼津駅には、黄色のユニフォームを纏った栃木ＳＣのサポーターであふれかえっていた。Ｊ３、34節は最終節。優勝争いは栃木、沼津、秋田の３チームに絞られていた。勝ち点は、１位の栃木が59、２位沼津が58、３位の秋田も58だったが、沼津は得失点差で秋田を大きく引き離していたため、現実的には最終節の栃木戦で勝てばＪ３優勝を勝ち取ることができる。ただ、沼津はＪ２ライセンスを保有していないため、優勝してもＪ２昇格はできないけど。

２０１６年、ＪＦＬで年間順位３位の成績でＪ３に昇格。２０１７年シーズンはＪ３挑戦初年度だった。シーズン前は、元日本代表の中山雅史や伊東輝悦が注目を浴びたが、吉田謙監督率いるアスルクラロ沼津はシーズンが始まると、成績そして内容で注目を浴びるようになった。

天皇杯では、２回戦でＪ２京都サンガF.C.を破り、３回戦では横浜F・マリノスに2対4で敗れはしたものの、堂々の戦いを見せた。Ｊ３リーグでは初年度ながら、７戦負けなしを2度。4連勝も達成した。ディフェンスそしてチームを引っ張る尾崎瑛一郎と笑顔が魅力の中村亮太の右サイドは強力で、ストライカーの薗田卓馬も着実にゴールを重ねた。

ただ、このチームの魅力はそれだけではない。全員が攻守に走り戦う。色気はないかもしれないが、武骨に戦う。そのストレートな姿勢は見る者の胸を打つ。

そんな沼津を率いるのは吉田謙監督。１９９９年からこのクラブと関わり、２０１５年からトップチームを率いるようになった。彼の朴訥とした語り口は人を引きつける。そして、小手先で人を喜ばせるようなことは言わない。思っていることを丁寧に自分の言葉で話す。インタビューでも、技術的なことやシステムのことよりも、沼津や静岡の東部地域の人のために戦うと言う。

彼のサッカーやアスルクラロ沼津に真摯に向き合う姿勢は愚直そのもの。勝てなかったゲームで、試合後誰にも目につかないメインスタンドの軒下で、ベンチに座って、ひとり深く落胆する姿を見かけたこともある。そんな、吉田監督の想いは選手にも十分すぎるぐらい伝わり、アスルクラロ沼津はＪ３初年度ながら優勝の可能性を残して最終節をホームで迎えていた。

その日の対戦相手栃木ＳＣは、７年間Ｊ２で過ごしたあと、２０１６年からＪ３で戦い、このカテゴリーは2年目。Ｊ２昇格は悲願であり、その姿を日に焼き付けようと多くのサポーターが、沼津のホーム愛鷹広域公園多目的競技場に集結していた。

中山雅史の現役復帰も大さな話題となった。

ゲームは沼津が薗田卓馬のゴールで7分に先制。そのまま、ゲームは進んでいくがアウェー鳥取の地で戦う秋田もリードしていて、このままいけば沼津が優勝、秋田が2位。栃木は3位でJ2昇格を逃してしまうことになる。

緊張感あふれる展開となったが、77分ネイツ・ペチュニクのゴールで栃木が追いつき、そのままゲームは終了。最終結果は、秋田が優勝。栃木は2位でJ2昇格。3位が沼津ということになった。栃木のサポーターは歓喜の渦。喜びを爆発させた。ただ、沼津のホーム最終戦ということでセレモニーが残されていた。

試合後、グラウンドを見つめる吉田監督。

まだ、騒然としている場内。ピッチに用意された1本のマイクの前にアスルクラロ沼津、吉田謙監督が立ち、いつものように朴訥とした語り口調で話し始めた。「栃木SC、昇格おめでとうございます」。スタンドから大きな拍手が起きるが、まだ騒然としている。「ライセンスを持たない僕の気持ちを聞いてください」。この時も、少しざわついていたし、沼津のスタンドからも少し笑いが漏れていた。しかし、だんだんと静かになって、みんな引き込まれていく。

「ぼくらは優勝しても昇格できない。だけど、ピッチに立ったら100%でプレーする。そんな、ぼくらの姿を今日見ていただいたと思います」。そして、一拍置いてこう言った。

「必ず、ぼくらはいつの日か昇格します」。両サポーターから大きな拍手が起きた。その後、スポンサー、株主、ソシオ、ボランティア、ファン、サポーターに感謝を述べた後こう続けた。

「ぼくたちは、午前中激しい練習。午後、東部地域で仕事をしながら、歯を食いしばってサッカーをしていました。そんな選手を、ぼくは誇りに思っています。これからも全力で走り続けるアスルクラロの選手とクラブを、今後ともよろしくお願いします。1年間ありがとうございました」。

盛大な拍手にスタジアムは包まれた。優勝できなかった悔しさや2位になってもライセンスがないため昇格ができない悔しさ。目の前で昇格した栃木SCの姿。いろんな思いの中、吉田謙監督の言葉はあまりにも感動的だった。10年後、50年後、100年後、アスルクラロはどんなクラブになっているだろうか？ その時に、一人でもこの吉田謙監督の言葉を思い出している人がいるとしたなら、本当に素敵なことだ。

名古屋グランパス

©1995 N.G.E.

ホームタウン
名古屋市、豊田市、みよし市を中心とする愛知県全県

Jリーグ加盟年
1991年

練習グラウンド
トヨタスポーツセンター第1グラウンド

ホームスタジアム
パロマ瑞穂スタジアム／豊田スタジアム
(収容:20,000/40,000人)

Jリーグ最高順位
J1リーグ年間優勝(2010年)

主要タイトル
J1リーグ年間優勝(2010年)
天皇杯(1995、99年)

名古屋グランパスはもっと、おもしろくなる

2018年、ブラジル人ストライカー、ジョーが加入。夏の移籍市場でも多くの実力ある選手を獲得。名古屋本気モード突入。どこから見ても華がある。サッカーはエンターテインメント。もっと、おもしろくなる。

Jリーグ初GOALはこの選手

森山泰行《もりやまやすゆき》

岐阜県出身。帝京高校から順天堂大。1992年、名古屋に加入。一瞬のスキを逃さないストライカー。スロベニアのクラブでもプレーした。この本の中でも3回(名古屋、金沢、岐阜)登場。必ずスペースに顔を出す。さすがストライカー。

1993年5月19日(浦和市駒場陸上競技場)
Jリーグ 1stS第2節　浦和0-3名古屋(34分)

スタンドの傾斜は38度あるということで、どの観客席からもピッチが近いです。2019年のラグビーワールドカップの試合会場にもなることが決まっています。

豊田スタジアム

HOME STADIUMはこちら

張り詰めた試合会場でも、グランパスくんを見ると気がやわらぐ。一服の清涼剤。癒されます。

ひらちゃんのおすすめ TOP5

1 名古屋駅

名古屋駅周辺の発展がすごい。行くたびに新しいビルが完成し、景色が変わる。以前は、賑いを見せるのは栄と錦というイメージだったが、今は名古屋駅の方にも人が流れているとか。2027年にはリニア中央新幹線も開通し、さらに名古屋駅は変貌を遂げるはず。食事や買い物をするなら、今までなら名古屋駅から移動していたけれど、今では名古屋駅で完結。名古屋駅、そして名古屋駅周辺のさらなる発展が楽しみだ。

2 きしめん「住よし」

新幹線の構内も含めると名古屋駅には15以上のきしめん屋があるそうです。私の新幹線ホームおすすめきしめんは「住よし」。これは美味いですね。名古屋駅に行ったらほぼほぼ食べます。新幹線を待つのは、普段なら時間を持て余してしまいますが、名古屋は時間があったほうがラッキー。注文して食券買ったらすぐ出てくる。スピードあるのに、さらにうまい！ 名古屋でいうなら青木亮太選手ですね。

3 グランパスくんファミリー

2018年、グランパスくんはマスコット総選挙1位を獲得。グランパコちゃん（妻）、グランパスくんJr（長男）、グララ（長女）も父の偉業をきっと喜んでいることでしょう。グランパスくんのツイッターを見ると、名古屋弁。それもかわいい。

4 名古屋めし

名古屋に行ったら、もちろんスタジアムグルメを楽しんでいただきたいですけど、名古屋めしをぜひ楽しんでもらいたいです。きしめん、あんかけスパ、台湾まぜそば、手羽先、天むす、ひつまぶし、味噌カツ、味噌煮込みうどんなど、1日で全部を食べることは無理なので、何を選ぶか悩みますが、名古屋に行ったら、どれか一つは食べないともったいないですね。

スタジアムのあんかけスパの看板です。僕は胡椒辛い感じが大好きです。

5 パロマ瑞穂スタジアム

名古屋グランパスのホームスタジアムは豊田スタジアムとこのパロマ瑞穂スタジアム。2017年、Ｊ１昇格プレーオフ準決勝ジェフユナイテッド千葉戦では、多くの人が来場。メイン正面ゲート前に広場があり、たくさんのグルメのお店が並んでいましたが、どこも長蛇の列でした。以前よりも、メインゲート前広場は賑やかで楽しい雰囲気に。おいしそうな店ばかりです。

豊田スタジアムも素晴らしいですが、瑞穂には瑞穂のよさがあります。

地元のお菓子もスタジアムで販売されていました。

想像を超える夢の世界のプレーヤー

喫煙所に行くと先客がいた。先客は、私の顔を見ると「ゲンキデスカ?」と言って力強く握手を交わした。その後、通訳の方がいる時は通訳を介して、通訳不在の時は私の文法皆無、単語羅列英語で他愛のない会話を数分して別れた。「ガンバッテ!」。

後に知ったことがある。先客は日本のことが大好きで納豆や鮎も大好物。そして、日本語を相当理解していることを。それなら、日本語で話せばよかった。あの英語は相当格好悪い。

先客とは、ピクシーの愛称で名古屋のサポーターを、そして日本のいや世界のサッカーファンを魅了したドラガン・ストイコビッチ。話しているとき、彼は意識していないと思うが様々な表情を見せる。独立した個を持つ大人の一面も見せるし、目の奥に子供っぽいいたずらな、ちょっと悪そうな雰囲気を漂わせたりもする。怖くはないしフレンドリーで話しやすいけど、もう一歩、中に飛び込めそうで、飛び込めない強い個がある。

話していて緊張をするわけではないし、冷静さは保っているのだが、少し時間が経った頃に急に我に返って変な感情になる時がある。「なんでおれはストイコビッチと話してんだよ!」。

ストイコビッチといえば世界の大スター。夢の世界、遠い世界の人だ。そして、ピッチに魔法をかけられる数少ない人。そんなすごい人と会話をしていたなんて……。

1990年ワールドカップイタリア大会、決勝トーナメント1回戦。ユーゴスラビア対スペイン戦。左サイドからドリブルで突破しクロスが上がる。ニアで味方が頭で触ると、ふわりと上がったボールがファーサイドに流れた。

そこにフリーのストイコビッチ。フリーだったが、浮いたボールの滞空時間も長かった。誰しもがその滞空時間の間に、強烈なボレーを叩きこむストイコビッチを想像した。しかし、滞空時間が長い分スペインのディフェンダーも寄せてきた。ストイコビッチが右足でボールを蹴る態勢に入った。ディフェンスはスライディング。

すると、ストイコビッチはピタリとボールを足もとに止めた。ボールがあまりにも見事に足もとに収まったせいで、スペインのディフェンスのスライディングタックルは空振りになって、ストイコビッチの目の前にはキーパーだけ。そのキーパーを見て、冷静に流し込んだ。

ゴールを決めたストイコビッチは走り出す。祝福に来たユーゴスラビアの選手を押しのけ、ベンチにいる

2010年には監督として名古屋をJ1優勝に導いた。

監督に抱きついた。その頃はよくわかっていなかったけど、この監督こそ、後にジェフユナイテッド千葉そして日本代表の監督を務めたイビチャ・オシム。忘れられない圧巻のゴールだった。

それだけではない。１９９４年9月17日対市原戦の雨中のリフティング。２００９年10月17日横浜F・マリノス戦の革靴ボレー。このシーンも有名なので改めて言うまでもないが、横浜F・マリノスのGK榎本哲也がボールを蹴った瞬間、ストイコビッチはベンチの中にいるのが凄い。軌道を見て、テクニカルエリアに出ていってボレーで決める。ストイコビッチは見ている人たちの想像を超えるプレーでピッチにもスタンドにも魔法をかけた。

２０００年1月1日、第79回天皇杯決勝名古屋対広島。名古屋の2点目のゴールも忘れられない。1対0で名古屋リードの82分、名古屋のカウンター発動。最後にボールを受けたのはストイコビッチ。ファーサイドに巻いて右足でシュートを打つ雰囲気だった。そこに広島のGK下田崇が間合いを詰める。すると、ストイコビッチはキックフェイント。この切れ味が凄い。何せ上体がぶれない。そして、GKの下田崇が裏返った。その後、ペナルティエリア内をドリブルで横断し、一人二人と交わしシュートを決めた。

誰もがやってみたい。だけどできない。そんなプレーをタイトルがかかった天皇杯の決勝でやってのけるストイコビッチ。あの決勝を国立で見た人たちは、あのゴールについて一体何時間話しただろうか？　どれだけの子供たちが次の日、ストイコビッチのプレーを真似しただろうか？　サッカーの楽しさを体現し、見る人たちに喜びを与える。ストイコビッチのプレーには、サッカーの可能性が存分に詰まっていた。

現在、中国のクラブで指揮を執っているストイコビッチ。また名古屋に、日本に戻ってくる日は来るだろうか？　もし、今度会えたなら、他愛もない話はそこそこに聞いてみたいことがたくさんある。ワールドカップのゴールの話。天皇杯の話。革靴ボレーの話に、名古屋の監督時代にJリーグのチャンピオンになった話。絶対にまた会えると信じているし、あきらめていない。なぜなら、ストイコビッチは名古屋の監督時代、ことあるごとにこの言葉を口にしていたから。

「NEVER GIVE UP」。

ホームタウン
岐阜県岐阜市を中心とする全県

Jリーグ加盟年
2008年

練習グラウンド
岐阜メモリアルセンターほか

ホームスタジアム
岐阜メモリアルセンター長良川競技場
（収容:16,300人）

Jリーグ最高順位
J2リーグ12位（2009年）

©2002 FC GIFU

FC岐阜

ピッチの内でも外でも岐阜らしさが滲み出てきた

ピッチ内では大木監督のサッカーが浸透。個性的なサッカーを展開。外では、様々なイベントを企画。アニメ「のうりん」とのコラボも大反響。サポーターは凝ったゲーフラを掲げる。岐阜色が出てきた。

Jリーグ初GOALはこの選手

小島《こじま》宏美《ひろみ》

東福岡高校出身。1996年ガンバ大阪に入団。やはり、小島宏美はガンバの印象が強い。その後、札幌、大宮、大分、神戸と渡り歩き、2006年から2008年まで岐阜でプレー。スピードがあり、フェイスも良く、人気があった。

2008年3月9日（山梨県小瀬スポーツ公園陸上競技場）
J2リーグ第1節　甲府1-1岐阜（66分）

名古屋駅からJRの快速なら、岐阜駅まで約20分と近い。そして、岐阜駅からバスで約20分。なんだか岐阜って遠いようだけど、行ってみればそれほど遠くは感じない。

岐阜メモリアルセンター長良川競技場

2017年のギッフィー（右）登場までは、清流の国ぎふマスコットキャラクター「ミナモ」（左）が、岐阜県からの期限付き移籍という形で、FC岐阜の応援マスコットを務めていました。現在もミナモはギッフィーと一緒に活躍しています。

ひらちゃんのおすすめ TOP5

1 岐阜メモリアルセンター

長良川競技場もありますし、プールやテニス場もあります。長良川球場という野球場もあってプロ野球も開催されます。サッカーを観に行った時に高校野球の県予選があったりすると、ラッキーとばかりにJの試合後に足を運んで青春のお裾わけをいただきます。

どこのチームかよく分からないまま観ますけど、結構楽しめます。

2 屋台村

いわゆるスタグル、スタジアムグルメですけど、飛騨牛や岐阜グランドホテルの特製カレー、ハムソーセージなどメニューが充実しています。おススメです。

写真左は、おすすめ3で書いている鶏ちゃん焼きのお店です。

J2参入当時のスタグル、ゴリサンド。当時在籍していた森山泰行（愛称ゴリ）が描かれています。

3 ソウルフード

岐阜のソウルフードで「鶏《けい》ちゃん焼き」というのがあります。鶏肉をキャベツなどと一緒に味噌や醤油で炒めるソウルフードなんですが、これが結構美味しくて。ご飯やビールにも合います。全国区ではなくても地元の人が愛する鶏ちゃん焼き。是非、岐阜の味をお試しあれ。※1

4 岐阜城

天守閣から街を見下ろすと平野が一望できて、長良川競技場も見えます。岐阜に限らずお城を見るのが好きなので、訪れた先にお城があれば必ず行きます。日本史はまったく分からないのですが。

歩いても行けますが、金華山ロープウェーに乗ると早いです。

5 織田信長

岐阜駅の北口の広場に金の織田信長公像が立っています。近寄りたいんですけど、台座が高すぎて近寄ると見られない。写真を撮るためのベストポイントを探すだけでもちょっと時間がかかります。

高さ的には駅から見るとちょうど良い感じです。

※1 鶏ちゃん焼きはスーパーでパックも売っているので、おみやげになります。

初々しきＦＣ岐阜、10年の歩み

Ｊ２に参入し、初のホーム開幕戦は２００８年３月16日。名古屋で乗り換え、岐阜駅の改札を出ると、大学生ぐらいだろうか若い男子が、長良川競技場への行き方が書かれた案内の看板を持って立っていた。スマートな感じは受けなかったが、温かさと初々しさが心地良かった。

現在はＪリーグの中でも充実したスタジアムグルメで有名なＦＣ岐阜だが、この頃はまだ店舗数は少なめだった。しかし、かなりの賑わいで、その中には岐阜県出身で帝京高校卒業後、様々なＪクラブを渡り歩き、海外のクラブでもプレーし、当時ＦＣ岐阜に在籍していた森山泰行（愛称ゴリ）の名前が付けられたゴリサンドも販売されていた。

トルコ料理店のオーナーシェフがナンのような生地でドネルケバブを挟むゴリサンド。ゴリサンドを包む紙には直毛かつクールな眼差しの森山泰行のイラストが描かれ、この岐阜の地で森山泰行が愛されていることがわかる一品だった。

バックスタンドでホーム開幕戦を観戦していると、地元の子供たちが芝生席で大はしゃぎ。そのうち、試合に飽き始める（子供だからしょうがない）。すると、ゴール裏からこの日の対戦相手のベガルタ仙台のサポーターのチャントが耳に入ってくる。ベガルタ仙台のチャントはテンポもノリも良い。するとどうだろう、岐阜を応援すべき数人の子供たちが、仙台のチャントにつられて、仙台のサポーターをまねて踊り始めたのだ。実に微笑ましく、そして初々しさを感じた瞬間だった。ＦＣ岐阜の記念すべきＪリーグホーム開幕戦は、プロのサッカークラブ感はあまり感じなかったけれど、そこかしこにある初々しさが実に心地良かった。

ただ、Ｊ２に昇格したものの、順位も入場者数も伸びることはなかった。ぎふ清流国体の開催で長良川競技場が改修工事のため使用できず、２０１０年は収容人数の少ない長良川球技メドウ（このメドウが実に良い雰囲気）を使わざるを得ないという状況もあった。２００８年から２０１３年まで、平均観客動員数は４０００人前後だった。

そんなＦＣ岐阜に２０１４年、ラモス瑠偉監督が就任する。誰もが知るラモス瑠偉監督の就任は、たくさんの人の注目を浴びた。経験のある選手もＦＣ岐阜に加入し、観客は増加した（２０１４年の平均観客動員数は７５８４人）。ただ、思いのほか成績は伸びなかった。サッカーの神髄を知る男の熱量とクラブや選手の熱量が程よい温度で合致しているようには思えなかった。ラモス監督は苛立っているように見えた。試合中、自軍のベンチに向かって怒りを

かつて試合会場となった長良川球技メドウ。

ラモス監督は強い情熱を持って、チームを率いていた。

大木武監督
©FC GIFU

ぶちまけることもあった。放送禁止用語の類のポルトガル語が、スタンドで見ている私の耳にまで届いたこともあった。

試合後、ラモス監督と二人で話している時、放送禁止用語の話をした。ラモス監督のスイッチがオンになった。彼は私にチームが思うようにいかない苛立ち、悔しさを一気に熱く話し出した。端から見れば、私は怒られているように見えただろう。しかし、私はいやな気持ちにもならないし、周囲の目も全く気にならなかった。理にかなっているかどうかは別として、ラモス瑠偉のサッカーへの情熱は格別に熱く、そんな強い思いを独り占めできていることがある種幸せだった（ちょっと怖かったけど）。

そして、少しエキセントリックだったかもしれないけれど、サッカーの喜びや楽しさ、そしてプロの厳しさを知るラモス瑠偉という存在は、FC岐阜というクラブの成長にとって必要な過程だったと思う。

２０１７年、大木武監督が就任した。ボールを大事にする大木サッカーは独特で、そのサッカーが染み込んだFC岐阜のサッカーはJ２で存在感を示し始めた。もし、河川敷でTシャツを着てFC岐阜の選手がサッカーをしていたとしても、その独特のポジション取りとボールの動きできっとFC岐阜と気づくだろう。平均観客動員数も２０１６年と比べて、１３００人以上増加。手の込んだゲーフラを掲げるゴール裏の様子も楽しげで、FC岐阜オリジナルのサッカー、そして楽しみ方が生まれ、次第にプロのクラブらしさを感じるようにもなった。

２０１７年10月1日。名古屋グランパスとの一戦、名岐ダービーはチケット完売。入場者数は過去最高の1万７０２７人を記録した。名古屋のサポーターはゴール裏を黄色と赤で染め上げた。まさに、プロのダービー。そして、FC岐阜のサポーターもゴール裏を緑に染め、初めてのコレオで応えた。

WE　ARE　GIFU

私は感動した。なぜなら、コレオの文字が初めてのせいか、くっきりと浮かび上がっていなかったからだ。そこには、J２初ホーム開催の時に感じた初々しさ、FC岐阜らしさがあるように感じたからだ。そして、その初々しさやFC岐阜らしさは10年前同様、心地良かった。

京都サンガF.C.

ホームタウン
京都府京都市、宇治市、城陽市、向日市、長岡京市、京田辺市、木津川市、亀岡市、南丹市、京丹波町

前身
京都紫光クラブ

Jリーグ加盟年
1996年

練習グラウンド
京都サンガF.C.
東城陽グラウンド

ホームスタジアム
京都市西京極
総合運動公園陸上競技場兼球技場
(収容:20,588人)

Jリーグ最高順位
J1リーグ第1S6位(2002年)

主要タイトル
天皇杯(2002年)
J2リーグ優勝(2001、05年)

京都の町には選手が育つ土壌がある

京都サンガF.C.のアカデミーは多くの優秀な選手を輩出し、Jリーグだけでなく世界に羽ばたいた。京都橘高校出身の選手も、トップに現在3人いる。京都生まれかどうかは別にして、京都で育った多くの選手たち。京都には選手が育つ土壌がある。

Jリーグ初GOALはこの選手

松橋《まつはし》力蔵《りきぞう》

市原緑高校卒業後、日産自動車サッカー部の育成組織、日産FCファームを経て日産自動車サッカー部に加入。1995年まで横浜マリノスでプレーし、1996年京都に加入した。現在、横浜F・マリノスのトップチームでコーチを務める。

1996年3月23日(県立カシマサッカースタジアム)
Jリーグ第3節　鹿島5-1京都(78分)

京都サンガF.C.に在籍した名だたる選手のプレーと京都サンガF.C.の激闘を見てきたスタジアムは、年月を重ねることでしか生まれない歴史の重みを感じさせる。

京都市西京極
総合運動公園
陸上競技場兼球技場

聖人が世に出るときに現れる鳥「鳳凰」と、永遠不滅の象徴である「不死鳥」がモチーフのパーサくん(右)。かなり仰々しい。失礼なことをすると、バチが当たりそうだな〜。

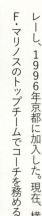

ひらちゃんのおすすめ TOP5

1 スタジアムグルメ「ネコのしっぽ」

サンガフレンズスクエアは、グルメや子供の遊具が揃っていて、楽しい雰囲気です。僕が必ず食べるのは、「ネコのしっぽ」というデニッシュバー、100円です。外はカリカリ、中はふわふわ。美味しいです。

ほのかな甘さがいいです。

2 サンガフレンズスクエア

わかさスタジアム京都の前から、西京極スタジアムauゲート前のスペース。と言ってもわかりづらいが、行けば必ずわかる。そこは、楽しさ満点のスペースで、子供にとってはサンガぬりえ（この後紹介）やエアスライダーなどもあるし、大人にとってはグッズショップもグルメもサンガバナナもある。要は、誰が行っても楽しい。

3 サンガぬりえ

サンガフレンズスクエアの中にあるテントで、選手やマスコットのぬりえが出来ます。選手もキャラクターとして描かれていて、子供たちは夢中になって楽しんで好きな色を塗っていきます。お姉さんが教えてくれたりもします。

他のクラブにはない楽しみです。

4 バス

京都ってかなり市バスが走っています。観光の季節には渋滞もしますが、バスの台数は多いです。一日600円で市内どこへでも行けるフリーパスがあります。もちろん西京極に行けますし、途中で「あの寺行ってみたいな」と思ったらふらっと立ち寄れます。京都は街中に教科書で見た寺があったりしますからね。フリーパスには、よしもと祇園花月や京都鉄道博物館などの優待割引もついてくるので是非お買い求めを。

5 京都鉄道博物館

ここは日本最大級の鉄道博物館で、SLから新幹線まで数多くの貴重な車両が展示されています。SLは実際に動くので、近くで見るとすごく迫力があります。一つだけ残念なのは水曜日が休館日ということですね。平日の水曜日に試合がある日に「ついでに行こうかな」と思って足を運ぶと休館日にあたってしまいます。ミッドウィーク開催には向いていない点を除けば楽しめます。

練習場に近く、
選手やスタッフもよく利用する、
うどんのお店「やまびこ」の
肉うどん。

ぶぶ漬け伝説を追って

「ぶぶ漬けでもどうどす？」。ぶぶ漬けとはお茶漬けのことで、京都の方の家を訪れ、家の方からこの言葉をかけられた時、「あざ～す。いただきます！」なんて返事をすると、礼儀を知らない図々しい奴だと思われる。遠回しに帰れって言っているんだよ！空気を読んで帰れよ！京都人の気質を表すエピソードとしては有名な話。上方落語の中にもこういう噺があるようで、京都の人は本音を出さない、裏があると言われるエピソードの一つ。

何かと人は型にはめたがる。若いからとかA型だからとか京都人だからとか。私も、大阪生まれがゆえに、周りの人に京都人のぶぶ漬け気質をいつの間にか植え付けられていた。だけど、京都サンガに関わる人たちを見てその印象は覆された。

ある日、ダブルヘッダー観戦をすることに決めていた。西京極で観戦した後、横浜に移動し三ツ沢で横浜FCの試合を観る予定だった。そんなことを、京都サンガのサポーターの女性と話していると、「私たち、この後徳島に行きます！」。

この頃、徳島には京都サンガに関わった選手が多く在籍していた。京都から徳島まで、かなりの距離という訳ではないが近くもない。なのに、わざわざ徳島まで足を運ぶなんて、すこし自慢げにこの後横浜に行きますなんて言っていた自分が恥ずかしくなった。ぶぶ漬けを徳島まで運ぶ勢い。徳島まで足を運ぶ愛に裏も表もない。

城陽市にある京都サンガの練習場での取材を終えて、お腹が減ったのでサンガの人においしいものが食べられるところはないかと尋ねると、近鉄の寺田駅近くにあるうどん屋を紹介された。久々に関西風のうどんが食べられるということもあって、もちろん直行。「やまびこ」。外観からして、美味しそうな雰囲気。地元に愛されている空気が充満している。味ももちろん最高。関西風のだしが体に染みていった。

このお店には京都の選手のみならず、スタッフもその美味しいうどんを求めて足繁く通う。その味に直接的に感謝をしているが、間接的にも「やまびこ」に感謝している。なぜならば、京都に在籍していた選手と話をするとき「やまびこ」の話をすると一気に距離が縮まる。長沢駿（現神戸）も堀米勇輝（現甲府）も「やまびこ」の話をすると、懐かしそうな顔しながら「おいしいですよね～」と言った。関西人でなくとも、あのおいしさは忘れられない。お店の方も京都サンガを応援しているようで、京都サンガの選手、スタッフはもちろんウェルカム。ぶぶ漬けに海老の天ぷらが乗っているようなもの。愛

2013年に加入した山瀬功治は、昇格プレーオフ進出へとチームを引っ張る存在となった。

のあるおもてなしは、どの選手にも伝わっている。

2013年、山瀬功治（現福岡）は京都サンガに加入した。初の関西のクラブ。少なからず不安はあったに違いない。しかし、そんな不安は杞憂に終わった。山瀬夫妻が住むことになったマンションの住人の人々はウェルカムで、いつしか山瀬功治が練習から帰って来ると、子供たちが歓声を上げながら連なって車までお迎えに行くのが日常の見慣れた光景になった。

山瀬功治の妻、山瀬理恵子さんはブログにこう書いている。「実は夫婦共々、このマンションに出逢えたことで、これまで身構えていた硬い殻を取っ払うことができたのです」。子供たちと母親たちは、山瀬功治、そして京都サンガを応援するために西京極まで足を運んでくれた。

2013年のJ1昇格プレーオフ前日、マンションの住人の方々はサプライズで山瀬功治を見送った。その試合に京都サンガは敗れ、J1昇格を果たすことはできなかったが、家に帰ると玄関のドアノブに子供たちが書いたメッセージが掛けられていた。「山せせんしゅおかえり!」。「来年もがんばってください」。「サッカーがんばりましたね。かっこよかったです」。そして、その下には大人の整った文字で「子供たちに夢をありがとう　これからも応援します。母一同」とあった。

このブログについて、理恵子さんに聞いてみた。彼女はこのマンション、そしてマンションに住む人々と出会ったことで夫婦共に考え方が変わったと言う。そして、現在の、人との接し方の原点になっていると言う。

さらに、京都の人についてこんなことを教えてくれた。もしかすると、最初は少し接するのが難しいところがあるかもしれない。だけど、それは相手をよく見ている証拠。だから、一度受け入れてくれると一生OKになる。その後、アビスパ福岡に移籍した山瀬功治だが、今でも京都のマンションに住んでいる人々との交流は続いている。西京極の試合には今でもたくさんのマンションの人々が応援に来てくれる。

昔聞いた京都ぶぶ漬け話とはいったい何だったんだ? 少なくとも、京都サンガに関わる人たちでそんな話を聞いたことはない。もし、「ぶぶ漬けでもどうどす?」と言われたら、遠慮せずに思いっきり完食。きっと、良い関係が生まれるに違いない。

ホームタウン
大阪府吹田市、茨木市、高槻市、豊中市、摂津市、池田市、箕面市/北摂・北河内地域

前身
松下電器産業㈱サッカー部

Jリーグ加盟年
1991年

練習グラウンド
ガンバ大阪練習場

ホームスタジアム
パナソニックスタジアム吹田
（収容:39,694人）

Jリーグ最高順位
J1リーグ年間優勝（2005、14年）

主要タイトル
J1リーグ年間優勝（2005、14年）
Jリーグカップ（2007、14年）
天皇杯（2008、09、14、15年）
ACL（2008年）、J2リーグ優勝（2013年）

ガンバ大阪

劇場空間に響くガンバクラップ

最新鋭のスタジアム、パナソニックスタジアム吹田はサッカー観戦空間かつ劇場空間。ここで行われる勝利の儀式ガンバクラップは、どこか厳かで神聖なものを感じるし、この素晴らしい雰囲気は劇場空間でなければ生まれない。

明暗を瞬時に使い分けられるLED照明によって、ただピッチを明るく照らす役割の照明ではなく、空間を演出するための照明になった。その演出効果は絶大で、エンターテインメント感が溢れ、スタジアムが華やかになった。

パナソニックスタジアム吹田

Jリーグ初GOALはこの選手

和田《わだ》昌裕《まさひろ》

1993年5月16日（万博記念競技場）
Jリーグ 1stS第1節　G大阪1-0浦和（29分）

御影高校、順天堂大を経て、1987年松下電器産業サッカー部（1992年からガンバ大阪）に入部。主に、左サイドバックで活躍。引退後、日本やタイのクラブで監督を歴任。現在は、ツエーゲン金沢の強化・アカデミー本部長を務める。

仕草はかわいく、動きは小気味よく、ダンスはキレキレのガンバボーイ。8月10日ハーフタイムショー、ゲストのDA PUMPとのコラボでも、見事なダンスでスタジアムを盛り上げた。

ひらちゃんのおすすめ TOP5

1 パナソニックスタジアム吹田

サッカー観戦には最高のスタジアム。それに加えて、試合が始まる前も楽しめるスタジアムになっている。オフィシャルショップ「Blu SPAZIO」ではたくさんのガンバグッズが取り揃えられ、ミュージアム「Blu STORIA」では、ガンバ大阪の歴史を感じられる。スタジアム内のグルメもかなり豊富で、充実度は高い。

2 仙石幸一さん

ガンバ大阪のスタジアムDJといえば仙石幸一さん。クールなしゃべりもできるし、試合の選手紹介やゴールの時には熱い叫びもできる。またベタな大阪人の空気も出せるなど、いろんな表情と声の使い分けが素晴らしい。仙石さんからはガンバ愛を大いに感じますね。

3 万博

サッカー好きな方が「万博」と聞くとこれまでガンバがホームとして使っていた万博記念競技場を思い浮かべるかもしれませんが、北摂地区出身の私からすると「万博」といえば大阪万博記念公園一帯のこと。小学校の遠足も万博でしたし、地域の人の憩いの場でもあります。万博という言葉の響きも含めて、親近感があります。

子供の頃、太陽の塔を見ると、でかくて怖かったです。

4 アカデミー

優秀な選手を輩出してきたガンバ大阪のアカデミー。2018年W杯メンバーでも、ガンバ大阪のGK東口順昭、本田圭佑、昌子源はジュニアユースまで在籍。宇佐美貴史はジュニアユース、ユースに所属していた。日本のサッカーを支える。

東口順昭(左)と宇佐美貴史(右)。

5 新大阪駅の「浪花そば」

新幹線のホームから新幹線改札を出て、在来線のホームに降りる前のフロアの隅にあります。関東に住むと関西風の美味しいうどんを食べる機会がなかなかないので、大阪に行くと必ずここに行きます。肉うどんに天かすと生卵をのせる「浪花スペシャル」というのが最高です。新幹線に乗るまでの時間が10分くらいあったとして、急いで食べて新幹線に乗ると汗だくになりますが、絶対に食べたいうどんです。

ガンバ大阪チアダンスチームのパフォーマンスはもちろん、試合中、ゴール裏とバックスタンドの間で踊る姿もどうしても見てしまいます。

ガンバから新しい夢が始まる

Jリーグの試合を初めて観戦したのは万博記念競技場だった。

開幕当初はどのカードも満員御礼。チケットも手に入らず、プラチナチケット化していたが、3、4年もたつと次第に空席も生まれ始めていた。その頃のガンバ大阪対清水エスパルスの一戦だった。

万博記念競技場にはまだ芝生席もあり、開幕当初の熱も少し冷め、少しのんびりとした空気がスタジアムには流れていた。熱心に応援する人たちもそれほど多くなかったような記憶がある。

それよりも、エスパルスサポーターの熱心かつ統率のとれた応援が印象的で、静岡のサッカー王国感とやっぱり大阪にはサッカーは無理なのかなぁという子供の頃感じた思いが蘇った。

万博記念競技場のある吹田市の隣は茨木市。私はその隣の高槻市出身。大阪の中でも、サッカーの盛んな高槻市では、夏休みなどにサッカーフェスティバルを開催。全国からたくさんの少年団を招いて大会を行っていた。そのなかに、サッカー王国静岡の清水FCも参加していた。

ただ、6年生の部に参加するのは清水FCの5年生。一学年下のチームが参加する。なのに、勝てない。それどころか、めちゃくちゃ強いのである。何とかすれば届きそうな強さではない。次元が違い過ぎる。静岡のチームには一生勝てない気がした。そして、大阪がサッカーで盛り上がることなんてないと思った。

Jリーグ初観戦は、プロのサッカーを生で見ることができた喜びより、子供の頃から続くサッカー劣等感の再確認の場になってしまった。

しかし、ガンバ大阪の蒔いた種は次第に実を結んでいく。2002年の日韓ワールドカップで主力としてチームを牽引したのは、ガンバ大阪のアカデミー出身の稲本潤一であり宮本恒靖だった。2005年には大混戦のリーグ戦を制し、ガンバ大阪は見事優勝を飾った。ガンバ大阪は大阪そして日本のサッカーを牽引する存在になっていった。

2007年、11月3日、国立競技場。ナビスコカップ（現在のルヴァンカップ）決勝は川崎フロンターレ対ガンバ大阪の一戦になった。アカデミー出身で、この年、左サイドバックのレギュラーを確保した弱冠19歳の安田理大がこの日も左サイドで躍動。55分にはゴールを決め、1対0で勝利し、ガンバ大阪が優勝した。

優勝間近になったアディショナルタイム。盛り上がるスタジアムをよそに、私の隣の席から鼻をすする音が聞こえてきた。冬の足音が聞こえる季節。隣の方は風邪でも引いているのかと思いきや、その女性は今ま万博記念競技場。2015年まではガンバ大阪のホームスタジアムだった。

2014年11月8日、ナビスコカップ決勝でガンバ大阪はサンフレッチェ広島を下し優勝。

さにタイトルを掴もうとしているガンバ大阪を目の前にして、感極まり涙を抑えることができなかったのだった。

ガンバ大阪を愛し、長年にわたり取材を続け、この頃ガンバの試合のピッチリポーターを務めていた竹島麻里子さん。試合後、ニューヒーロー賞とMVPをダブルで受賞した安田理大のインタビューが場内に流れる。すると、隣から言葉でもない雄たけびでもない、涙に震えるこんな声が聞こえた。「ミチ〜」。トップチームだけでなくユースも丹念に取材を続ける竹島さんの心の声が思わず漏れたのだった。

大阪の街に、サッカーを深く取材し、優勝に涙する女性がいる事だけで私にとっては嬉しいことだった。子供の頃感じた、大阪の人がサッカーに振り向いてくれるだろうか？という諦めのような思いは、過去のものになった。

２０１４年、11月8日、埼玉スタジアム２００２。ナビスコカップ決勝、サンフレッチェ広島対ガンバ大阪は、3対2の逆転勝利でガンバが優勝した。試合後、岩下敬輔は私にこう言った。「ガンバ強いっす」。まるで他人事のように言うので、いやあなたもガンバでしょ？と言うと、岩下はその言葉の真意を教えてくれた。

岩下は前半の2失点に絡んでしまったが、その時、遠藤保仁は岩下に向かいただ一言「頼むぞ」と言ったそうだ。「何やっているんだ！」と怒るわけでもなく、「気にするな」とフォローする訳でもなく、ただ一言「頼むぞ」だけ。2失点目を喫した3分後、パトリックのゴールをアシストしたのは「頼むぞ」と言った遠藤保仁だった。その後、2点を加え逆転勝利したガンバ大阪。失点の責任を感じていた岩下を遠藤含めガンバが救ってくれた。岩下はそんな思いだったに違いない。

ガンバ大阪は、この年見事三冠を獲得し、大阪の人たちに夢や希望を与えた。２０１５年には市立吹田スタジアム（パナソニックスタジアム吹田）が完成した。海外のスタジアムと比べても見劣りしない素晴らしいスタジアム。昭和の時代に大阪でサッカーをやっていた人間には、想像もできなかったような誇らしいスタジアムが大阪に誕生した。次は、どんな夢をガンバ大阪は見せてくれるだろうか？

ホームタウン
大阪府大阪市、堺市
前身
ヤンマーディーゼル㈱
サッカー部
Jリーグ加盟年
1995年
練習グラウンド
ヤンマー桜グラウンド
ホームスタジアム
ヤンマースタジアム長居／
キンチョウスタジアム
（収容:47,853/18,007人）
Jリーグ最高順位
J1リーグ第1S2位（2000年）
主要タイトル
Jリーグカップ（2017年）
天皇杯（2017年）

セレッソ大阪

星を胸に刻み 桜が新たなステージへ

2017年、悲願の初タイトルの年に2冠（ルヴァンカップ、天皇杯）を達成。ユニフォームの胸のエンブレムの上には、2つの星が輝く。そして、セレッソ大阪は新たなステージへと向かう。

Jリーグ初GOALはこの選手

山橋貴史《やまはしたかし》

1995年3月18日（広島ビッグアーチ）
Jリーグ 1stS第1節　広島0-1C大阪（113分）

北海道出身。1991年、ヤンマーに入部。セレッソ大阪に名前を変えた1994年、JFL優勝、Jリーグ昇格に貢献。このゲームでは、112分に森島寛晃と交代出場。113分にVゴール。出場時間はわずか1分だった。

2002FIFAワールドカップの舞台ともなった「ヤンマースタジアム長居」と球技専用の「キンチョウスタジアム」。上空からの写真で見ても、二つのスタジアムの距離は近い。

ヤンマースタジアム長居（右）
キンチョウスタジアム（左）

HOME STADIUMはこちら

ロビーの本名は「ノブレ・バリエンテ・アッチェ・ロビート・デ・セレッソ」って長いな〜。以前、一緒に写真を撮り、何年か後に会った時に、プレゼントしてくれたやさしいロビー。ありがとう。

ひらちゃんのおすすめ TOP5

1 「8」

セレッソのエースナンバー。「ミスターセレッソ」モリシこと森島寛晃がつけていた背番号。多くの人に愛された選手の番号はセレッソにとって大切な番号になり、その後、香川真司、清武弘嗣、柿谷曜一朗と受け継がれていく。子供たちも「8」を取り合うという話も。歴史は紡がれていく。

2002年日韓W杯では自分のホームスタジアムでゴールを決めました。こんな経験のある選手って、世界に何人かしかいないのでは?

2 長居公園

総面積65.7ha。広い！ ヤンマースタジアム長居やキンチョウスタジアム、そしてヤンマーフィールド長居（長居第二陸上競技場、懐かしい）。プールや植物園もある。園内をランニングしている人も多く、憩いの場となっている。

何も行われていない屋外相撲場をぼ～っと見るのがなんだか好きです。

3 チャント

試合前は、「POWER AND THE GLORY ～我がCEREZOに弥栄あれ！～」を歌う。吉本新喜劇のテーマ曲がモチーフの「エクスタシー大阪」も楽しい。「大阪の街の誇り」で勝利を祝う。耳に残るチャントが多い。

4 舞洲（まいしま）

セレッソ大阪のクラブハウスや練習グラウンドがあるのは、大阪市此花区の舞洲。舞洲は大阪湾の埋め立て地の人工島。セレッソの選手が練習を行うピッチのそばには観客席もあって、間近で練習を見ることができる。そういえば、ディエゴ・フォルラン在籍時、練習見学に来ていたおじさんが言った言葉を思い出す。「見に来な（見に来ないと）もったいないやん。フォルランただで見れるんやで」。確かに、おっしゃる通り。なので平日、練習スケジュールを確認して行ってみよう！ ファンサービスをしてくれる日もあるし、ユニバーサルスタジオジャパンもそこそこ近くにあります。

5 セレッソ大阪メガストア

大阪南港の複合型商業施設、ATC内にあるセレッソ大阪メガストア。オフィシャルグッズショップやカフェスペース、ミュージアムなどもある。他のクラブでもグッズショップはあるが、その中でもここはかなり広い。とにかく種類が豊富で、レプリカユニフォームや応援グッズはもちろん、アパレルやキャップからテントまで、ありとあらゆるものが揃う。ATCには多くのショップはもちろん、レストラン街もあるので1日楽しめます。

そこにあるサッカーの楽しさ

「今日は特別にコーチが来るから」。グラウンドに集められた子供たち。私を含めサッカー部の選手たちの間に、何か特別なことが起こりそうな空気がいつもの小学校のグラウンドに広がった。放課後、サッカー部以外の多くの生徒は帰宅した様子で、放課後にしては静かなグラウンドだった。

そんなとき、なにやら遠くの方で車のエンジンの音が聞こえた。唸るようなエンジン音は徐々に私たちに近づいている気がする。次第に車のエンジン音が大きくなり、車が走っているのは、明らかに私たちから死角になっている校舎の裏だということが分かった。

まもなく、その車の正体を見ることができる。そして、車の姿が見えた。軽トラックだった。アクセルをふかし気味で、エンジンは唸りを上げている。そして、グラウンドを横切り、軽トラックは明らかに私たちの方に向かってきた。なんと、軽トラックの荷台に一人の男が立っている。きっと、あの人が今日の特別コーチに違いない。ざわつき始める子供たち。

その時、一人の子供が立ち上がり、軽トラックの上に仁王立ちする男を指さしこう言った。

「ネルソン吉村や！」

日本サッカー界初の外国人選手、日系二世のネルソン吉村（故人、後の吉村大志郎）が家が近かったからなのか監督と知り合いなのか理由はわからないが、私たちの少年団にサッカーを教えに来てくれたのだ。

ネルソン吉村はセレッソ大阪の前身、ヤンマーディーゼルサッカー部に所属。少し長めの髪とはにかむような笑顔はカッコよく、浮き球を柔らかく扱う身のこなしに観衆は魅了された。足首にも膝にも柔らかさがなく、リフティングが10回もできれば良い方だった、下手くそサッカー少年の私にとって、目の前で見せてくれたボール扱いは格別で、ただ見惚れているような状態だった。

しかし、それ以上、何を教えてくれたかの記憶があまりない。なぜならば、登場シーンのインパクトがあまりにも強かったからだ。まさにヒーローのような登場シーンだけはいつになっても忘れることができない。

そして、子供の頃には当然わからなかったが、ネルソン吉村がヤンマーに、セレッソ大阪に、そして日本のサッカーに残した功績は計り知れない。

子供の頃、ヤンマーの試合をよく見に行った。釜本邦茂は押しも押されぬ大スター、大ストライカーではあったが、その他にも良い選手がたくさんいた。副島博志、西村昭宏、山野孝義。代表クラスの選手が多く

セレッソミュージアムで展示されていた写真。左がネルソン吉村（1975年1月1日の決勝で永大産業を下し優勝）。

自転車でスタジアムを闊歩するロビーナ。

在籍していた。その中でも、私たちが夢中になったのは背番号10を背負う楚輪博。トップ下あたりで巧みな技術と正確なキックで多くのチャンスを演出した。

　周りの子供たちが「かまもと〜！」と叫ぶ中、私たちだけは「そわ〜！」と叫び続けた。一向に相手にしてくれない楚輪博。それでも「そわ〜！」と執拗に叫び続ける。そして、試合終了間際のコーナーキック。キッカーは楚輪博。もちろん「そわ〜！」と叫ぶ私たち。楚輪博は目線一つくれなかったが、90分間叫び続ける私たちに、なんとおもむろに左手を挙げてくれたのだ。「やった〜！」。兎にも角にもめちゃくちゃ嬉しかった。そういえば、サッカーの試合よりも楚輪博を90分間見ていた気がする。

　そんなヤンマーは色々なところで試合を行っていたが、その一つが長居陸上競技場。現在のヤンマースタジアム長居である。私たちの子供の頃、長居は高校サッカーの大阪予選決勝の舞台であり聖地だった。かつては、芝生とは名ばかりの黄色がかった枯れた芝生だったが、今は美しい緑が張り巡らされている。現在はスタジアムグルメが豊富で色々なものが楽しめるが、かつて売店で売られていたものはカップスターとカニパンだった。現在、スタジアム内も美しくなっているが、かつてはサロメチールの臭いが充満する、まさに陸上競技場だった。

　サポーター達の歌声が響く現在のヤンマースタジアム長居（もちろんキンチョウスタジアムも）だが、かつては、

♪ヤンマーイレブン
ヤンマーイレブン♪

とスピーカーから細々と応援歌が流れていた。

　歴史の中で、スタジアムは新しくなり、チームはプロになった。マスコットのロビーが楽しげな雰囲気を作り、おばはん、いやおかんのロビーナが自転車を漕ぎまくる。香川真司や乾貴士などたくさんの選手を世界の舞台に送り出した。２０１７年には二つのタイトルを取り、ユニフォームに二つの星がついた。

　だけど、長い歴史の中で変わらないものがある。ネルソン吉村や楚輪博、柿谷曜一朗や山口蛍から感じるもの。それは、サッカーの楽しさ。そしておもしろさである。きっと、それは胸に星がいくつついても変わらないだろう。

ホームタウン
兵庫県神戸市
前身
川崎製鉄㈱水島サッカー部
Jリーグ加盟年
1997年
練習グラウンド
いぶきの森球技場
ホームスタジアム
ノエビアスタジアム神戸
(収容:28,483人)
Jリーグ最高順位
J1リーグ第2S2位(2016年)

©2005 VISSEL KOBE

ヴィッセル神戸

「バルサ化」への挑戦 イニエスタがノエスタに

バルセロナのサッカーが長い年月をかけて作り上げられたことなんて誰もが知っている。そのサッカーが簡単ではないことは誰もがわかっている。しかし、挑戦しなければ何も始まらない。大いなる挑戦は、今始まったばかりだ。

Jリーグ初GOALはこの選手

トーマス・ビッケル

1997年4月12日(県立カシマサッカースタジアム)
Jリーグ 1stS第1節　鹿島5-2神戸(24分)

1995年から1997年まで在籍したスイス人プレーヤー。この日のメンバーには、GKは石末龍治、ゴールを決めたビッケル、ラウドルップ、渡辺一平、神野卓也、永島昭浩、ベンチに和田昌裕など個性的なメンバーが揃っていた。

2018年から、天然芝と人工芝を合わせたハイブリッド芝を採用。サポーターズシートも拡張され、拡張されたエリアはよりピッチに近いものに。クラブ同様、ノエビアスタジアム神戸も進化している。

ノエビアスタジアム神戸

モーヴィは神戸と兵庫にゆかりの深い「牛」がモチーフです。スタジアムでも、フットワーク軽く動き回っています。

ひらちゃんのおすすめ TOP5

1 神戸讃歌

ゴール裏で神戸讃歌を歌いたくても、進学や転勤で神戸を離れ、歌えなくなった人もいるだろう。1回目の人もいれば、100回目、200回目の人もいるだろう。この歌を聞いてピッチに向かって行く選手も変わっていく。だけど、一度でもこの歌を歌ったことがあれば、一度でも聞いたことがあれば、心から消えることはない。神戸の街に、ヴィッセル神戸も神戸讃歌も生き続ける。

2 ノエビアスタジアム神戸

神戸市営地下鉄海岸線の御崎公園駅から歩いてすぐ。駅から行くと住宅街を通る道もあり、やがて家の間からスタジアムが見えてくる感じが独特で好きです。

ラグビーワールドカップも行われます。

ノエスタでは、川崎重工業株式会社のマッチデーの際はKAWASAKIのバイクがむき出しで飾られているので「ボール当たったら大丈夫かな」といつも気になります。ポドルスキももらっていましたね。

3 歴代外国人選手

神戸にも様々な外国籍選手が在籍。Ｊリーグ初ゴールでも紹介したトーマス・ビッケル（スイス）やミカエル・ラウドルップ（デンマーク）。韓国人選手では金度勲や崔成勇。イルハン（トルコ）がすぐ帰ってしまったのは2004年。センスあふれるプレーで5年間在籍したボッティ（ブラジル）。パンチ力と腕の太さが半端ないポポ（ブラジル）。Ｊリーグで実績を残したブラジル人ストライカー、マルキーニョスにレアンドロ。2017年にはルーカス・ポドルスキ（ドイツ）。2018年にはイニエスタ（スペイン）。凄い顔ぶれです。

4 北本久仁衛

2000年に加入。今年で在籍19年目のバンディエラ。移籍が当たり前のサッカー界において、ずっと在籍している選手がいるということが重要。ヴィッセル神戸の歴史はこの選手抜きでは語れない。肋骨に悪性の腫瘍が見つかり、選手生命が危ぶまれたが、手術後復活。まさに不死鳥。出場機会は減ったものの、ピッチに立てば安定したパフォーマンスを見せる。真のチームの顔である。

シジクレイ、土屋征夫とのピカッとスリーも懐かしい。

5 新神戸駅

トンネルとトンネルの間にあるのが独特です。普通の駅は近づいてくる街の景色を見て「ああ着いたなあ」と思うんですけど、新神戸は見た目では分からない。六甲トンネルと神戸トンネルの間に、急に駅が出てくる唐突さが個人的にはツボです。山側にあるこの駅に神戸感はあまりなくて、ここから海側に近づくと神戸っぽくなっていく感じも好きです。

神戸への愛とイニエスタ

初めて聞いた時の心の震えは、何度聞いても変わらない。試合中継を見ながら、一緒に歌おうと何度も試みたが、なぜか必ず途中でこみあげてきて歌えなくなってしまう。その歌は、ヴィッセル神戸を応援するゴール裏から聞こえてくる「神戸讃歌」。

♪俺達のこの街に
　お前が生まれたあの日
　どんなことがあっても
　忘れはしない
　共に傷つき　共に立ち上がり
　これからもずっと
　歩んでゆこう
　美しき港町　俺たちは守りたい
　命ある限り　神戸を愛したい♪

原曲は1950年にリリースされたエディット・ピアフが歌う「愛の讃歌」。もちろん名曲で、世界中で愛され、日本でもたくさんの歌手が歌う。そして、ヴィッセル神戸のチームの始動日、1995年1月17日は阪神淡路大震災が発生した日。そんな心を震わされる要素が「神戸讃歌」に散りばめられているのはもちろんのこと、サポーターの歌う姿勢やその歌声が心に刺さる。

世界中のスタジアムで試合前のピッチに選手を迎える時に歌われる歌はたくさんあるが、これほど胸を打つ歌はそんなにはない。勝てとも戦えとも走れとも言っていないけれど、歌詞の中にヴィッセル神戸と神戸の街への想いが十分すぎるぐらいに込められていて、この歌を聞いた選手は神戸のために戦うことを決意するだろう。応援歌というよりも、ヴィッセル神戸への思いを綴った手紙のような歌詞は本当に素晴らしい。

ノエビアスタジアム神戸はピッチとスタンドの距離が近いうえに、サポーターの声が外に出ず反響するので、「神戸讃歌」もチャントも、いい感じで共鳴する。

スタンドの反応がダイレクトに感じられれば、選手はより良いパフォーマンスを見せようと、さらにギアを上げる。そんな相乗効果を生み出すことが可能なスタジアムだ。

そしてそんな神戸に、さらに何段階もギアを上げることができる偉大な選手がやって来る。

「イニエスタがやって来るヤァ！ヤァ！ヤァ！」

世界一のフットボーラーが神戸にやって来る！カンプ・ノウで「イムノ」に送られてピッチに向かったイニエスタが「神戸讃歌」に背中を押されてノエビアスタジアム神戸のピッチに立つ。

子供の頃から才能あふれるプレーヤーだったイニエスタは15歳の時、16歳以下の世界ナンバーワンを決めるナイキプレミアカップで優勝しMVPにも輝く。キャプテンマークを巻き、背番号は「4」。優勝メダル

入場時に選手たちが触れるためのエンブレム。

神戸のサポーターの歌声が、いつも心に刺さる。

イニエスタは、2018年7月22日の湘南戦後半14分から交代出場し、Jリーグデビューとなった。

とMVPのトロフィーを渡したのはトップチームの「4」番グアルディオラ。

グアルディオラは数日後、トップチームで活躍し始めたシャビにこう言ったそうだ。「シャビ、お前は俺を引退させるだろう。でも、お前はイニエスタに引退させられるよ」。ドラマみたいな男前なことを言うグアルディオラ。そして、そんなことを言わせるイニエスタ（ちなみに、グアルディオラ名言の中で私が好きなのは「サッカーは重要でないものの中で一番重要」。これまた格好いい）。

ただ、サッカー選手だけに認められるイニエスタではない。ホーム、カンプ・ノウはもちろんアウェーのスタジアムでも大きな拍手を浴びる。それは間違いなくイニエスタの人間性、パーソナリティによるものが大きい。タトゥーやピアスなどの類は見たことがない。華美な服装を見ることもない。いつも謙虚に振る舞い、故郷を愛す。

イニエスタだけではないけれど、バルセロナの選手たちはこの言葉を口にする。

「ビスカ　バルサ（バルセロナ万歳）
ビスカ　カタルーニャ（カタルーニャ万歳）」

ただ、イニエスタはカンプ・ノウ最後のゲームで最後にこの言葉を付け加えた。「ビスカ　フエンテアルビージャ（イニエスタの生まれ故郷）」。

試合はもちろん練習を見たい。いや、インサイドキックでボールを蹴るところだけでも見てみたい。そういえば、ディエゴ・フォルランがセレッソ大阪でプレーしていた時、舞洲の練習場で男性サポーターが言った言葉を思い出す。「ほとんど毎日来てるよ。ただでフォルラン見れるんやで。来ないともったいないやん！」。

育成組織の選手だって、イニエスタのプレーを見ることができる。いや、ユースの練習をイニエスタが見に来る可能性もある。「お前に引退させられるよ」なんて言われたら最高だな〜。

きっと、たくさんのものをイニエスタは残してくれるだろう。「神戸讃歌」の意味も絶対に理解してくれる。そして、いつの日かスペインに戻るため、神戸を去る時にこう言ってくれたら最高だ。

「ビスカ　ヴィッセル！　ビスカ　コウベ！」

ガイナーレ鳥取

©2001 SCT

©GAINARE TOTTORI

ホームタウン
鳥取県鳥取市、米子市、倉吉市、境港市を中心とする全県

前身
鳥取教員団

Jリーグ加盟年
2011年

練習グラウンド
チュウブYAJINスタジアムほか

ホームスタジアム
とりぎんバードスタジアム
(収容:16,033人)

Jリーグ最高順位
J2リーグ19位(2011年)

人口最少県だからできる強小の取り組み

強小とはガイナーレ鳥取が掲げる強さと小ささの魅力の融合。人口の一番少ない県、鳥取県、そしてガイナーレ鳥取だからこそできる様々なことに取り組み、小さくとも強いプロ組織を目指す。

Jリーグ初GOALはこの選手

戸《と》川《がわ》健《けん》太《た》

2011年J2は3月5日、6日が開幕節。3月11日、東日本大震災が起こり、第2節から中断。この試合は、中断明けのゲーム。第8節だが、シーズン2試合目。クラブのJリーグ初ゴールを決めた戸川健太は75分に追加点も挙げている。

2011年4月24日(北九州市立本城陸上競技場)
J2リーグ第8節　北九州0-2鳥取(35分)

観客席とピッチが非常に近い、サッカー専用スタジアムです。メインスタンドの屋根は、はばたく鳥をイメージして設計されています。

とりぎん
バードスタジアム

HOME STADIUMはこちら

「みんなだいすきガイナマン」という曲でガイナマン体操を行う。この曲は、鳥取県の良いところを紹介。自分よりも鳥取県優先のガイナマン。さすが。

ひらちゃんのおすすめ TOP5

1 岡野雅行

野人の愛称で有名な、ガイナーレ鳥取代表取締役GM。大きくはない予算規模のクラブで、様々なことに取り組みクラブを支える。「野人と漁師のツートッププロジェクト」は、ガイナーレ鳥取の運営資金確保を目的としたもので、支援金を寄せてくれた方に、地元の特産品を贈る。地元で採れた新鮮な魚だけでなく、スイーツやコーヒー、肉など鳥取県の魅力が詰まった御礼品が届く。

この人がいなかったらどうなるのか、という気もします。

2 チュウブYAJINスタジアム

建設資金を個人レベルの協賛金でまかなう。Ｊ２の基準は満たしていないが、Ｊ３の試合の開催は可能。ピッチとスタンドが近く、非常に雰囲気の良いスタジアム。ここでチームの練習も行われている。試合の開催は、年に3、4回なので、うまくタイミングを合わせて、一度行ってみたい。

こちらのスタジアムがあるのは米子市です。

3 ガイナマン

Jリーグのマスコットはバラエティ豊富。その中でも異彩を放つのが、ヒーロー系キャラの強小戦士ガイナマン。かわいいもしくはゆるめのマスコットが多いＪリーグマスコット界において、ガイナマンの登場は革新的。ただ、ガイナマンはヒーローだからといって、おいしい場面に登場するという訳ではない。ホームゲームでは、試合前にピッチで観客の心も体も温めるガイナマン体操をし、スタジアム内外で来場者と触れ合い、スキンシップを図る。

4 因幡の白うさぎ

山陰の銘菓として有名なお菓子。ガイナーレ鳥取のユニフォームスポンサーでもある。昭和43年生まれで、私と同い年の因幡の白うさぎは誰にでも愛されるやさしい味で、お土産に最適。ウサギの凛とした表情がかわいいので、お尻から食べます。

5 フェルナンジーニョ

日本の様々なクラブでプレーし、ブラジルに帰国し、一度引退を決意したにもかかわらず、もう一度、鳥取に戻ってきたフェルナンジーニョ。「TOP1 岡野雅行」でも触れた「野人と漁師のツートッププロジェクト」の獲得選手第１号となった。息子さんが鳥取で生まれ、この土地への愛着も深い。2018年、このクラブに復帰し、なんと徳吉薬局という鳥取県内に8店舗ある薬局のアンバサダーを務める。なかなか、薬局のアンバサダーを務めるサッカー選手にはお目に掛かれない。

岡野GMのプロジェクトにも協力しています。

「とりスタ」で日本のふるさとを想う

鳥取空港改め鳥取砂丘コナン空港、そこは名探偵コナンワールド全開の空港になっている。実は、子供の頃からアニメの類をほとんど知らずに育ったがゆえに、名探偵コナンに限らず同世代の人間ならばほとんどの人が知っているような〝ガンダム〟、〝北斗の拳〟や誰もが知っているような〝ドラゴンボール〟、〝ワンピース〟（名前を思い出すまでにかなりの時間を労する）などが全く分からない。ただ、そんな私でも、あまりのコナンワールドに、こんなことなら1巻だけでも読んで来ればよかったと思わせる空港である。

コナン君と蘭（というらしい）と一緒に写真が撮れる。なおかつ、簡易コスプレ衣装も用意され、到着後、即コナン気分に浸れる。到着手荷物の出口ではコナン君以外の共演者も加わり、手荷物到着への期待感を煽ってくれる。コナン君が鳥取県の観光地案内をしてくれるパネルがあったり、図書スペースには名探偵コナンが全巻揃っていたりする。

もはや空港ではなく、ミュージアムの趣。子供がいるなら喜んでくれるだろうし、そこそこの時間を過ごすことができる。いや、空港から出たくないかもしれない。

ただ、おじさんには少し疲れる。そこで休憩することにした。なにやら珈琲のいい香りがしてくる。でた〜！「すなば珈琲！」。スタバではない。すなばだ！かつて、47都道府県で唯一スターバックスコーヒーがなかった鳥取県にできた「すなば珈琲」。自虐的なことを内面に向ければ苦しくなるばかりだが、「すなば珈琲」は自虐的なことを隠そうとせず外に発信していく。

鳥取にスターバックスが開店すると、黒船襲来だ崖っぷちだと大騒ぎし、ユニークな戦術、様々な仕掛けで対抗し、存在感を見せる「すなば珈琲」。モットーは「目指せ、シアトル」。もう訳が分からない。そんなハチャメチャなのか計算ずくなのかはわからない「すなば珈琲」が空港にあった。

そこには、作品の中に出てくる喫茶店ポアロの看板もあり、カウンターでは毛利小五郎（っていうらしい）も珈琲を飲んでいる。名探偵コナンを知らなくても存分に楽しめるということは、知っていればさらに楽しめる。

そんな楽しい空港から車で約25分。とりぎんバードスタジアムが現れる。映像では何度もこのスタジアムを見ていたが、実際に足を運ぶとさらに感じる田んぼに囲まれた感。これがなかなかたまらない。目でも田んぼ感は存分に味わえるが、鼻孔をくすぐる田んぼ感。懐かしいような、田舎に帰省したような気分になる。ロンドンにもバルセロナにもシアトルにもないだろう（いや、シアトルにはあるかもしれない）、この日本の原風景。立派なスタジアムで、建設にもかなりの時間が必要だったに違いないが、大空から大きなバード（鳥）が飛んできて、食料が豊富な田んぼの中に降り立ち、そのまま居座ったようなたたずまい。その田んぼの向こうに点在する、少し大きめの日本家屋の風情もあいまって、ふるさと情緒満載のスタジアムになっている。

とりぎんバードスタジアムは田んぼ感が満載ながら、コンパクトで試合を観やすい。

子供達とガイナマン体操をするガイナマン。体操は3番まであって、一緒にやると結構疲れます。

田んぼ感といえば、以前見た映像では、ロッカーの前で試合の状況を見ているキングカズこと三浦知良の姿が映し出された。そして、キングカズの前には、おそらく入場料を払っていないだろうカエルの姿。キングとカエル。なかなかシュールな一コマだった。

私が試合を見ているときも、メインスタンドから見て右手の方から、野焼きをしているのか、藁を焼いているのかわからないが、枯れた植物が焼ける独特のにおいが鼻孔を襲ってきた。ナイターなので様子はよく見えなかったが、なんとなく白い煙も上がっていた。あらゆるものが郷愁に溢れ、同時にサッカーが楽しめるという素晴らしいスタジアム。そして、その田園風景に溶け込むとりぎんバードスタジアムとそこに流れる空気に自分が取り込まれていく瞬間が何とも心地良い。

その田園風景の中に現れるマスコットキャラクターのガイナマン。凶悪犯罪とは縁遠いように思える田園風景の中に、ヒーローのガイナマンのアンバランスな感じがおもしろい。しかし、さすがヒーローだ。大体の世の中のマスコットは、背後にアテンドの人の姿があるが、ガイナマンは一人でイベント会場などに姿を見せる。さすが強小戦士。

そのガイナマンも出現するバックスタンド側にあるスタジアムグルメ「G's deli」も内容充実。地元のおいしいものもあり、いい香りが鼻孔をくすぐる。そして、ここに集まるお店の人やグルメを楽しむ人達も温かくて、ふるさとに帰った時の盆踊りのようで実に楽しい。日本人なら、きっと楽しめるとりぎんバードスタジアム。いつの間にかリラックスした気分になり、その空間に溶け込んでいきます。

ファジアーノ岡山

Fagiano OKAYAMA 2004

© 2017 F.O.S.C.

ホームタウン
岡山県岡山市、倉敷市、津山市を中心とする全県

前身
リバーフリーキッカーズ

Jリーグ加盟年
2009年

練習グラウンド
政田サッカー場

ホームスタジアム
シティライトスタジアム
（収容:20,000人）

Jリーグ最高順位
J2リーグ6位（2016年）

スタジアムの熱い声援と手拍子が岡山を後押し

2016年、J１昇格プレーオフ準決勝、松本山雅対岡山。アルウィンでの試合後、ゴール裏の岡山のサポーターのところから、応援による熱気が生み出した湯気が立ち上っていたことが印象的だった。

Jリーグ初GOALはこの選手

関口《せきぐち》圭亮《けいすけ》

2009年3月21日（平塚競技場）
J2リーグ第3節　湘南2-1岡山（75分）

地元岡山出身の選手。J2での成績は、2試合で1得点。これが唯一の得点となった。このゲームのスタメンには、現在も岡山でプレーする、澤口雅彦や喜山康平。植田龍仁朗（現熊本）やチームの顔「10」番だった、川原周剛の名前も。

陸上トラックはあるものの、ピッチから放たれる熱と、スタンドから送られる熱がピッチとスタンドの距離を近づける。

シティライトスタジアム

HOME STADIUMはこちら

いつも元気でアクティブなファジ丸。頭部のフォルムが見事な円ですね。

ひらちゃんのおすすめ TOP5

1 シティライトスタジアム

GATE10と呼ばれる、スタジアム10番ゲート付近に集まる人たちからの熱が、スタジアム全体に伝わっていく様子がたまらない。

10番ゲート付近の応援の様子。熱心な応援が尽きることはない。

2 ファジフーズ

Jリーグでもトップクラスのスタジアムグルメ。種類がとにかく豊富。「デミカツ丼」、「桃太郎ポークコロッケ」、「津山ホルモンうどん」。当日限定メニューもある。

岡山の定番から、ステーキやあさりの炊き込みご飯、クレープ、カクテルまで、まるでデパ地下みたいな雰囲気です。

3 後楽園

自然豊かな庭園。総面積は東京ドームの約3倍。試合前に行くと歩き過ぎて疲れるので、試合後に散策することをおすすめします。

写真が上手くなったような気になります。

4 イオンモール岡山

岡山駅から徒歩約5分。地下2階、地上8階。約350店舗以上のショップがあり、ショッピングはもちろん、食事や映画も楽しめ、イオンモールの西日本における旗艦店と位置付けられている。とにかく大きなイオンモールで、天井も高く、楽しくショッピングができる。ファジアーノ岡山の選手もここに足を運ぶ選手が多いらしい。

5 サワラ

普通は焼いて食べると思うんですけど、岡山の方は新鮮なサワラを刺身やたたきでも食べます。これが案外美味しい。岡山は果物のイメージが強いんですが、魚も美味しいです。

岡山城の天守閣からは、岡山市街を見下ろすことができます。

ファジアーノ岡山は「家族」だ

テクニカルエリアで鼻に手を当て、厳しい表情でピッチを見つめる長澤徹監督は、試合が進むにつれて熱を帯び、盛り上がるシティライトスタジアムの雰囲気を背中でどのように感じているのだろう？

「まるでビルバオのようですよ」

アスレティック・ビルバオ。スペイン、バスク州に本拠地を置く古豪。レアル・マドリー、バルセロナと共に一度も2部に降格したことのない3クラブのうちの一つ。バスク人限定の純血主義（遠い親戚がバスク人とか昔にバスク州に住んでいたとか、ルールは若干微妙なこともあるが）を貫く。

移籍が当たり前のサッカーの世界で、地元出身者だけでクラブを運営していくのは簡単なことではないが、ある意味でサッカークラブの理想郷の一つともいえるだろう。

スペインのチームだけに、もちろん足元の技術に優れていることに間違いはないが、チーム名にアスレティックと英語が使用されていることからもわかるように、イギリス人労働者が中心となって作ったと言われるアスレティック・ビルバオはダイレクトにゴールに向かい、戦うことを厭わない。見る者も、戦うものに対して大きな賛辞を贈る。戦士を奮い立たせるような観客の熱がスタジアムを包み、戦士たちはピッチでさらに戦う。

長澤監督はシティライトスタジアムの様子をそんなビルバオのようだと形容した。

ファジアーノ岡山には、ある種の華やかなプロっぽさはあまり感じない。サーカスのようなプレーだってそれほど多くはないし、色気はない。ただ、ひたむきにゴールを守り、相手のゴールに向かう。集団が一つのボールに対して喰らいつき、ひたむきに戦う。

色気はない。いや色気がないからこそ、その姿には心を揺さぶられるものがある。観客もそんな姿に大きな拍手を送る。そんなシティライトスタジアムの反応に応えようと、ファジアーノ岡山の戦士たちは持っている以上の力をピッチで振り絞ろうとして、ときにアディショナルタイムで追いつかれたり、逆転されたりすることもある。

ただ、その不器用さ、武骨さこそがファジアーノでもあり、それでもひたむきに戦う戦士たちに観客は拍手を送る。

そういえば、かつてこのスタジアムで見たこんな光景を思い出す。現在、松本山雅FCでプレーする石原崇兆もかつてファジアーノの戦士だった。清水ユース出身の石原は清水でトップに昇格することなく、岡山でプロのキャリアをスタートさせた。

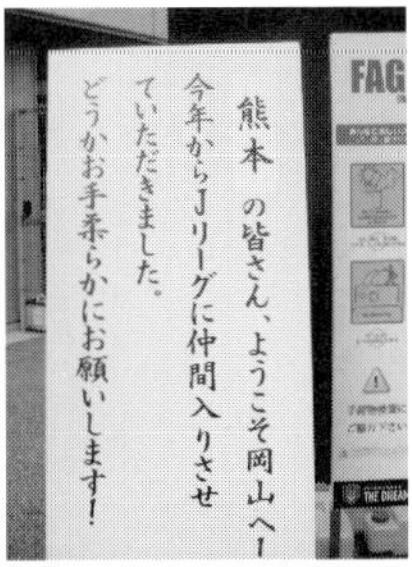

アウェーのサポーターへ向けた看板にも、ファジアーノ岡山らしさ（2009年の熊本戦で）。

石原崇兆のドリブル（右）。セレッソ大阪から加入したリカルド・サントス（左）。

彼は、得意のドリブルでひたむきに前に進む。そんな姿に観客も感動し、石原崇兆は非常に愛されていた。

そんな石原がドリブル中、相手選手の激しいタックルで倒された。その時、サポーターが集まるところよりは大人しいはずの、メインスタンドの観客が立ち上がって怒り始めた。その様子はかわいい自分の子供が傷つけられたかのごとく。「うちの子供に何するんだよ!」と言わんばかりだった。ファジアーノを愛する人たちにとって、クラブや選手は家族なのだ。

練習場である政田サッカー場に集まる人たちも、ファジアーノを愛する人たちが集まる。60歳ぐらいであろう女性はアウェーも含め、全試合スタジアムで観戦すると言った。選手の細かい情報をくれたおじさんは、好きなファジアーノの試合を見たいはずなのに、試合当日はボランティアで試合運営を手伝う。187センチと大柄のセレッソ大阪から加入したリカルド・サントスのことを親しみを込めてリカちゃんと呼ぶ3人組の女性。

愛する子供がサッカーをすれば、どこにでも試合を見に行くだろう。試合の運営も手伝うだろう。子供の新しい仲間を大事にするだろう。そして、子供が傷つけられたら、黙ってはいないだろう。なぜならば、愛する者にとってファジアーノ岡山は家族だから。

試合終盤、10番ゲート（通称ゲート10）に集まるサポーターの熱がメインスタンドに伝播する様子は圧巻で、メインスタンドの人たちの手拍子参加率も非常に高い。そして、その熱はシティライトを包み込む。長澤監督は、その様子をビルバオのように感じているのだろう。

試合前、サポーターたちは「OVER THE RAINBOW」で選手を迎える。虹のかなたにはどんな景色が広がっているだろうか? まだ、見たことのない世界に向かって、ファジアーノ岡山の選手たちは今日も武骨に、ひたむきに戦う。そして、そんな家族であるファジアーノ岡山に観客は大きな声援を送る。その先に、きっとファジアーノの理想郷があるに違いない。

サンフレッチェ広島

©1992 S.FC

ホームタウン
広島県広島市
前身
東洋工業㈱蹴球部
Jリーグ加盟年
1991年
練習グラウンド
吉田サッカー公園
ホームスタジアム
エディオンスタジアム広島
（収容:36,906人）
Jリーグ最高順位
J1リーグ年間優勝
（12、13、15年）
主要タイトル
J1リーグ優勝（12、13、15年）
J2リーグ優勝（2008年）

サッカーどころ広島で多くの人に支えられるチーム

2012年、2013年とＪリーグを連覇。2015年もチャンピオンに。2017年は苦しいシーズンになったが、城福新体制のもと、攻守に安定した戦いを見せ、3年ぶりの頂点を目指す。

Jリーグ初GOALはこの選手

風間八宏《かざまやひろ》

1993年5月16日（広島スタジアム）
Jリーグ 1stS第1節　広島2-1ジェフ市原（01分）

広島のスタメンには、開始1分、左サイドからのクロスに反応し、ワンバウンドしたボールをボレーで決めた風間八宏（名古屋監督）や日本代表監督の森保一、片野坂知宏（大分監督）、高木琢也（長崎監督）と現在監督を務めている方が多い。

1992年、アジアカップ決勝。左サイドからのクロスを、高木琢也（現長崎監督）が胸トラップから左足ボレー。忘れられない。

エディオン
スタジアム広島

2015年、Jリーグマスコット総選挙で1位に輝いたサンチェ。デビュー当時から比べると、顔の印象は変わっているが、実はプチ整形に成功。努力も実り、1位を掴み取った。

ひらちゃんのおすすめ TOP5

1 エンブレム

エンブレムにサンフレッチェの語源が詰まっています。日本語の「三（サン）」とイタリア語の「矢（フレッチェ）」。毛利元就の「三本の矢」から、サンフレッチェという造語とエンブレムが生まれた。「三本の矢」の話もサンフレッチェらしくて良いですよね。

2018年7月の西日本豪雨の後の試合でも、三本の矢をデザインしたTシャツでメッセージを送りました。

2 吉田サッカー公園

市内から車で約1時間。気温も市内より2、3度低い印象。挨拶代わりに「遠いでしょ！」の言葉を選手から聞くことになる。それでも、多くのサポーターがこの練習場に足を運び、中には山口県など遠方からもサンフレッチェ広島の練習を見るために詰めかける。自然豊かだが、どういう豊かさかというと野生の鹿やイノシシが出没する自然の豊かさ。正真正銘の自然だ。

3 ピースマッチ

2018年8月11日。サンフレッチェ広島対V・ファーレン長崎の一戦はピースマッチと銘打たれ、試合が行われた。聖火台に火がともり、試合前後に、両チームのサポーターがエール交換。いつもと同じ90分なのに、エディオンスタジアム広島には、どこか特別な空気が流れていた。

4 コーネ

コーネとは牛肉の部位で、前足の付け根部分の肩バラ肉のこと。西尾さん（のちのコラムでたっぷり紹介します）に教えてもらってから、コーネの大ファンに。脂身はあるものの、あっさりしていて本当においしい。シンプルに焼いただけのコーネは絶品。値段も高くないのに、すこぶるうまい。広島に行った際は、是非食べてみてください。

スタジアムで食べられることも。

5 おまつり広場

スタジアム前のおまつり広場はとにかく賑やか。グルメのお店も多く、名物の焼きガキや広島のお好み焼きを気軽に手で持って食べられる「パリオコ」など盛りだくさん。「にぎわいステージ」では、様々なパフォーマンスや元選手のトークショーが行われ、楽しさ満載エリアになっている。

広島を見つめ続ける瞳の奥に映るもの

広島で試合観戦の後、知り合いに誘われた。「広島の中継を担当している人で、パワフルでおもしろいおっさんがいるので来ませんか?」。当然参加することに決めた。

パワフルでおっさんということは、少し太めで脂ぎっていると勝手に想像をしていた。ところが、実際会ってみると、決して太ってはいなかったし、脂ぎってもいなかったが、広島弁丸出しで、サンフレッチェの話題から下ネタまで楽しそうに話すおっさんに私は心惹かれていった。

このおっさんこそ、サンフレッチェ広島の試合の中継ディレクターやプロデューサーを務め、サンフレッチェのオフィシャルカメラマンとして、ホームはもちろんアウェーにも帯同し、ロッカーの中の様子も撮影することを許されているTSSプロダクションの制作部マネージャー(管理職らしい)、西尾浩二さん。

サンフレッチェ界隈ではもちろん有名だが、Jリーグ好きの人たちの中でも知っている人は多い。それまで釣り番組などを担当していて、サッカーとは無縁だったが、2007年からサンフレッチェと関わるようになり、その後はサンフレッチェと強い絆で結ばれている。でなければ、試合日のロッカー内で撮影することを許されるはずがない。

西尾さんは、試合や練習場だけでなく、選手が休みの日には一緒に釣りに行ったりして、選手と本気で付き合う。西尾さんがサンフレの選手を撮影した映像は、基本的に楽しく、選手のキャラクターを全面に出しているものが多いが、それは公私にわたる選手との付き合いと、西尾さんの洞察力や観察力、そして、豊かな感受性が選手のあらゆる面に光を当てるからだ。

ある日、ユース育ちの槙野智章と釣りに行った。午前中からの釣りで釣果は十分。そろそろ帰ろうかと言うと、槙野は首を横に振りこう言ったそうだ。「丸一日、釣りができる日が今度いつになるかわからない。いや、行ける日に怪我をしているかもしれない。だから、もう少し釣りがしたい」。言い終わるころには、船長は首を縦に振っていた。

槙野は何気なく言ったので覚えてないかもしれないけど、と西尾さんは言う。だけど、そんな何気ない一言を西尾さんは聞き逃さない。そして、その日一日を一生懸命生きる選手たちに愛情を注ぐ。

ある時、サンフレ愛溢れる西尾さんの口から漏れた一言が忘れられない。「選手を見ていると儚さを感じるのよ」。自分はこの後10年、20年とこの仕事を続けられる。なのに、彼らは怪我をして、もしくは契約が切れて数年後にここからいなくなるか

左から、佐藤寿人、槙野智章、髙萩洋次郎、野津田岳人、浅野拓磨、森保一監督。

もしれない。若くて、そんなこともわかっているのに、ピッチに向かっていく。

そんな選手たちを近くで見ていると、一瞬儚い表情をするという。だから、しっかり撮ってあげようと思うそうだ。凄いシュートもスーパーセーブも撮りたいけれど、初出場で緊張して手をグーパーグーパーしているところや（本人の語りそのまま）、唇をなめているところを見逃したくないと西尾さんは言った。

２０１２年、２０１３年とリーグ連覇を果たしたサンフレッチェ広島は、２０１４年の元旦、第93回天皇杯の決勝に挑んだ。相手の横浜Ｆ・マリノスは前半のうちに2点を奪った。追いつかなければならない広島は78分、チームの大黒柱、佐藤寿人と高萩洋次郎に代えて若手の野津田岳人と浅野拓磨を投入する。

佐藤寿人も高萩洋次郎も大事な時間帯に交代させられることは我慢できなかったはずだが、いやな顔一つせず交代を受け入れた。しかし、投入された野津田も浅野もそれほど大きな成果を残すこともできず、試合に敗れ準優勝に終わった。試合後のロッカーで、森保一監督は若い２人にこう言った。

「Ｊの舞台はそれほど甘いものではない。ただ、寿人も洋次郎も交代を受け入れてくれたのは、サンフレッチェ広島が高額で有名な選手を連れてきて強くするチームではなく、ユース育ちの選手や新卒の選手を発掘して育てる育成クラブであることを理解してくれているからだ。それを受け入れてくれた2人の気持ちこそがサンフレッチェの宝なんだ」

それを聞いて、浅野も野津田も号泣したという。ロッカーに入ることを許された西尾さんでしか聞けない話。西尾さんはサンフレッチェのドラマを見続けている。

２０１７年、広島は残留争いに巻き込まれ、Ｊ２降格の危機に陥った。サポーターが掲げるゲーフラの中には、チームに対して辛辣なものもあった。西尾さんは、そんなサポーターにこう言った。「そんなゲーフラ、誰が得するんだ？俺のゲーフラでも作れ！」。西尾さん特有のエールだったに違いないが、そんな気持ちが届いたのか広島はＪ１残留を掴み取った。

２０１８年、サポーター席に見慣れないゲーフラが掲げられた。選手でも監督でもない西尾浩二ゲーフラだ。ゲーフラのことを聞くと「うれしいな～。遺影にでもしますわ」と言って笑った。サポーターもわかっている。西尾さんが広島の宝であることを。

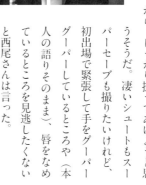

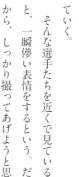

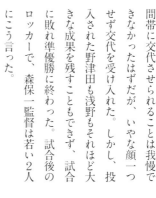

ホームタウン

山口市、下関市、山陽小野田市、宇部市、防府市、周南市、美祢市、萩市、下松市、岩国市、光市、長門市、柳井市、周防大島町、和木町、上関町、田布施町、平生町、阿武町を中心とする山口県全県

前身

山口県教員団

Jリーグ加盟年

2015年

練習グラウンド

県立おのだサッカー交流公園ほか

ホームスタジアム

維新みらいふスタジアム（収容:15,115人）

Jリーグ最高順位

J2リーグ12位（2016年）

主要タイトル

J3リーグ優勝（2015年）

レノファ山口FC

維新の地・山口に響き渡るヤマグチ一番

2018年、レノファ山口は霜田正浩監督を迎えた。攻守にアグレッシブなサッカーに維新みらいふスタジアムは沸き、勝利後はゴール裏から聞こえるヤマグチ一番がスタジアムに響き渡る。

Jリーグ初GOALはこの選手

岸田《きしだ》和人《かずひと》

2015年3月15日（維新百年記念公園陸上競技場）
J3リーグ第1節　山口2-1鳥取（47分）

大分トリニータのアカデミー育ち。福岡大学を経て2013年、町田に加入。2014年は期限付き移籍で山口に加入、JFL得点王。2015年、完全移籍となりJ3得点王。現在も山口でプレー。双子の弟、翔平は大分トリニータ所属。

湯田温泉から車で約10分。維新百年記念公園内にある維新みらいふスタジアム。下関陸上競技場を使用することも。

維新みらいふスタジアム

©RENOFA YAMAGUCHI FC

HOME STADIUMはこちら

写真でも十分にかわいいレノ丸ですが、実物の方がもっとかわいい。2018年のJリーグマスコット総選挙では堂々の2位。1位のグランパスくんには及ばなかったものの、3位の東京ドロンパ、4位のサンチェ、5位のドーレくんを抑えての2位は立派。卒業式や母の日など、季節の行事に合わせた衣装や小道具にも工夫を凝らす。

ひらちゃんのおすすめ TOP5

1 維新百年記念公園

非常に大きな公園で、維新みらいふスタジアムはもちろん、テニス場やラグビー・サッカー場、弓道場などのスポーツ施設がある。他にも、壇を低くして花壇を作ることで、全体が見渡せる沈床花壇やせせらぎ護岸では四季折々の自然に触れることができるし、ボート池や憩いの水広場など水辺のスポットもある。ここには多くのスポーツ施設があることから、山口県内の様々な大会も開催される。

野外音楽堂や会議室などの設備もあります。

2 湯田温泉

泊まりで観戦に行くなら、湯田温泉がおすすめ。歴史があり、維新の志士たちも入浴。温泉街も賑やかで、多くのホテルや旅館が立ち並び、温泉情緒も味わえる。アルカリ性の高い泉質で美肌の湯とも言われる湯田温泉からは、スタジアムまで車で約10分。楽しいサッカー観戦になります。

3 ヤマグチ一番

勝利の儀式で歌われる「ヤマグチ一番」。原曲は山崎邦正（現・月亭方正）さんが歌う「ヤマザキ一番」で、アニメ「学級王ヤマザキ」のオープニングテーマ。この歌は「Go West」のパロディとも言われる。そして、イギリスのペット・ショップ・ボーイズがカヴァーしヒットした「Go West」だが、元はアメリカのヴィレッジ・ピープルの代表曲。アメリカで生まれた「Go West」は、海を渡り、形を変え、山口では「ヤマグチ一番」として親しまれる。

4 瑠璃光寺

瑠璃光寺の五重塔は国宝で日本三名塔（法隆寺、醍醐寺）の一つ。瑠璃光寺では、観光ボランティアガイドの方が、お寺のことはもちろん、山口の文化や歴史のことも教えてくれます。

レノファのエンブレムにも描かれています。

5 おいでませ山口へ

松下村塾、壇ノ浦など歴史を感じるところがたくさんあり、秋吉台や秋芳洞（鍾乳洞）といった自然を感じる場所もあります。なかでも有名なのは角島大橋という島に渡っていく橋で、海がコバルトブルーでめちゃくちゃキレイです。

山口の伝統工芸、大内塗の「大内人形」です。

思い出のスタジアム

岡村靖幸の名曲の一つ「カルアミルク」の歌詞の中にこういう一節がある。

♪がんばってみるよ
　優勝できなかった
　スポーツマンみたいに
　ちっちゃな根性
　身につけたい♪

ところが、実際はそれほど根性は身につかない。なぜなら、小学校4年生から高校までサッカーを続けていた私だが、6年生の時、全国大会の大阪予選の決勝で敗れ準優勝。

中学校の時は、近畿大会の決勝でPK戦の末敗れた（ひらちゃんはPKをはずす）。相手が大阪の中学校でなければ、全国大会に行けたが、同府県で上位のチームが全国大会に出場するという規定があり、またもや全国大会に行けなかった。その後、全国大会に行った南千里中学校は、全国制覇を果たす。

高校生になり冬の選手権、大阪予選の決勝で負けた。3回も優勝できなかったスポーツマンだったけど、まるで根性なんて身についていない。

いや、違う。もう1回あった。選手権の予選の前に、全国高等学校総合体育大会、つまりインターハイの大阪予選の決勝で敗れた。しかし、大阪は2校出場できるということで、今度は規定に助けられ、優勝できなかったスポーツマンもなんとか全国大会に出ることになった。

なぜか、誰もあずかり知らぬところで、対戦カードが決まっていた。初戦の相手は帝京である。帝京とは試合をしてみたい。だけど、1回戦は勘弁だ。勝てるかどうかわからないけど、1、2回試合をした後に、帝京と戦いたかった。もう、行く前から若干憂鬱だった。

にもかかわらず、少し早めに行かなければならなかった。なぜなら、この年のインターハイでは、三競技の選手たちが開会式に参加し、行進することが決まっていた。その三競技にサッカーも含まれていて、帝京と試合をする前にまずは開会式で行進することになっていたから。行進している記憶はほとんどないけど、立派な競技場でたくさんの人の前で歩くのはなんだか緊張した気がする。

私が高校3年生の時、大阪府の代表として歩いた競技場こそ、現在レノファ山口FCがホームとして使用する維新みらいふスタジアム（維新百年記念公園陸上競技場）である。

その後、帝京との試合は善戦したものの、0対1で敗れて、早々と山口を後にした。30年以上も前に、当たり前だけどこのスタジアムをホームにして戦うサッカークラブが誕生するなんて想像すらできなかった。もちろん、この頃、日本にまだプロのサッカーリーグすらなかったし。

山口駅で見かけたレノファ山口FCののぼり。

山口駅のたたずまい。

レノファ山口ＦＣはＪＦＬ、Ｊ３を一気に駆け抜け、Ｊ２に昇格した。２０１７年は苦しいシーズンとなったが、２０１８年に霜田正浩監督を迎え、若くて才能のある選手も加入し、好調なシーズンを過ごしている。ＮＨＫ ＢＳ１の「Ｊリーグタイム」の取材で練習場の山口県立おのだサッカー交流公園を訪れたが、練習は非常に活気があった。そして、見学に訪れる人も多く、良い雰囲気で、30年以上前には想像することすらできなかったが、山口県にレノファ山口ＦＣが存在し、浸透しているように感じた。

　練習場の近くで、選手がよく顔を出すという食事処「麺処 しまじ」にも行った。山口県なのに、長崎ちゃんぽんがおいしいというお店の人たちも、レノファ山口ＦＣのことが大好きなようで、店内にはサインや写真がたくさん飾られていた。

　閉店しても、帰ろうとしない常連のおじさんは頼みもしないのにレノファ山口ＦＣのことをずっと話してくれた。だれだれの嫁は綺麗だ。その写真は、彼女が映っているからテレビに映してはいけない。あの選手は細いけどご飯はよく食べる。レノファ版ミヤネ屋を見せられた。ただ、その様子が微笑ましくて、まったく気にならない。レノファのことを嬉しそうに話すおじさんは本当に楽しそうだったし、レノファ山口ＦＣが身近な存在であることが分かった。

　私が30年以上前に行進した、維新みらいふスタジアムではサポーターや観客の人たちが良い雰囲気を作り出す。そして、勝利後はヤマグチ一番の大合唱がスタジアムに響き渡る。２０１１年に山口県で開催された第66回国民体育大会に向けて、改築され美しく整備されたスタジアムには、陸上競技場なのでトラックもあるが、レノファ山口ＦＣを応援する雰囲気はその距離を埋める。そして、維新みらいふスタジアムで過ごす一日を楽しんでいることがスタンドから伝わってくる。

　試合を見ても、昔のことを思い出すなんてことはないが、高校生の時に行進したスタジアムだと思うと、盛り上がる様子を見るのはなんだか嬉しい。

徳島ヴォルティス

ホームタウン
徳島県徳島市、鳴門市、美馬市、吉野川市、板野町、松茂町、藍住町、北島町を中心とする全県

前身
大塚製薬サッカー部

Jリーグ加盟年
2005年

練習グラウンド
徳島スポーツビレッジ

ホームスタジアム
鳴門・大塚スポーツパーク ポカリスエットスタジアム（収容:17,924人）

Jリーグ最高順位
J1リーグ18位（2014年）

スペイン人を指揮官に 魅力的なサッカーを展開

2017年から、スペイン人、リカルド・ロドリゲスが監督に就任。見ていて楽しい攻撃的なサッカーを披露。チームが連動し、ゴール前を複数人のコンビネーションで崩すサッカーは見ている者を魅了する。

Jリーグ 初GOAL はこの選手

大島康明《おおしまやすあき》

2005年3月5日（仙台スタジアム）
J2リーグ第1節　仙台0-3徳島（25分）

ギラヴァンツ北九州在籍時、怪我で調子を崩した大島に三浦泰年監督（当時）は「お前が得点をして勝つ日が来たら俺は髪を丸めることも惜しまない」と伝え、大島がゴールして勝利した試合の監督会見に、三浦監督は坊主頭で現れた。

略してポカスタ。かつては、バックスタンドがすべて芝生席で、真剣にサッカーを見る者、試合に飽きて走り回る子供、疲れた大人は寝そべってのサッカー観戦など自由な空気で、それはそれでいい雰囲気だった。

鳴門・大塚
スポーツパーク
ポカリスエットスタジアム

ヴォルタくん（左）とティスちゃん（右）です。こんな顔をされたら、何をされても許してしまう。勝手に家に上がってご飯を食べていても怒れない。笑ってしまいます。

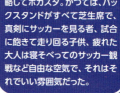

ひらちゃんのおすすめ TOP5

1 鳴門・大塚スポーツパーク

ポカリスエットスタジアムの横にあるのはオロナミンC球場、ソイジョイ武道館に、体育館はアミノバリューホールと大塚製薬の商品の名前がつく、スポーツ施設があります。

ここで野球やっているときは、必ず観にいきます。

2 ヴォルティス広場

メインスタンドの前に広がるヴォルティス広場には、多くの店舗が出店し、スタジアムグルメが楽しめるヴォルティス屋台村。ふわふわヴォルタくんなどのエア遊具。ステージではたくさんのイベントがあり、試合前から存分に楽しめる。

キャラクターとの写真も撮れますし、楽しいです。

3 ヴォルタくん ティスちゃん

狸がモチーフのヴォルタくんとティスちゃん。とぼけた表情のヴォルタくんは愛嬌たっぷり。急に逆立ちやブリッジをしてみたり、いたずらしてみたりと自由奔放に振る舞い、そんなヴォルタくんを温かく見守るティスちゃんとのコンビネーションも抜群。ヴォルタくんの、微塵も格好をつけようとしないところは非常に好感が持てる。

4 鳴門の渦潮

スタジアムから車で約20分。鳴門の渦潮が見られる大鳴門橋遊歩道、渦の道に到着。徳島を訪れた時には、迫力ある渦潮を見たいところだが、見ごろの時間帯があり、時間によっては渦潮がない場合がある。そして、渦潮を見ることができる時間も毎日変わるので、渦潮鑑賞は渦潮ベストタイミングを確認してから行きましょう！

5 大杉漣さん

出身地のクラブ、徳島ヴォルティスを前身の大塚FC時代から熱心に応援していた俳優の大杉漣さん。私の番組もご覧いただいていて、お会いした時にはフランクにお話をしていただきました。もっと、サッカーの話、徳島の話をお聞きしたかったです。心よりご冥福をお祈りいたします。

2018年2月25日のJ2開幕戦では追悼セレモニーが行われ、記帳所も設けられた。

徳島県のマスコット、すだちくんもよく見かけます。

茫然自失の長き道のり

徳島阿波おどり空港に着いた私は時間を持て余していた。試合開始時刻にうまく合うような飛行機の便がなく、かなり早めに徳島の地を踏んだ私はどうやって時間を過ごすか悩んでいた。

どうするべきか？

悩んだ末に、今から考えてもなぜそういう行動に至ったのかという明確な理由はわからないが、なぜか空港からとりあえず歩き始めたのである。なんとなくスタジアムがある方向に向かって。

初めて徳島に来たわけではない。空港からスタジアムまで遠いことなんて百も承知だ。たぶん、こんなことを考えていたに違いない。

時間はある。ゆえに、パチンコ屋に行き、そこそこ時間を潰して、道路でタクシーを拾う。もしくは、空港に戻ってそこでタクシーに乗り、スタジアムに向かう。そんな算段だった。

国道であろう道（実際は県道）を歩き始めた。ところが、パチンコ屋が見つからない。いや、見つかったと言えば見つかったのだが、お気に召す台が設置されておらず、店内を徘徊しただけで、再び国道であろう道を歩き始めた。

次第に、景色が寂しくなっていく。船が浮かぶ川（たぶん旧吉野川）を越えた。石で作った布袋様のようなものが店先に並ぶ石材店も通過した。もう空港は見えなくなっていた。

歩いている間に空車のタクシーなど1台もお目にかからなかった。当たり前だ。東京では当たり前に走っているタクシーだが、少し東京を出ればそんなことは通用しない。タクシーは拾うものではなく呼ぶものだ。

気が付けば、辺りは暗くなり始めていた。そして、空港には戻れない。だけど、スタジアムは遥か彼方という状態になってしまった。痛くなったことのない筋肉が痛み始めている。

それでも、歩いていると右前方にかすかにスタジアムらしきものが見えたが、見えたからこそわかるスタジアムまでの距離。あまりにも遠すぎる。そして、このまま歩いても試合開始時刻には間に合わないであろうという現実が襲ってきた。自己嫌悪そして茫然自失。

そんな時、奇跡が起こったのである。いや、阿波の地に神が舞い降りたのである。なんと、1台の軽自動車がハザードランプを点灯し、私の前方に停車したのだ。若い男性が降りてきた。そして、こう言った。

「平ちゃんですよね？」

続いて、

「何をしているんですか？」

その疑問に微塵の間違いもない。普段使っている県道をサッカー番組で見たことがあるおっさんが一人で歩いている。カメラマンや音声さんもいない。プライベート丸出しだ。私は現実を素直に答えた。

「空港からスタジアムまで歩いています」

　私の答えに成年男子は心底驚き、信じられないといった表情で、なかば注意気味にこう言った。「車に乗ってください」。最初はミーハー気分だった成年も、気づけば人命救助の趣になっていた。徳島阿波おどり空港からポカリスエットスタジアムに行ったことがある方ならなんとなく察しがつくだろう。空港で思いついたおバカな算段は、無謀でしかなかった。空港からスタジアムまでは7~8キロの距離。手元の、地図アプリによると徒歩で1時間36分。90分+アディショナルタイム。試合前に試合の時間分歩いてどうするんだよ！　ハイキングならまだしも、サッカーの試合を見る前に歩くような距離ではない。

　まさかの逆ヒッチハイク。この時ほど、人の心の優しさと文明の利器、自動車に感謝の念を持ったことはない。助手席に乗せてもらったが、後部座席には成年の母親が乗車していた。親子でスタジアムに向かう途中だったのである。親子に感謝の念を伝えた。その後のことは、なんかぼんやりとしか覚えていない。安堵によって心身ともに弛緩し、ぼーっとしていた。

　ただ、こんな会話をしたことを覚えている。車内で「ロクセット」と表紙に書かれた1枚のCDを見つけた。「ロクセット聞くんですか？」と尋ねると「いや、チャントです」と青年は答えた。

♪徳島ゴー　ラララーラー♪

　確かに、当時の徳島の試合を見ていると、よく聞こえてきたチャントだったが、チャントとして聞いていたので原曲と結びついていなかった。原曲はロクセットの「SLEEPING IN MY CAR」で私もよく聞いていた曲だった。そして、この曲を聞くと今でも徳島の親子に助けられたことを思い出す。あの日のことは一生忘れない。

徳島阿波おどり空港で踊る銅像たち。

この車、そして親子と出会っていなかったら……。

カマタマーレ讃岐

©2011 K.S.

ホームタウン
香川県高松市、丸亀市を中心とする全県
Jリーグ加盟年
2014年
練習グラウンド
高松市立東部運動公園ほか
ホームスタジアム
Pikaraスタジアム（収容:22,338人）
Jリーグ最高順位
J2リーグ16位（2015年）

Ｊ２で粘り強く戦うコシのあるクラブ

経験豊富な地元出身の北野監督はあの手この手を使って相手を苦しめ、勝ち点を重ねていく。そして、一癖も二癖もある選手たちが、自分たちの技術や経験に甘んじることなく、献身的にハードワーク。Ｊリーグで400試合以上の経験を持つアレックスや清水健太から、将来を嘱望される20歳の佐々木匠まで、メンバー構成もバラエティに富み、人間臭さ、泥臭さが魅力の人間味溢れるクラブである。

Jリーグ初GOALはこの選手

我《が》那《な》覇《は》和樹《かずき》

川崎フロンターレで活躍し、日本代表経験もある我那覇和樹。２０１８年シーズンで讃岐は5年目、プロ生活は20年目を迎える。チーム事情でディフェンスでの出場ということもあったが、しっかりと監督の要求に応えた。

2014年3月2日（岐阜メモリアルセンター長良川競技場）
J2リーグ第1節　岐阜3-1讃岐（65分）

1、2軒うどん店を案内してからPikaraスタジアムまで連れて行ってくれる「うどんタクシー」で行くという方法もあります。

Pikaraスタジアム

HOME STADIUMはこちら

さぬぴーは、瞳がうるんでいるんですよね。勝手な想像ですけど、頭にうどんを乗せられた数奇な人生が瞳に涙を浮かばせたのかなと。

ひらちゃんのおすすめ TOP5

1 瀬戸大橋ダービー

ダービーというと同一県内や隣県のイメージですが、讃岐の場合は岡山戦。瀬戸大橋でつながっているだけではなく、香川と岡山は民放の放送局を相互で乗り入れています。そのおかげで、両県ではキー局をすべて、テレビ東京も含めて見られます。

瀬戸大橋の電車を借り切りそうな勢いで、お互いのサポーターがダービーに詰めかけます。

2 カマコロ

有名なスタグルで、肉感がすごくあるコロッケです。香川県産のジャガイモやたっぷりの肉を使っていて、外側はサクサクで肉汁が出てきます。

あまり大きくないのでこれを食べても他にもいろいろ食べられます。

3 かまたまS

カマタマーレ讃岐公式応援番組「かまたま」が2018年「かまたまＳ」として復活し、スカパー！の24時間サッカー専門チャンネル、スカサカ！で放送されている。いい意味で肩の力を抜いた本多春奈さんの司会ぶりが選手の魅力を引き出す。エンディングに流れる、讃岐生まれ讃岐育ちのイタリア人、クリスティーナが歌う「PER GLORIA ～果てなき挑戦～」もかっこいい。「かまたま」の時は少し出演しましたが、「かまたまＳ」でもぜひ番組に呼んでください。

4 骨付き鳥

丸亀発祥で、それほどメジャーではないが、もっと知られていてもおかしくはないメニューです。鳥のもも肉に胡椒をきかせてまるごと一本焼き上げていて、だいたい銀の皿で出てきます。メチャクチャ美味くて、ビールにも本当に合います。

身が引き締まった親鳥と、柔らかいひな鳥があります。

5 『能町みね子のときめきサッカーうどんサポーター』、略して能サポ

ＪＦＬ時代のカマタマーレ讃岐を2年間追いかけるルポエッセイ。サッカーのことをほとんど知らない能町みね子さんが、編集者の誘いでサッカーを取材することになっていく段階で、「カマタマーレ」という名前に惹かれ、だんだんとカマタマーレとそこに関わる人たちと、讃岐のうどんにハマっていく様子が描かれた作品。Ｊ２、Ｊ３のスタジアムで見たことがあるようなことが、ゆるく描写され、サッカー好きの心をくすぐります。

今は厳しくとも、その先に……

夏の暑い日、愛媛ＦＣのゲームを観戦するつもりだったが、ナイターだったため寄り道を決めた。降りた空港は、香川県の高松空港。空港でレンタカーを借り、とある場所へ向かった。四国リーグ時代のカマタマーレ讃岐の練習場である。練習場と言っても、いつも決まった場所で練習しているわけではないので、ホームページで調べて、行ったこともない練習場に向かった。ナビに従い到着すると、そこは土のグラウンドで、屋根もなく強烈な日光が土のグラウンドを容赦なく照らし続けていた。

大きな声が響き渡るグラウンドの中に、会いたい人の姿があった。当時、カマタマーレ讃岐の監督を務めていた羽中田《はちゅうだ》昌さんである。カマタマーレ讃岐の監督を務める前、羽中田さんとはご近所で、クリスマスのパーティーなどにも呼んでいただき、奥様のまゆみさんの絶品の手料理をいただいたりするような付き合いだったので、監督姿をこの日で是非見てみたいと思っていた。

バイク事故で脊髄損傷。車いす生活を余儀なくされたが、その後、クライフにあこがれバルセロナに渡り、高校生を指導し、Ｓ級ライセンスを取得し、カマタマーレ讃岐の監督に就任していた羽中田さん。顔は日焼けして真っ黒、いや焦げているぐらいだった。車いすのため、顔の位置が人よりも地面に近いので、地面からの照り返しが人よりもきついそうだ。

土のグラウンドも含め、取り巻く環境は恵まれているとは言えないものだった。練習を見に来ている人もいなかった。コーチなどスタッフも少なかった。練習後は奥様のまゆみさんが選手のマッサージをしていた。しかし、弱音を吐くような者は一人もいなかった。現状あるもので最大の成果を出していた。

練習後、羽中田さんやスタッフの人たちと近くのうどん屋に行った。みんな、サッカーに情熱を持ち、明るく話していた。ただ、このクラブが本当にＪリーグに行けるものなのか？　現実味が感じられなかった。

しかし、チームは実力をつけ、２０１０年には地元、香川県出身の北野誠が監督に就任し、念願のＪリーグ参入を果たす。Ｊリーグの監督の中には魅力的な人間が多いが、北野誠監督も間違いなくその中の一人。私は、初めて会ったときのことを今でも忘れない。

北野誠監督が熊本の監督だったころの試合後のミックスゾーンでのこと。もちろん、北野誠という男の存在は知っていたが、話したことはなかった。イメージは強面、いつも怒っている、いかつい監督というイメージだった。ミックスゾーンで彼の

2010年に就任した北野誠監督。

ピッチに声援を送るカマタマーレ讃岐のサポーター。

姿が見えた（脳内で『仁義なき戦い』の音楽が流れる）。挨拶するべきか悩んでいると、監督自ら私に近づいてきて、握手をしながら開口一番、初対面の私にこう言ったのである。

「ひらちゃん〜。来るんだったら連絡してよ！」

そんなこと言われても、初対面だし、もちろん連絡先知らねえし！そんなツッコミを実行することはなかったけど、見た目とのギャップに、一気に心を掴まれた。

それからは、会うと必ずいろんな話をした。予算は多くなく、Ｊ２にいながらも、Ｊ３の５番目ぐらいの予算でやっているということ。フルコートの練習場の確保が困難で、思い通りの練習がなかなかできないこと。クラブを取り巻く環境はいまだ厳しいのが現状である。ただ、そのことに甘んじる監督でもクラブでも選手でもない。できる限りの最大値を出して戦う。それがカマタマーレ讃岐だ。

♪ララ　ラララララー♪

選手入場時、サポーターは小柳ルミ子さんの「瀬戸の花嫁」のメロディーを歌い、選手を迎える。クラブのスタッフは、小柳ルミ子さんの事務所にサポーターが歌っていることを伝え、許可してもらえるかを尋ねた。小柳ルミ子さんの答えはもちろんＯＫ。ＯＫどころか、ファンの人にカマタマーレのサポーターが歌っていることを伝えられていて、すでにそのことを知っていた。そして、自分の歌をサポーターが歌ってくれていることを喜んでいたそうだ。

ならば、一度スタジアムで歌っていただけないでしょうか？という話になった。もちろん、答えはＯＫ。もちろん歌いたい。だけど、ただ歌うのではなくて、カマタマーレ讃岐がＪ１に昇格したら、喜んでいくらでも歌います。と小柳ルミ子さんは言ったそうだ。

10年以上前練習を見に行ったとき、土のグラウンドの近所のうどん屋では、Ｊリーグが遠いように感じて、現実味を感じられなかったけど、カマタマーレ讃岐はＪ２に昇格した。近い将来、丸亀のＰｉｋａｒａスタジアムで小柳ルミ子さんが「瀬戸の花嫁」を歌っていたら最高だな〜。そのときは、試合後に勝利の「金毘羅船々」もぜひ一緒に歌って踊ってほしい。

愛媛FC

©1994 EFC

ホームタウン
愛媛県松山市を中心とする全県

前身
松山SC

Jリーグ加盟年
2006年

練習グラウンド
愛フィールド梅津寺、レインボーハイランド(松山市野外活動センター)

ホームスタジアム
ニンジニアスタジアム
(収容:20,919人)

Jリーグ最高順位
J2リーグ5位(2015年)

愛媛のために戦い 愛媛のために勝利を目指す

♪愛媛がゴールを決めたなら　俺らは歌い踊るだろう　愛媛のために決めてくれ　ヤツらのゴールに叩き込め♪ とサポーターは歌う。期限付き移籍でやってきた選手が成長することの多い愛媛だが、それは結果でしかなく、選手たちはひたすら愛媛のために戦う。

Jリーグ初GOALはこの選手

猿田《さるた》浩得《ひろのり》

2005年にJFL時代の愛媛に加入しJ2昇格の原動力に。スピードに乗ったドリブルで中央突破。クラブのJ初ゴールを決めた。2009年からは東南アジアへ。シンガポールで1年、タイでは9年プレー。2018年、2月に引退した。

2006年3月4日(愛媛県総合運動公園陸上競技場)
J2リーグ第1節　愛媛1-0横浜FC(88分)

ニンジニアスタジアムは愛媛県総合運動公園内にあり、このスタジアム以外にも、体育館、テニスコートなどのスポーツ施設、ピクニック広場やキャンプ場、そして、とべ動物園がある。前身は道後動物園で、とべ動物園のホームページに記載されている移転劇は、涙なしで読むことはできない。

ニンジニア
スタジアム

HOME STADIUMはこちら

左ページでも書いた、オ〜レくん、たま媛ちゃん、伊予柑太くんの選手バスです。

ひらちゃんのおすすめ TOP5

1 アクセス

スタジアム付近の交通機関はバス停のみとなっております。タクシー、バス、自家用車をご利用くださいとある。最寄り駅は見当たらない。松山空港から松山市駅までリムジンバスで約25分。松山市駅からスタジアムまでがバスで30 ～ 35分。空港利用なら、空港でレンタカーを借りて、観光しながらスタジアムに行くのがベターかな～？

「ニンジニア」の「ジ」と「ア」の間の「ニ」の上は、ニンジンになっています。

2 一平くん

愛媛FCの熱烈サポーター、一平くん。Ｊリーグサポーターなら誰しもが知る存在だが、活躍の場を海外にも広げ、ブラジル大会に続き、ロシアのワールドカップでも、現地で日本代表を応援する姿が目撃されている。カタールも？

Jリーグ屈指の名物キャラです。

3 道後温泉

日本最古の温泉といわれる道後温泉。本館の佇まいを外から見ただけでも「来て良かったな」と思わされます。周りの雰囲気も含めて、重要文化財というだけの特別感はありますね。

道後温泉本館は道後温泉のシンボル。和の建築の美しさと圧倒的な存在感。建物自体に風格があります。

4 2015年、J1昇格プレーオフ準決勝

2015年、11月29日は愛媛FCが一番Ｊ１に近づいた日。Ｊ２、5位でＪ１昇格プレーオフに進出。ヤンマースタジアム長居でのセレッソ大阪戦は0対0の引き分けに。ただ、レギュレーションで同点の場合、レギュラーシーズンで順位が上位のチームが次のステージへ進めるという規定があり、引き分けながらセレッソが決勝へ進出。愛媛FCはここで涙をのんだ。試合後、木山監督（当時）は「選手たちが見せてくれたものは愛媛の人たちに希望を与えるものだった」と語った。

0─0というスコアも含めて語り継がれる一戦でした。

5 マスコット

愛媛FCの選手バスやツアーバスには、愛媛FCのマスコット、オ～レくん、たま媛ちゃん、伊予柑太が描かれ楽しげなバスに。スタジアムで見かけた時も嬉しいですが、このバスを高速道路とかで発見できたらさらに嬉しいだろうな～。

愛媛県の都市伝説、ポンジュースの出る蛇口をスタジアムで発見!

愛媛産には、愛がある

「愛媛産には、愛がある」。元々は、愛媛の農林水産物統一キャッチフレーズではあるが、愛媛FCを応援するスタンドにもこの文字の横断幕が掲げられている。

愛媛FCのホームスタジアム、ニンジニアスタジアムはお世辞にも見やすいスタジアムとは言えないが、愛媛を応援する人たちの表情には愛が詰まっていて、このスタジアムにパワーを与える。勝利を心から喜び、敗戦の悔しさに涙を流す。

「3か月間、こんな幸せなチームで（サッカーが）できて幸せでした。向こう（セレッソ大阪）でしっかりレギュラーを掴んで、恩返しできるように立派な選手になります。ありがとうございました」。セレッソ大阪から期限付き移籍で加入した秋山大地が愛媛に在籍していたのは短い期間で、シーズン途中での退団ではあったが、お別れのあいさつでサポーターにマイクもなく地声で、少し泣きながら感謝の気持ちを伝えた。これを見ただけでも、秋山大地が短い期間で愛媛FC、そしてサポーターから受けた愛がどれほど大きいものだったかがわかる。

2005年から2014年まで愛媛FCでプレーした関根永悟は長い期間、愛を受け、愛を与え、まさに相思相愛の関係と言っていいだろう。スキンヘッドの見た目もあって「愛媛の修行僧」と呼ばれた関根永悟だが、右サイドでの上下動を、報われようが、報われまいが何度も繰り返す姿こそがまさに修行僧の様だった。

関根は大宮東高校出身。卒業後、関東リーグのホンダルミノッソ狭山FCに所属、工場で仕事をしながらプレーをしていた。愛媛FCのセレクションを受けた時、目立った方が良いと思い5分刈りにしてセレクションに参加。プレーぶりが認められて愛媛FCに加入することになる。関根はすこぶるうまいプレーヤーでもないし、華麗なプレーで観客を沸かせるような選手ではない。ただ、自分を犠牲にして何度もサイドを駆け上がる姿は実にソウルフルで、見る者の心を揺さぶる。契約満了が決まり、退団が決まった関根永悟にゴール裏のサポーターはオレンジ色のハートの中に彼の背番号「13」と描かれた紙を掲げ、これまでの感謝の意を表した。

スタジアムを歩いているときにファンからもらったであろうプレゼントの紙袋を片手にもち、ベンチコートを纏い、首にタオルマフラーを巻く関根永悟は送別会帰りの酔っ払いにも見えなくなかったが、その姿や立ち居振る舞いも関根永悟の魅力の一つだ。彼は、サポーターを前にして、マイクを持ちぶっきらぼうに叫び始めた。

上から関根永悟、齋藤学、森脇良太、河原和寿。

「みんな！ 愛してまーす！ 大好きでーす！」。紙に書いているものを読むわけでもなく、心の叫びだ。「（契約満了が）本当に残念です。くそー！ ウォー！」。泉谷しげるばりのシャウトが続く。そして、少し間を取って「しかし！ サポーターの数が少ない！」と言ってスタンドを和ませた。「33歳、関根永悟まだまだがんばります。よろしく！ サンキュー！」。そこには、前夜考え抜いたような感動的な言葉は見つからなかったけれど、プレーぶり同様ソウルフルかつ胸に響く挨拶で、相思相愛の関係には多くの言葉はいらなかった。そして、存分に愛が感じられた。

愛媛FC経由でたくさんの選手が育ち、Jリーグで活躍している。齋藤学をはじめ、高萩洋次郎や森脇良太など。しかし、それほど予算も多くないチームなので、自分のやりたいプレーをしていれば良いという訳にはいかない。献身的に守備もしながら自分の良さも出して活躍し、さらに上のカテゴリーで活躍することは簡単ではない。2013年からこのチームでプレーする河原和寿は、そう教えてくれた。だから、成長して巣立っていった選手は本当に凄いと言った。

ただ、このクラブでは若い選手がプレーしやすいように、良い意味で年上の選手が気を遣う文化が出来上がっているという。そんな愛のある配慮が、若手のポテンシャルを一気に開花させる要因の一つになっている。では、配慮する側になった河原和寿はなぜ愛媛FCでプレーを続けるのか？「拾ってもらった恩を返すためだけですよ」。もしかすると、もっと条件の良いオファーはこれまでにあったかもしれない。ただ、彼は恩を返すために愛媛FCでプレーする。まさに愛だ。

♪さぁ行こうぜ愛媛
戦いの時が来た
輝く未来は俺たちのもの
魅せてくれよ伊予魂♪

とサポーターは歌う。

伊予魂というのがどんなものなのか私にはわからないが、関根永悟と同じ大宮東高校出身の河原和寿には伊予魂が宿っているように思えてくる。そして、関根と同じく河原も献身的にプレーし、魂に訴えてくる。河原和寿は私と話すと最後に必ず言う言葉がある。「愛媛に来てくださいよ！」。埼玉出身の河原和寿だけど、もう存分に愛媛産だ。やっぱり愛媛産には、愛がある。

アビスパ福岡

©1995 FUKUOKA.BX

ホームタウン
福岡県福岡市

前身
㈱中央防犯サッカー部

Jリーグ加盟年
1996年

練習グラウンド
雁の巣レクリエーション
センター球技場

ホームスタジアム
レベルファイブスタジアム
(収容:21,562人)

Jリーグ最高順位
J1リーグ第2S6位(2000年)

大都市福岡が目指すところ J1昇格、そして定着

福岡市の推計人口は2018年、8月1日時点で1,577,973人。人口の多さに加えて、人も物も動き、パワーあふれる街のポテンシャルは計り知れない。そんな福岡市をホームタウンにするアビスパ福岡だからこそポテンシャル十分。街のパワーをバックに目指すはJ1昇格、そして定着だ。

Jリーグ初GOALはこの選手

古邊《ふるべ》考功《よしのり》

広島県出身のディフェンダー。1994年、アビスパ福岡の前身となる中央防犯FC藤枝ブルックスに加入。1998年まで福岡に在籍。その後FC東京や佐川急便東京SCでもプレー。現在は、松本山雅のフィジカルコーチを務める。

1996年3月20日(東平尾公園博多の森競技場)
Jリーグ第2節　福岡1-2浦和(54分)

空港から近く、都心からも離れていない。アクセス良好。ピッチとスタンドが近く見やすい。さらに、このスタジアムのフォルムの美しさはこの上ない。

レベルファイブスタジアム

アビスパとはスペイン語で熊ん蜂。その熊ん蜂がモチーフのアビーくんとビビーちゃんは2003年に挙式。夫婦です。

ひらちゃんのおすすめ TOP5

1 レベルファイブスタジアム

メインスタンドから見るバックスタンドのフォルムのかっこよさに加え、外観も非常にかっこいい。そして、ゴール裏から見るこのスタジアムの構造もたまらない。絵になるスタジアムです。

色々な表情がある素晴らしいスタジアムです。

2 博多

最高です！ 街は大きく、食事がうまい。女性は綺麗で、博多弁もたまらない。全国各地のサポーターが、同じカテゴリーにアビスパ福岡がいてくれたらな～と思っていることでしょう。観戦に行ったら、帰れる時間であったとしても泊まりたくなります。

3 テレビ番組

関西と同じようにオリジナルで作っている番組が多く、そこに出演しているタレントの方が博多弁を話すことも多いので、その言葉を聞くと博多に来たことを実感できます。「ゴリパラ見聞録」はもう全国的にも有名ですが、朝は「ももち浜ストア」、夕方は「めんたいワイド」、夜は「ドォーモ」と福岡情報満載の番組を見れば、外に出なくても福岡気分に浸れる。福岡や九州の人向けの番組だが、福岡県民や九州出身の人間ではなくても、見ていて楽しい番組がたくさんあります。

4 福岡のグルメ

とにかく美味しいものが多すぎます。水炊きが大好きなんですが、食べる前に出汁に少し塩を入れて飲むという、あの“しきたり”がたまらないですね。そしてもつ鍋、とんこつラーメン、明太子。屋台の雰囲気も良い。まだ食べに行っていないのは、コシのない柔らかいうどんと、いつも行列が凄い「天麩羅処ひらお」。行きたい店がたくさんありすぎます！

スタジアムでも長浜ラーメンなど、福岡の味を楽しむことができます。

5 雁の巣レクリエーションセンター

略してガンレク。博多駅からJR鹿児島本線快速で10分の香椎駅。ここで乗り換えJR香椎線に乗り、雁ノ巣駅まで12分。雁ノ巣駅からは徒歩約10分でガンレクに到着。この中に、アビスパ福岡のクラブハウス、そして練習を行っている雁の巣球技場がある。クラブハウス1階には、一般の方が入れるところもあり、そこで練習が終わって引き上げてくる選手を待つこともできる。

♪オーマイ城後♪ 心ゆさぶるキング

中学校を卒業し、次に入学した高校は大阪の府立高校で私たちは2期生だった。グラウンドもまだきれいに整地されていなかったし、校舎もまだ2学年分しかなく、授業中も工事が続いていた。

高校1年のクラスは、様々な中学から集まった生徒で、顔見知りも少なく、サッカー部の部員もいなかったような記憶がある。ただ、私はこのクラスが楽しく、イケダ、オワリ、おっくんと非常に仲良くなっていく。私は高校に入学してすぐにサッカー部に入ったが、仲良しの3人は他のクラスのメンバーを加えバンドを組むことになった。彼らはいわゆる不良という訳ではないが、演奏の時は髪型をリーゼントにし、少し懐かしめのアメリカンなロックンロールを目指しているように思っていた。

オワリは買ってもらったのか、自分で買ったのかは知らないがドラムセットを購入。ある日、イケダとおっくんと私でオワリの家に行き、ドラム見学会をすることになった。オワリの部屋には輝くドラムセットが鎮座していた。近所迷惑顧みず、昼間からドラムを叩きまくるオワリ。するとオワリはお前ら見ておけよと言わんばかりに、自信のある曲のドラムパートを叩き始める。バスドラを8回そしてスネア1回。悦に入り繰り返すオワリ。羨望の眼差しでオワリを見つめるバカ高校生3人組。

オワリが繰り返すのはチェッカーズの「哀しくてジェラシー」のイントロ部分だった。お前らアメリカンな感じを目指しながらもチェッカーズかい！なんてツッコミは、その当時は頭に浮かばなかった。とにかく、部屋にドラムがあることの羨ましさと、そのドラムを叩くオワリのカッコよさ（背も高く男前）。そんなオワリに少し嫉妬した（その後、オワリはプロのドラマーとして少しの間活動することになる）。

私は、チェッカーズが大好きという訳ではなかったが、この年代では非常に人気があったので、意識しなくても自然にチェッカーズの歌は耳に入ってきた。だから、数十年の時を経て、Jリーグのゴール裏からチェッカーズのメロディーが聞こえてきたとき、反応しないわけにはいかなかった。

♪オーマイ城後
届いてるかい　俺らの熱い声
オーマイ城後
久留米のモンなら
行け　撃て　魅せてやれ城後♪

チェッカーズの数あるヒット曲の一つ「ジュリアに傷心」に乗せて歌われる城後寿のチャント。久留米のモンとあるように城後寿が久留米出身。久留米出身ならチェッカーズも久留米出身。アビスパ福岡にたくさんのチャント

2008年頃のレベルファイブスタジアム。サポーターがバックスタンドで応援していた。今も昔も城後は愛され続けている。

アビスパ福岡のキング、城後寿。

はあるけれど、城後寿のチャントはボリュームが大きくなる。それだけ城後寿はサポーターに愛されている。そして、そのポテンシャルを誰しもが認め、他のチームからたくさんのオファーがあったにもかかわらず、城後寿はアビスパ福岡で戦い続ける。

183センチと上背があり、背筋を伸ばしてボールを持つ姿勢は非常に優雅。その姿も彼が「キング」と呼ばれるにふさわしいものではあるが、それ以上にアクロバティックなゴールを決めたり、劇的なゴールを決めたりすることも「キング」と呼ばれる所以だろう。

さらにいえば、悪条件の中でのプレーも光るものがある。水が浮くようなピッチ、タッチラインぎりぎりのボールをスライディングで残す城後。どろどろになって、両ゴール前で体を張る城後。器用がゆえにサイドバックで起用されても、献身的に仕事をする城後。彼は雄弁なタイプの人間ではない。キャッチーなことを言って、小手先で他人が喜ぶようなことは言わない。黙って愛する福岡のために体を投げ出す。そんな姿が応援する者の心を打つ。彼はキングではあるが裸の王様ではなく、応援する者のために闘う真の王様なのだ。だから、新幹線の喫煙ルームでたまたま出くわしたアビスパサポーターは私にこういうのだ。「寿《ひさし》をよろしくお願いします」。私にお願いしたって、どうにもならないけれど、愛されている王様であることは即座に伝わってきた。

現在、徳島ヴォルティスでプレーするシシーニョが城後のファンであることは有名な話。彼は、スペインでJリーグの映像を見て城後寿のファンとなり、Ｔｗｉｔｔｅｒでアビスパにコンタクトを取り、城後寿のユニフォームを手に入れ、ＦＣ岐阜に加入し試合後、城後にサインをもらっている。スペイン人にも城後寿のインテリジェンスや献身性は存分に伝わっているし、彼の存在が一人のスペイン人プレーヤーの人生を変えたともいえる。そして、アビスパ福岡を愛する人たちの人生も変えてきた。喜びを与え、夢をかなえてきた。

移籍が当たり前のご時世に、14年間、同じチームに在籍し続けるまさにバンディエラ。そして、「キング」であり続ける城後寿。これからも、レベルファイブスタジアムにサポーターが大きな声で歌うあのチャントが響き続ける。

ギラヴァンツ北九州

©2009 GVK

©GIRAVANZ

ホームタウン
福岡県北九州市

前身
三菱化成黒崎サッカー部

Jリーグ加盟年
2010年

練習グラウンド
新門司球技場、
本城陸上競技場

ホームスタジアム
ミクニワールドスタジアム
北九州
(収容:15,300人)

Jリーグ最高順位
J2リーグ5位(2014年)

最高のスタジアムから再びJ2のステージへ

「最高のスタジアムですよ!」と本山雅志は言った。素晴らしいスタジアムをホームにして戦えることは選手の誇り。2014年、5位ながらJ1ライセンスがなく、プレーオフに参加できなかった悔しさを晴らすため、まずはJ2の舞台を目指す。

最高のスタジアム。駅が近い、ピッチが近い、そして海が近い。素晴らしいスタジアムは、サッカーが行われていなくてもずっと見ていられる。九州や福岡に行った際には、一度足を運んでみてください。

Jリーグ初GOALはこの選手

中嶋《なかしま》雄大《ゆうだい》

熊本県出身。大津高校から福岡教育大を経て、2007年ニューウェーブ北九州(現・ギラヴァンツ北九州)に加入。この日の北九州には個性のある選手が多く、佐野裕哉や大島康明、ベンチには現在も北九州でプレーする池元友樹の名も。

2010年3月14日(北九州市立本城陸上競技場)
J2リーグ第2節　北九州1-3徳島(70分)

ミクニワールド
スタジアム北九州

HOME STADIUMはこちら

北九州市小倉南区の曽根干潟に飛来するズグロカモメ(どんな鳥か知らないけど)がモチーフのギラン。共演したこともあるが、非常にリアクションがいい。スタジアムでは子供に大人気。

ひらちゃんのおすすめ TOP5

1 ミクニワールドスタジアム北九州

略してミクスタ。こんな素晴らしいスタジアムで、スケジュールが合い、アマチュアスポーツで入場料を取らなければ、なんと5時間24,300円で借りることができる。これは価値がある。

2 焼きカレー

北九州市門司港のお店から始まったとされる焼きカレー。ごはんの上にカレーをかけ、チーズと玉子を乗せてオーブンで焼く。かなりおいしい。そして、夜中に想像すると無駄に腹が減る（そんなこと考えなくていいけど）。写真の焼きカレーの看板は、以前のホームスタジアム本城陸上競技場で撮ったもの。本城の焼きカレーは名物だった。

ミクスタの素晴らしさは言うまでもないが、本城もいい雰囲気をもっていました。

3 折尾駅

かつて使っていたスタジアム、本城陸上競技場の最寄りが折尾駅です。ここの佇まいがよく、どこを撮ってもメチャクチャかっこいい。「本城に行く」となると「あの駅に降りられる」という楽しみがありました。

折尾駅は日本初の立体交差駅でもあるそうです。写真の駅舎はすでに取り壊され、新しい駅舎に変わっています。

4 あるあるCity

小倉駅から徒歩2分。アニメ、漫画、ゲーム、アイドルといったポップカルチャーを発信する複合施設で、ギラヴァンツ北九州のオフィシャルショップ「Gira Square」もここに入っている。5階と6階には約5万冊の漫画単行本を自由に読むことができ、北九州市ゆかりの松本零士さんが館長を務める「北九州市漫画ミュージアム」がある。漫画ソムリエと名付けられた専門スタッフがおすすめの作品を紹介してくれる。

5 小倉観光

小倉は見どころ満載。スタジアムから歩いて行ける小倉城はもちろんのこと、外国貿易で栄えた時代建造物を中心に、ホテル、商業施設などを整備した門司港レトロ。国の重要文化財でネオ・ルネッサンス調の木造建築が美しい門司港駅。大きな観覧車が目印の大型ショッピングモールのチャチャタウン小倉など。小倉には、観戦帰りに立ち寄りたい場所がたくさんある。

最先端の海ポチャスタジアム

駅から徒歩7分と言えば、マンションでも好立地だが住宅ではない。スタジアムである。ギラヴァンツ北九州のホームスタジアム、ミクニワールドスタジアム北九州は駅から徒歩7分。

駅と言っても普通の駅ではない。新幹線停車駅、小倉駅から歩くこと7分。駅到着イコールスタジアム到着。これが本当にありがたい。駅に到着してからもうひと頑張りが必要なスタジアムも少なくない。最寄り駅の定義を根底から覆すような最寄り駅もある。不動産屋で物件を紹介してもらうときに、最寄り駅として紹介されたら怒りを通り越して笑ってしまいそうな距離のスタジアムもある。最新鋭のミクニワールドスタジアム北九州は立地面でも最先端を走っている。

最先端という意味では、使用する側にもきめ細かく配慮されている。放送関係者の話によると、きめ細かく設備を施されたこのスタジアムは、セッティングが非常に楽で、撤収にも余計な時間がかからず、放送終了後ほぼ1時間ですべての片付けが完了するそうだ。これもかなり優秀で、新しくないスタジアムだと撤収に時間も労力も費やさなければならない。費やせば費やすほど、おつかれさまの一杯の開始時刻が遅くなる。きめ細やかな配慮のおかげで、小倉の夜を楽しむ時間が増える。

見る側にとっても、もちろん最高のスタジアムだ。コンパクトでスタンドとピッチが近い。さらに、スタンドの一列目が低く、ピッチに近い。これが半端ない臨場感を生み出す。スピード感はもちろんのこと、ボールを奪い合う、体を当てる、スライディングタックルなどの、生身の人間が体を張って戦う迫力あるシーンを目の前で見ることができる。

選手に声を掛けられるどころではない。なんなら、試合に参加できる。「後ろから相手が来てるぞ!」「左に味方がいるぞ!」。スタンドからのアドバイスで、選手を助けることができ、間接的ではあるが試合に参加できる。

実際、試合前のアップ中、その日の北九州の対戦相手であった栃木SCの菅和範はスタンドの私を見つけ手を振ってくれた。ね、見えてるでしょ! 選手からもお客さんの顔見えてますよ。だから、お客さんの声も気持ちも選手に届く。それぐらいコンパクトに設計されたスタジアムである。

スタジアムから外を見ると、これがまた見どころ満載。アウェーゴール裏にはたくさんの煙突と工場群。遠方に見えるのは本州、山口県。ホームゴール裏からは小倉市内のビル群に加え新幹線。そしてバックスタンドからは、このスタジアムの最大の売りの一つといっていいものが見える。「海」である。いや、見えるというより、すぐそこに海がある。一体どんな設計なんだよ！　バックスタンドの裏側が海なんてスタジアムは日本どころか世界を探してもそうはない。

バックスタンドはそれほど高くはない。これが、設計上なのか法律上なのかわざとなのかは知らないが、高くないおかげでこのスタジアムの名物が一つ生まれた。「海ポチャ」である。選手の蹴ったボールがバックスタンドを越え、海に入ってしまう。

「ひらチャンねる」の収録で、ぼくも海ポチャの回収に協力しましたが、残念ながらボールは飛んできませんでした。船から見たスタジアムはこんな感じです。

2017年シーズン、「海ポチャ」は3回だったが、その3回ともスタジアムは異様な興奮に包まれた。どよめきが起こり、ボールの行方を追ってバックスタンドを走り回る子供たち。最高の光景だった。では、海に落ちたボールをどうするのか？　それは、試合前のヴィジョンに注目していただきたい。

ヴィジョンには、バックスタンド側のピッチ、バックスタンド、海、そして対岸がすべて映るようなサイズのライブ映像が映し出される。

「海ポチャしたボールの回収にご協力していただく漁船、海のボールパーソンをご紹介します」とスタジアムDJの声。するとトランペットメインの演歌の前奏が流れ始める。「海に落ちたボールは俺たちに任せろ！　本日の海のボールパーソン、北九州市漁業協同組合長浜支所　第5秀丸です〜！」。ヴィジョンは切り替わり、海の波しぶきの絵をバックに、漁船紹介の文字。その後、ヴィジョンの映像は次第に漁船に寄っていく。「第5秀丸の船長！　よろしくお願いします」。しかし、船長はノーリアクション。この一連の流れがたまらない。

いつ飛んでくるかわからない「海ポチャ」したボールを回収するために、漁協の方達が海のボールパーソン（ネーミングも最高）を引き受けてくれている。

このスタジアムに行くなら、試合の90分を見るだけなんてもったいないことをしてはいけない。この海のボールパーソン紹介から必ず見るべきだ。最新鋭のスタジアムが作り出すデジタル感と海のボールパーソンが作り出すアナログ感の融合。運が良ければ「海ポチャ」を見ることもできます。

サガン鳥栖

©2014 S.D.CO.,LTD.

ホームタウン
佐賀県鳥栖市
Jリーグ加盟年
1999年
練習グラウンド
鳥栖市北部グラウンドほか
ホームスタジアム
ベストアメニティスタジアム
(収容:24,130人)
Jリーグ最高順位
J1リーグ5位(2012、14年)

正直田舎者だけが知る クラブがあることの喜び

かつてはクラブ存続の危機に陥った。J2生活は13年。スタジアムには「正直田舎者」の横断幕。彼らは知っている。小さな街にクラブがある喜びを。人口73,330人(2018年7月31日現在)の街のスタジアムは今日もたくさんの人で埋まる。

駅とスタジアムが近すぎて、駅の一部がスタジアム、もしくはスタジアムの一部が駅という感覚にさえなる。立地最高。見やすさ最高。顧客満足度が抜群に高いスタジアム。

ベストアメニティスタジアム

Jリーグ初勝利のトドメのGOALはこの選手

福留亮《ふくどめりょう》

1999年3月21日(鳥栖スタジアム)
J2リーグ第2節　鳥栖4-0甲府(85分)

サガン鳥栖のこのコーナーでは、Jリーグ初勝利が4対0の大勝だったこともあって、4点目を決めた福留亮をご紹介。大津高校から京都パープルサンガに加入。1999年から2002年までサガン鳥栖でプレーしたフォワードです。

活躍しているにもかかわらず単年契約で、毎年冬に契約更改があるウィントス。もし、契約してもらえなかったらどうするんだろう? あの柄だし。

ひらちゃんのおすすめ TOP5

1 鳥栖駅 ※1

福岡から電車に乗っていくときは、一両目に乗ってスタジアムが近づいてくる感覚を楽しみます。ホームに降りると目の前がスタジアム。この駅とスタジアムの距離感には誰もが憧れる。あと、駅構内のかしわうどんもおいしい。

昔ながらの佇まいが良くて、駅舎だけでもずっと見ていられます。

2 朝日山

鳥栖市の朝日山は標高132.9メートル。登山ルートが二つあり、一つは整備されていて、ほどよい運動にもなるルート。頂上には展望台もあり、鳥栖の街を一望。心身ともにリフレッシュできる。ただ、もう一つのルートは様相一変。地獄の階段と呼ばれる290段の階段がある。サガン鳥栖はこの地獄の階段をトレーニングに使用。鍛えられているサッカー選手がこのトレーニングでは吐きそう（いや吐いている）になるそうだ。

3 男女別のチャント

サガン鳥栖のチャントには、男女でパートが分かれているチャントがある。「オイオイ」と男性。その後、女性が「サガンゴール」。これを繰り返す。これが、非常に新鮮で気持ちがいいし、かなり珍しい。そして、これが可能なのはサガン鳥栖に女性サポーターも多いからだろう。

Jリーグ、海外リーグを見渡してもかなり珍しいです。

4 記念ユニフォーム

毎年1回か2回行っているイベントは、来場者全員に当日限定のレプリカユニフォームを配布するというもの。配布されたユニフォームと同じ柄のユニフォームを着て戦う選手を見るのも嬉しいし、スタジアムがいつもと違った色に染まるのを見るのも楽しい。これで、サガン鳥栖を好きになる人が一人で増えればいいと思う。

5 フェルナンド・トーレス

エル・ニーニョ（神の子）、フェルナンド・トーレスが鳥栖にやってきた！ 噂を聞いた時、にわかに信じることができなかったが、現実にサガン鳥栖にフェルナンド・トーレスの姿がある。2008年、ユーロの決勝でシャビのスルーパスに反応し、キーパーの手前で触りゴールを決め、スペインに優勝をもたらした男。見なきゃ損だ！

鳥栖駅でよい感じの標語を見かけました。

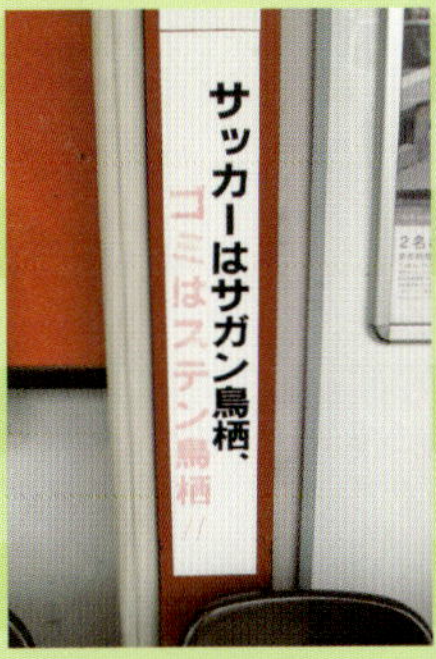

※1 九州の交通の要所なので、電車はたくさん入ってきます。

鳥栖の素晴らしきスタジアム

福岡から電車に乗った時点で、すでに心はそわそわしている。左手に見えてくるであろうスタジアムに心が躍る。鳥栖駅が近づいてくる。大きな鉄の塊のようなものが格好いい。この目に焼き付けたい。写真も撮りたい。そして、結局いつも良い写真が撮れない。

駅に近いことが有名なベストアメニティスタジアムだが、そのフォルム自体がかっこいい。駅に着いて、かしわうどんを食べながら、ずっとスタジアムに見惚れている。とにかく飽きない。見た目も良ければ、中身も申し分ない。とにかく見やすい。

にもかかわらず、J2の頃のこのスタジアムは、試合によっては少し寂しいものがあった。アウェーのゴール裏のスタンド寄りのメインスタンドなんてがら空きで、一角どころではなく、何百人分ものエリアを独り占めできた。悠々サッカー観戦状態。すると、試合中にもかかわらず、売店のお兄さんに「ひらちゃん、何か飲む?」と言われ、お言葉に甘え烏龍茶をいただいた。

この牧歌的な雰囲気が、実は嫌いではなかった。だから、このスタジアムが、たくさんの感動のドラマを作り出す夢舞台であることに気づいていなかった。このスタジアムが満員になった時どんな雰囲気になるだろう? そんなことを考えるのが精いっぱいだった。

2008年から2013年までサガン鳥栖に在籍していたゴールキーパーの室拓哉はどんなことを考えながら、ゴールマウスを守っていたのだろう? 彼は、結局J1でプレーすることはなかったが、J2時代のサガン鳥栖のゴールマウスを守り、チームを支えた。現在、サガン鳥栖U-18のゴールキーパーコーチを務める室拓哉とメインスタンドの軒下で浦和戦を観戦していた。

まさに立錐の余地もない満員のスタジアムを見て、私はこう言った。

「このスタジアムが満員になると最高ですね!」。満員になったスタジアムの雰囲気は、かつての寂しいスタジアムで想像した満員のスタジアムの雰囲気を遥かに超えていた。しかし、室拓哉はこう答えたのである。

「このスタジアムは、客が少なくても最高のスタジアムなんですよ!」

室拓哉はピッチからスタジアムを見て、このスタジアム自体の素晴らしさを感じていた。そして、このスタジアムを誇りに思っていることが伝わってきた。選手にそんなことを思わせるスタジアムはどこにでもあるわけではない。

2011年、J2最終節。サガン鳥栖のJ1昇格をこの目に焼き付けようと、2万2532人もの人がこのスタジアムに足を運んだ。ロアッ駅のホームのかしわうどん。なかなか有名なお店です。

駅のホームから見るベストアメニティスタジアム。

ソ熊本戦は追いかける展開となり、最終的には2対2で終わるこのゲームの同点ゴールを決めたのは、現在サガン鳥栖トップチームのコーチである木谷公亮。大宮、仙台で活躍し鳥栖でもレギュラーとして活躍した。

　まだJ1でプレー経験がない木谷公亮が最終節でJ1昇格への花道を飾る同点ゴールを決めるというドラマ。舞台装置が整ったこのスタジアムには様々な感動のドラマが起きる。夢が叶い、奇跡が起きる。


　その後、木谷公亮はプレシーズンマッチで負傷し、待望のJ1でのプレーは10月まで待たなければならなかった。34歳と18日でのJ1リーグ戦初出場。ちなみにJリーグ初出場は、木谷公亮が大宮に在籍していた2001年のこと。対戦相手はサガン鳥栖。スタジアムはこのスタジアムがまだ鳥栖スタジアムと呼ばれている頃だった。

　ベストアメニティスタジアムという夢舞台を彩ったたくさんの役者の中でも、多くの感動を与えた選手の一人は金民友。大きくはない体で、戦う姿勢を表現し続けた。彼の退団セレモニーには誰もが涙した。「ベアスタを埋め尽くし、選手たちと同じ気持ちで戦ってくださった皆さんは本当に美しい！」。感動の舞台に集まる人たちを美しいと形容する金民友の心が美しい。そして、最後にこう述べた。

「私はまたいつの日か皆さんの熱い声援を背に、サガン鳥栖のユニフォームを着て、ここベアスタのピッチに立てる日を夢見ています。夢は叶う！ ありがとうございました」。万雷の拍手は鳴りやむことはなかったし、観客の涙が止まることもなかった。

　あるドキュメンタリー番組で鳥栖がJ1に昇格したことをインタビュアーに聞かれた人が、こんな風に答えていた記憶がある。

「J1に昇格したことが奇跡ではない。まだ、サガン鳥栖があること自体が奇跡なんだ」

　過去にチーム消滅の危機に遭遇したサガン鳥栖。そんな苦しい過去を乗り越え、奇跡を起こしたことが、現在のベストアメニティスタジアムという舞台で起きるドラマに引き継がれている。ベストアメニティスタジアムは夢が叶う最高の舞台だ。

V・ファーレン長崎

©2005 VVN

ホームタウン
長崎県長崎市、諫早市を中心とする全県

前身
有明SC

Jリーグ加盟年
2013年

練習グラウンド
諫早市サッカー場

ホームスタジアム
トランスコスモススタジアム長崎
（収容:20,258人）

Jリーグ最高順位
J2リーグ2位（2017年。2018年J1昇格）

長崎県民はもちろん他のクラブにも夢を与える

2017年、J２リーグ2位。V・ファーレン長崎はＪ１昇格という夢を叶え、長崎県民に夢と希望を与えた。そして、大きくはないクラブがＪ１に上り詰める姿を見ていた、長崎と同じように予算規模が大きくはない他のクラブにも夢を与えた。

Jリーグ初GOALはこの選手

佐《さ》藤《とう》洸《こう》一《いち》

2013年3月3日（Kankoスタジアム）
J2リーグ第1節　岡山1-1長崎（25分）

岐阜、長崎そして現在金沢でプレー。J2で二桁ゴール5回の点取り屋。頭部を負傷し、頭をテーピングぐるぐる巻き。試合後、「頭、大丈夫ですか?」と聞かれ「頭はもともと悪いので。ちょっと良くなったと思います」と笑いを誘った。

高田社長もヴィヴィくんも試合前から大忙し。スタジアムの至る所に顔を出し、ファン、サポーターと触れ合っている。グルメも豊富でおいしい。

トランスコスモススタジアム長崎

HOME STADIUMはこちら

ヴィヴィくんは何度会っても、どこで会ってもかわいい。そんなヴィヴィくんのブログに私も登場しているが、とにかくめちゃくちゃ嬉しかった。

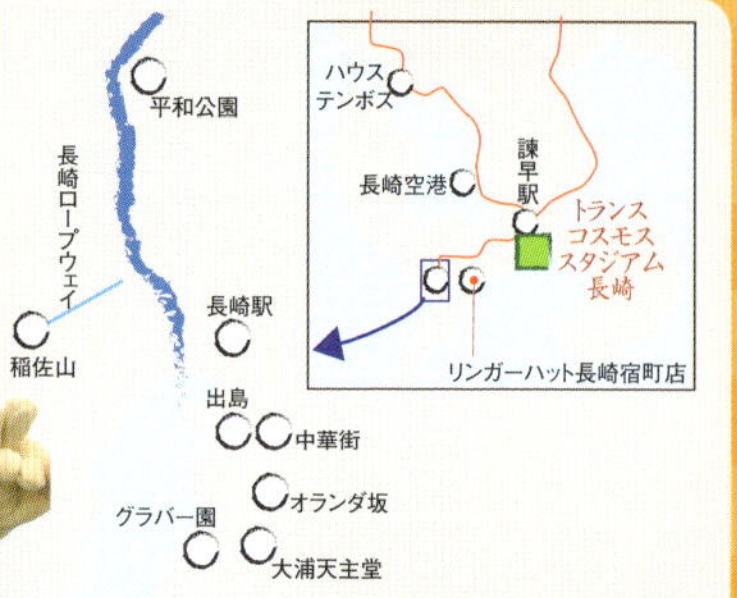

ひらちゃんのおすすめ TOP5

1 長崎出身ツートップ

ジャパネットたかたでおなじみの、V・ファーレン長崎の髙田明社長。明るさが人を引きつけ、クラブを変えた。バイタリティーに溢れ、アウェーの地にも足を運ぶ。この髙田社長が長崎出身ならばチームを昇格に導いた高木琢也監督も長崎出身。クラブ、チームを牽引するツートップが長崎出身であるということが、V・ファーレン長崎を応援する人にとっても、さらに感情移入できる要素になっている。長崎が誇るツートップだ。

髙田明社長は他のクラブのサポーターからの人気も絶大なものがあります。

2 ヴィヴィくん

長崎がＪ１に昇格したということは、ヴィヴィくんの活躍の舞台もＪ１に移ったということ。昇格前からヴィヴィくんは有名だったが、さらに多くの人がヴィヴィくんを知ることになる。うれしい。しかし、どこかさみしい。有名になっちゃうんだな～ヴィヴィくん。大好きな深夜番組がゴールデンタイムに移るときに感じるような複雑な心模様。しかし、ヴィヴィくんには有名になるだけのかわいさがある。羽ばたけ！ ヴィヴィくん！

3 長崎ちゃんぽん

もちろんスタジアムでも食べられます。今年行ったときは寒い時期だったので、さらに美味かったですねえ。オリオンビールは沖縄で飲むのが美味いように、長崎に行ったら長崎ちゃんぽんも是非食べてほしいですね。

空港でもちゃんぽんを見かけました。

4 長崎観光

長崎は見るべき、行くべきところが尽きない。大浦天主堂、出島、オランダ坂にグラバー園。足を延ばして五島列島に佐世保のハウステンボス。試合観戦の後、飛行機や電車でまっすぐ家に帰るのではもったいない。できれば、日数や時間に余裕をもって長崎には行きたいものです。

中華街も楽しめます。

5 ゼイワン

2017年の冬、注目ワードのランキング上位に「ゼイワン」の文字。髙田社長の出身地である平戸市の訛りで、「ジェイワン」と言うと、どうしても「ゼイワン」と聞こえてしまう。でも、ここで疑問が沸いた。ならば、Ｊ２のことを「ゼイツー」と言っていたのだろうか？ タレントのJOYのことを「ゾイ」と言うのだろうか？ 謎は深まるばかりだ。

JR九州も「V・LINER」（ヴィクトリー・ライナー）で長崎の盛り上げに協力しています。

がんばらんばV・ファーレン!!

J1、いやゼイワン第2節。記念すべきV・ファーレン長崎のJ1ホーム開幕戦のサガン鳥栖戦は2対2の引き分けに終わった。翌日、J2熊本対徳島を観戦するため、長崎駅に向かう。ホームに着くと、昨日スタジアムに溢れていたV・ファーレンカラーの青とオレンジと同じ色の電車が入ってきた。これがV・ファーレン長崎のラッピングトレイン「V・LINER（ヴィクトリー・ライナー）」。電車の前面にはエンブレムが施され、側面には選手の写真。その写真のところには、選手直筆のサインも書かれている。

電車の写真を撮ろうと、携帯片手にたくさんの人が集まってきた（そのうちの一人が私）。V・ファーレン長崎の認知度が上がっていることと、J1に昇格したことが実感できた瞬間だった。

その長崎駅には、「ホーム戦は、JR九州を利用してV・ファーレン長崎を応援しよう！」と書かれたパネルのようなものがあり、その下にホームゲームの開催日程。その横には選手のサイン。そして、その横のホワイトボードには色々なメッセージが書き込まれていた。

「ホームゲーム絶対勝利！」「がんばらんばV・ファーレン!!」などチームを応援するものから、「ファンマうまい」「さわだナイス！」と選手をシンプルに褒めるもの。なかには「献身的さわだ!!」と得点を決めたことよりも、澤田崇の献身的な部分に注目する解説者並みの意見や「ファンマ怒らないで……」と時に感情的な態度を見せてしまうファンマに向けて切実な願いも書き込まれていた。

心からJ1昇格を喜び、J1を楽しみにしている書き込みから、しっかりとゲームを見ていないとわからないようなことまで、たくさんの文字でホワイトボードは埋まっていた。

そこには、もちろんこんな文字も。

「ヴィヴィくん　かわいい♡」

V・ファーレン長崎のマスコット、ヴィヴィくんがかわいいことは誰もが知るところだが、それでもホワイトボードに書かずにはいられなかったのだろう。サッカー観戦のとき、フィールドプレーヤーに先駆けて、キーパーがピッチに登場し、サポーターに一礼。その後、キーパーのチャントが始まり、ボルテージが上がっていくシーンが大好きだが、V・ファーレン長崎の場合、見逃してはいけないシーンがある。

♪ヴィヴィくん　ヴィヴィくん
とべとべたかく
ヴィヴィくん　ヴィヴィくん
ちからのかぎり♪

ヴィヴィくんがゴール裏に姿を見せると、サポーター席から聞こえるヴィヴィくんのチャントがたまらな

J!ホーム開幕戦翌日の、長崎駅のホワイトボード。

ヴィヴィくんはサポーターにも絶大な人気がある。

い。激しく、熱く、燃えろなどの言葉が並ぶことの多いチャントの中で、なんともかわいいチャント。そのチャントに応えて、ぴょこぴょこはねるヴィヴィくんが愛おしい。サポーターとヴィヴィくんが作り出す空気感は平和で、幸福感に満ち溢れている。

　そんなヴィヴィくんのキャラクターや存在感を生み出すのに一役買っているのが、Ｖ・ファーレン長崎のスタッフの方のヴィヴィくんに対する接し方だ。けっしてぞんざいに扱ったりすることがない。どんなときでも、表でも裏でもヴィヴィくんとして接し、ヴィヴィくんとして話しかける。

　あたりまえだけど、なかなかできていないことも多い。ついついマスコットに、大人な感覚で話しかけたり、業務的態度を取ったり、上から目線で話しかけたりする人も少なくない。そういう態度を子供たちや部外者は見ている。ただ、ヴィヴィくんに関わる人たちにそんな人はいない。

　高田社長のヴィヴィくんへの接し方や話し方を見ればわかる。マスコットを下に見るようなことは微塵もない。自ら駆け寄り抱き合い、優しく話しかける。そして、高田社長の作り出す温かな空気感はたくさんの人を巻き込んでいく。そんな高田社長がＪ1、いやゼイワン昇格を決めた試合後のセレモニーでの言葉を忘れることはできない。

「やはりスポーツは素晴らしい。この長崎という地は、広島と共に原爆を落とされた地。これは平和について世界で唯一語ることができるクラブだと思うわけでございます。長崎の力を、Ｖ・ファーレンを通して世界に平和を伝えていく役割をこのチームに持っていこうではありませんか」

　ゼイワンホーム開幕戦後、ＮＨＫ ＢＳ1の「Ｊリーグタイム」で高田社長にインタビューすることになった。そこで高田社長はこうも言っている。「平和というのは、戦争とか平和ということではなくて、スタジアムの今日の雰囲気なんですよ。みんなの笑顔が輝いている」。

　ヴィヴィくんの周りにも、高田社長の周りにも笑顔が溢れ、平和が溢れている。平和でなければ、サッカーをプレーすることも観ることもできない。長崎駅のホワイトボードにはこんな文字もあった。

「来年もさ来年も
九州ダービーやろう!!
ｂｙサガン鳥栖サポ
昇格おめでとう!!」

ロアッソ熊本

ホームタウン
熊本県熊本市
Jリーグ加盟年
2008年
練習グラウンド
熊本県民総合運動公園内、各施設ほか
ホームスタジアム
えがお健康スタジアム（収容:32,000人）
Jリーグ最高順位
J2リーグ7位（2010年）

日本一地域に根ざしたクラブを目指す

数年前から「ロアッソ熊本"火の国もりあげタイ！"」という取り組みを開始。まちづくり、まちおこし応援。熊本を盛り上げる活動を行う。地域ごとに担当選手を任命し、地域の魅力を発信。2018年は南阿蘇村、菊池市、熊本市南区が選ばれた。

Jリーグ初GOALはこの選手

高橋泰《たかはしゆたか》

2008年3月8日（ニンジニアスタジアム）
J2リーグ第1節　熊本1-2愛媛（80分）

帝京高校出身。広島を皮切りにJリーグ7クラブでプレー。2006年熊本加入。2006年JFLで34試合15ゴール。翌年、34試合29ゴール。2008年J2で42試合19ゴール。現在、ロアッソ熊本ジュニアユースの監督を務める。

熊本空港からはタクシーで約15分。意外と近い。スタジアムグルメ豊富。スタジアムの中も外も楽しい雰囲気が溢れている。

えがお健康スタジアム

ロアッソくんが踊るロアッソサンバのPVにはくまモンやころう君（熊本県鞠智城のマスコット）やふれきんちゃん（長洲町のマスコット）も登場し、楽しい仕上がりになっている。

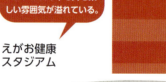

ひらちゃんのおすすめ TOP5

1 えがお健康スタジアム

このスタジアムのグルメも楽しい。熊本名物馬肉入りのパティを使用した「うまかバーガー」や「あか牛阿蘇バーガー」、「馬肉入り焼きそば」など、熊本色満載のメニューもあれば、定番のカレー、唐揚げ、焼きそばもある。オーダーメードのパン屋ではロアッソくんなどのキャラクターが描かれたパンを販売するなどバラエティーに富んでいる。

2 くまモン

ゆるキャラの最高傑作。ロアッソ熊本のゲームにも姿をあらわし、アウェーのゲームにも出没します。イベントで何度か共演したことがありますが、とにかく元気でかわいくて人気者なので、くまモンがステージからいなくなると、お客さんもいなくなるという、若手芸人が味わうような切ない気持ちを味わうことになります。

九州新幹線、熊本駅の大きなくまモンの顔も楽しい。

オーダーメードのパン屋さんが、僕の顔のパンを作ってくれました。

3 カモンロッソ ※1

ロアッソ熊本の勝利のダンスは、ゴール裏のスタンドの前に選手が並ぶと始まる。ノリの良さ、盛り上がり、見ている側に伝わる楽しさは相当のもの。リズムもいいし、合間に入る指笛の音もいい。選手たちは巧みにタオルマフラーを振り回し、しっかりとステップを踏む。勝利の喜びが、カモンロッソを踊れる喜びがそこかしこに詰まっていて、幸福感が溢れている。かつて、チーム名をロッソからロアッソに変えなければならなかったわけですが、ここにロッソの名前を残しているところにサポーターの想いを感じることができます。

4 つる乃湯 熊本インター店

試合観戦前日に、スタジアムの近所に何か面白いところはないものかと、スマホのマップで見つけた、400円で天然温泉が楽しめるスーパー銭湯のようなところ。かなり気持ち良くて、時間が経つのを忘れてしまう。ところが、スマホではスタジアムから近く見えたが、実際はかなりの距離。試合開始に遅れそうになりました。

コストパフォーマンス抜群です。

5 熊本城

2016年、熊本地震が発生。その約2か月後に熊本へ。熊本の街は、家が崩れ、外壁がはがれ、道路はうねっていた。熊本城が崩れたことがかなりショックだったという熊本の方もいた。熊本城は熊本の人たちにとってなくてはならないもの。熊本城が元通りになるまで相当の時間を要するようですが、早く元通りになることを願っています。

熊本の人たちにとっての、心のよりどころです。

※1 2005年にロッソ熊本として創立されたクラブが、2008年にロアッソ熊本と改称され、現在に至ります。

熊本のジョニー・デップ

かつて、ＢＳ日テレで「百年旅行〜Ｊリーグのある風景〜」という番組があった。その番組に出演することになり、スタッフにどこに行きたいかと問われ、間髪入れず「熊本をお願いします」と言った。なぜならば、２０１１年、12月3日、Ｊ２最終節のことが忘れられなかったから。

サガン鳥栖のホーム、ベストアメニティスタジアム。サガン鳥栖はロアッソ熊本と戦い、２対２の引き分けだったが、Ｊ１への昇格を決めた。昇格で湧き上がるスタジアムのアウエー、熊本のゴール裏からこんな横断幕が広げられた。「サガン鳥栖を愛する全ての人へ　堅忍不抜の努力に敬意を表します　追いつき追い越すまでＪ１にいてね♡」。

堅忍不抜《けんにんふばつ》の意味はよくわからなかったけれど、なんだか感動的な出来事で、スタジアムは昇格の熱とともに、温かい空気にも包まれた。こんな素敵かつ達筆な横断幕を作る人たちとはどんな人たちなのか？　番組を通して取材させていただくことになった。

このころのロアッソのコールリーダー、廣原さんのことは、何度かお会いして少し知っていた。ただ、挨拶をする程度で、どんな人なのかはわからない。髪が長く、独特の空気を持つ廣原さんを私とスタッフは勝手にジョニー・デップと呼び、職業を想像していた。古着屋、ジャズの流れる喫茶店のマスター、アクセサリーなどを売る雑貨屋。

さて、取材日当日、スタッフの車に揺られて向かう先には広大な景色が広がり始めた。なんと、ジョニー・デップはビニールハウスで野菜を栽培していた。長髪とビニールハウスと堅忍不抜。カオスすぎる展開はあまりにも楽しく、廣原さんとの会話は弾んだ。

その夜、サポーターの皆さんの飲み会を取材することになった。飲み会は盛り上がっていた。若い人が多かったが、その中に一人60歳ぐらいの男性の姿が。周りに若い女性サポーターがいたこともあって、テンションが上がったその男性は私にサインを要求し始めた。もちろん快諾。しかし、一体どこに書けばいいのか？「ひらちゃんここ！」。なんと、自分の薄くなった頭頂部を指さした。

いくらなんでも、それは無理だ。年上の方の頭部の地肌にサインを書くなんてできない。と何度も断ったものの、何度もお願いされ、それ以上断ると、場がしらけるような気もしたので、本当に申し訳ない気持ちで、後にも先にも一度きり、地頭にサインを書いた。この出会いこそ、私が勝手に「(熊本の）お父さん」と呼んでいる古庄孝さんとの出会いだ。

お父さんは、熊本の試合ではスタ

ジアムにお店を出している。そのお店の代表作が「いきなり団子」。熊本県の郷土菓子で、サツマイモと小豆のあんを小麦粉の生地で包んで蒸したもの。素朴な味わい。そして、生地に絶妙な塩味があることによって、サツマイモと小豆の甘さが心地よく口の中に広がる。

お父さんは、試合のない日は、熊本市内にある店舗で「いきなり団子」をはじめ、心優しいお菓子を製造、販売する「かんしょや」を営む。その店舗も取材し、当時5歳か6歳ぐらいの、ロアッソ熊本にかなり詳しいお孫さんと、近所の公園でサッカーをした。

　2016年、熊本に大きな災害をもたらす地震が起こった。お父さんの住所も電話番号も知らなかったが、ネットで店舗の住所を調べ、店を訪れた。お父さんは元気だった。店も大丈夫だった。だけど、家は大変なことになっていた。半壊の認定（のちに全壊の認定を受ける）だったが、写真のお父さんの家は、一階から空が見えていた。お父さんは、被害の大きかった益城の様子も見た方がいいと言って、車で案内してくれた。家は傾き、がれきは少しも片付けられていなかった。車の中から見る景色は、本当に言葉も出ないくらい辛い景色だったけど、お父さんは少しも弱音を吐かなかった。まさに堅忍不抜。辛いことも耐え忍んで、どんな困難にも心を動かさなかった。

　ジョニー・デップこと廣原さんは農業をやめて、カフェダイニング「CARA a CARA」を開店した。壁はロアッソカラーの赤。廣原さんらしいこだわりの料理が自慢のお店だ。試合後のロアッソサポーターが集まり、色々な話に花を咲かせる。思い通りの応援ができなかったと少し嘆き節。堅忍不抜まではもう少しのようだ。

　えがお健康スタジアムには、もちろん現在もお父さんは出店している（現在お休み中）。私を見つけると、あれを食べろ、これを食べろとスタジアムグルメを案内してくれる。それなら、お父さんのお店のものを食べたいと、お店に行く。と見慣れない若い、いや若すぎる店員の存在。なんと、私と公園でサッカーをしたお孫さんは中学生になり、店を手伝っていた。中学生っぽい、立派ではない髭が微笑ましい。えがお健康スタジアムは本当に楽しい。いつもパワーをもらう。そして、ロアッソ熊本にかかわる人たちは魅力的な人が多い。

熊本の「お父さん」、古庄孝さん（左）。

廣原さんのカフェダイニング「CARA a CARA」。

ホームタウン
大分県大分市、別府市、佐伯市を中心とする全県

Jリーグ加盟年
1999年

練習グラウンド
大分スポーツクラブ

ホームスタジアム
大分銀行ドーム
(収容:31,997人)

Jリーグ最高順位
J1リーグ4位(2008年)

主要タイトル
J2リーグ優勝(2002年)
J3リーグ優勝(2016年)
Jリーグカップ(2008年)

大分トリニータ

© 2005 O.FC

さまざまな経験が クラブの幹を太くする

ナビスコカップ(現ルヴァンカップ)優勝。2012年初めて行われたＪ１昇格プレーオフでは、レギュラーシーズン6位から下克上でのＪ１昇格。そして、Ｊ３降格。良いことも悪いことも経験したことで、クラブの幹は太くなり始めている。Ｊ３も経験したクラブは、Ｊ２で力を積み上げ、太くなった幹に美しく力強い花を咲かせようとしている。

Jリーグ 初GOAL はこの選手

1999年3月14日(大分市営陸上競技場)
J2リーグ第1節　大分1-0札幌(40分)

大分時代、Ｊ2で1999年は30試合18ゴール。2000年、29試合22ゴール。2001年札幌時代、Ｊ1で24ゴールを挙げ得点王。ゴールの多さ、そして問題行動。いい意味でも悪い意味でも強烈なインパクトを残したストライカー。

大分駅からタクシーで約25分。2002年の日韓ワールドカップでも使用された立派なスタジアム。可動屋根は、高い透光性をもち、閉鎖時でもフィールドに自然光が降り注ぐ設計になっている。

大分銀行ドーム

亀がモチーフ。大分県別府市亀川出身と、プロフィールでも亀にこだわるニータン。ならば、鶴にこだわるグルージャ盛岡のマスコット、キヅールとの共演に期待。

ひらちゃんのおすすめ TOP5

1 大分銀行ドーム

近未来を感じさせるフォルム、そして外観がシルバーなので太陽光が当たると眩しいくらいに輝いてかっこいい。2019年のラグビーワールドカップの会場としても使用される。大きなスポーツイベントを開催できる能力を持っている。

俺、宇宙人だったらここに降りますね。

2 アカデミー出身選手

写真の選手の他にも、小手川宏基、後藤優介は現在大分でプレー。松原健（横浜F・マリノス）、清武功暉と為田大貴は千葉で、坂井大将（新潟）、井上裕大（町田）など多くの選手がいる。

3 ニータン

そもそもニータンだけで破壊力抜群のかわいさなのに、さらにコスプレをしてみんなを楽しませようとするサービス精神が素晴らしい。ハロウィンの格好をしたかと思えば、牛や蜂のコスプレ。極めつけは、ローソンのポンタとの共演でポンタのコスプレをするニータン。これからも、ニータンは様々なコスプレにチャレンジしていくだろう。

4 温泉

温泉の源泉数、湧出量共に日本一を誇る「おんせん県」大分。有名な湯布院温泉、別府温泉以外にも、天ヶ瀬温泉や日田温泉、日出温泉に深耶馬渓温泉など多くの温泉がある。Jリーグを楽しんでいる方は、そのあたりもうまく計画して、きっとサッカー観戦と温泉を上手に組み合わせていると思うが、そうでない方は、観戦の際に大分の温泉も楽しんでみてください。

5 大分グルメ

大分もおいしいものが多い。関サバ、関アジに別府冷麺。そして、鶏肉消費量が上位にランクする大分は、鶏肉を使った料理がおいしい。吉野鶏めしや中津からあげ、そしてとり天。試合にいくときの楽しみは食事。大分のグルメも充実している。

もちろんスタジアムでも食べられます。

チケットを買った日からのワクワク感

2001年のことだったと思う。その頃、来る日も来る日も幡ヶ谷のもんじゃ焼きを食べられるお店で、5、6人が集まりお酒を飲んでいた。その日も、いつものようにわいわいがやがや騒いでいたが、そのうちの一人の女子が発した言葉で一気に酔いがさめ、我に返った。

「ワールドカップのチケットの締め切りって明日でしょ?」。わかっていた。いや、わかっているつもりだった。まずは、チケットを申し込み、抽選で選ばれた者のみがチケット購入の権利が得られることを。期日があることもわかっていた。しかし、その期日が明日に迫っていたなんて。今ほど、インターネットが普及していなかった時代。郵送で申し込んだ記憶がある。

そんなことを完全に忘れ、幡ヶ谷での日々が続いていたある日、見たこともない立派な感じの郵便物。ワールドカップの組織委員会的なところから郵便が届いた。「お申込みありがとうございます。しかし、残念ながら今回は」といった文字が頭に浮かんでいた。ところが、当たったのである。ワールドカップのチケットを購入できる権利が得られる抽選を見事クリア! なんと、2002年6月13日、大分のビッグアイ(現、大分銀行ドーム)で行われるイタリア対メキシコの試合を観戦できることになったのだ!

試合当日までの長いカウントダウンの日々は本当に楽しかった。毎晩、修学旅行前日状態。時に、チケットを見てはほくそ笑み、時に、宿泊先に決めた湯布院のパンフレットを見てはにやけていた。

当日、大分の街は盛り上がっていた。街の中ではお祭りのような状態で、そこで食べた鶏の味は忘れられない。そして、メキシコ人がとにかく溢れていた(あの人たちはワールドカップが好きだな〜)。スタジアムに向かうバスの中にもたくさんのメキシコ人。

つばの広いソンブレロをかぶったメキシコ人に簡易トランペットを「吹いてみるか?」と言わんばかりに渡され、とりあえず吹いてみると大きな音が鳴り、それだけで日本人もメキシコ人も盛り上がるという、何がおもしろいかわからないけど、とにかく盛り上がるミュージシャンのライブのMCみたいな状態でスタジアムに向かった。

向かったのだけど、ほとんど試合の記憶がない。このゲーム以外にも、日韓のワールドカップでは何試合か観戦したし、南アフリカにも行ったけど、現地観戦したワールドカップの試合はなぜか頭に残っていない。スタジアム内外の独特の雰囲気が極度の非日常感を創出し、相当浮かれ

2008年11月1日、ナビスコカップ決勝で大分は清水を下す。写真は国立競技場を青と黄色に染め分けた大分のコレオグラフ。

2002年のワールドカップを、現在の大分銀行ドームで観戦した。

た気分になるのだろう。

覚えているのは、湯布院にも陽気なメキシコ人が溢れていたことと、大分が楽しかったことと、空港から乗ったホバークラフトのことだけ。だけど、チケットを手に入れてから当日が近づいてくる間の得も言われぬワクワク感は本当にたまらないものがあった。

だから、2008年、ナビスコカップ決勝、大分トリニータ対清水エスパルスの時、飛行機の遅延で国立競技場でのキックオフに間に合うかどうかという事態に巻き込まれた人たちの気持ちを考えると、察するに余りある。大分が決勝に進出し、チケットと航空券を確保した時点からお楽しみは始まっている。それなのに、お楽しみクライマックスの1歩手前で、国立にたどり着けるかどうかわからない事態に陥るなんて。

だけど、あの日の国立競技場の景色は素晴らしいものがあった。青とオレンジに染め上げられたスタンドは本当に美しかった。高松大樹が決め、ウェズレイが決めて大分が優勝。金崎夢生が躍動し、森重真人がディフェンスラインをまとめる。ホベルト、エジミウソンのボランチコンビも魅力的で、シャムスカ監督が率いるこのチームは本当に良いチームだった。そして、この試合のベンチに家長昭博や清武弘嗣がいたことも忘れるわけにはいかない。Jリーグの、九州のクラブ初のタイトルは感動的だった。

2008年と言えば、このチームのアイドル、ニータンが誕生した年でもある。先日、何気なくスマホをいじっていたら、目に飛び込んできた「ニータン写真集発売」の文字。迷うことなく、購入のボタンを押していた。ネットで購入して、家に商品が到着するまでのワクワク感。

数日後。来た〜！

「おつかめさまです。ニータンです。」

何度見ても、このフォルムはやばい！ 可愛すぎる。そして、表情もいい。角度によって幼くも見えるし、おじさんに見える時もある。表情は一つのはずなのに表情豊かに見える不思議さ。中身は、是非ご購入して楽しんでいただきたいが、「ニータンのホームタウンだいぼうけん」と題して、大分の名所にニータンが行った写真が満載。

実は、少し大分にはご無沙汰していて、行けていない。だけど、「おつかめさまです。ニータンです。」を見て久々に行きたくなった。早めに航空券を買って、どきどき長めで大分に行くことに決めた。

鹿児島ユナイテッドFC

KAGOSHIMA UNITED FC

©2014 KAGOSHIMA UNITED FC

ホームタウン
鹿児島県鹿児島市

前身
ヴォルカ鹿児島、
FC KAGOSHIMA

Jリーグ加盟年
2016年

練習グラウンド
鹿児島県立
サッカー・ラグビー場

ホームスタジアム
白波スタジアム
(鹿児島県立鴨池陸上競技場)
(収容:19,934人)

Jリーグ最高順位
J3リーグ4位(2017年)

桜島をバックに鹿児島らしいクラブへ

鹿児島県は多くのサッカー選手を輩出。城彰二、前園真聖、遠藤保仁、そしてドイツで活躍する大迫勇也も鹿児島出身。鹿児島ユナイテッドFCにも鹿児島出身の選手が増えた。他にはない鹿児島らしいクラブになり始めている。

バックスタンドの向こうに見える桜島。噴火すれば、火山灰がバックスタンドに積もることも。ただ、桜島があることによって、中継の映像でスタジアムが映れば、白波スタジアム(鹿児島県立鴨池陸上競技場)だとわかる。お金では絶対に買えない最高の背景だ。

白波スタジアム
(鹿児島県立
鴨池陸上競技場

Jリーグ初GOALはこの選手

藤本《ふじもと》憲明《のりあき》

2016年、鹿児島に加入。J3で、2016年は27試合、15ゴール。2017年は30試合、24ゴールで2年連続J3得点王。瞬間的な速さで裏のスペースへ抜け出し、相手のスキを逃さないストライカー。現在、大分でプレー。

2016年4月3日(ニッパツ三ツ沢球技場)
J3リーグ第3節　Y.S.C.C.横浜0-1鹿児島(35分)

愛らしいしぐさや表情がかわいい、ゆないくー。Jリーグマスコット総選挙の順位はそれほど高くないが、個人的にはもう少し上位でもいいかなと思っている。

HOME STADIUMはこちら

ひらちゃんのおすすめ TOP5

1 桜島

桜島はいつ見ても、どの角度で見ても雄大で堂々としている。何もしゃべらないし、格好をつけたりもしないけど、その存在自体がカッコいい。見ているだけで惚れ惚れする。まだ対岸で見ているだけなので、今度こそは上陸してみたい。

桜島を見たらとりあえず長渕剛さんの歌を歌います。

2 ゆないくー

ゆないくーの頭部にある桜島は常に噴火中。これもまたかわいい。白波スタジアムに来ている子供たちにもかなり人気があります。

3 炊き肉

鹿児島にはたくさんのおいしいものがあります。その中で私のおすすめは「炊き肉」。真ん中がくぼんだ鉄板に、肉や野菜を土手状に盛り、その具材を鉄板のくぼみの中に落としていく。出来上がったものを特製のタレで食べると、おいしいことこの上なし。ビールにもごはんにも合う。そして、止まらない。締めのうどんもおいしい「炊き肉」。鹿児島に行った際は、是非ご賞味あれ。

4 じゃんけんマン

鹿児島ユナイテッドのサポーターで、鹿児島のゲームにはほぼ出没します。結構子供に人気があって、じゃんけんすると、じゃんけんマンのステッカーやシールをくれます。日本代表の試合にも出没。派手ないでたちなので、映像に抜かれることがあり、それを見た私は「あっ、じゃんけんマン！」と思わず反応。ただ、周りはぽか～んとしています。

「ひらチャンねる」の収録でじゃんけん対決しました。

5 大河ドラマ『西郷《せご》どん』

小柳ルミ子さんも出ているし、ちょっと見てみようと思ったらハマってしまった。私の中では「西郷どん」＆鹿児島ブームです。鹿児島は、街中に西郷隆盛の生家とか大久保利通の生家が普通にありますから、「西郷どん」を見ている人からすると、鹿児島は激アツスポットです。

「西郷どん」を見ていると鹿児島は最高だなと思います。

鹿児島の「愛」が強い人たち

シーズン中はもちろん楽しいJリーグだが、シーズン前の楽しみもある。九州、沖縄ではキャンプが行われ、これがけっこう楽しい。キャンプ地に行けば、シーズン中ではなかなか見せない表情をする選手を見ることができる。移動しながらキャンプ地を巡れば、1日に2、3チームの練習を見ることもできる。それほど御贔屓ではないチームの練習も見に行けるし、ファンサービスもけっこうしてくれるので選手と写真を撮ったり、サインをもらったりすることもできる。

そんなキャンプの情報、そして選手の様子を生で伝えようと、かつてスカパー！でキャンプ地から生放送を何度か行った。鹿児島編の舞台は、鹿児島県霧島市にある「ホテル京セラ」。キャンプ期間にサンフレッチェ広島や京都サンガF.C.、そしてFCソウルなどがこのホテルを利用していた。少し時間があったので、風呂に行くとサンフレッチェ広島の選手に会ったり、FCソウル時代の高萩洋次郎に会ったりとなんだか不思議な感じもあったが、それもキャンプ地ならではの話。

スタジオとしてホテルの一室をお借りした。生放送にはサンフレッチェ広島の選手も出演してくれて、大いに盛り上がった。放送終了後、お疲れ様の挨拶中にスタッフから声を掛けられた。「ひらはたさん、ホテルの支配人がお話があるということで、そこにいらっしゃるのですが…」。

え？　し、し、しはいにん？　付き合いのある人もしくは知り合いの中に支配人と呼ばれるような人間は誰もいない。何かやらかしてしまったか？　でも、そこにいるということは逃げることは不可能。スタッフの中には、支配人と知り合いなんて、あんたいったい何者だよ？　と言わんばかりに、少し笑いも起こっている。とりあえず挨拶をしなければ。

「おつかれさまです」と丁重に頭を下げると、上品な感じの支配人は名刺を渡しながらこう言った。「息子がお世話になっています」。息子？　名刺に視線を移した。「総支配人吉留雄二」。吉留さん？　なんとなくわかるような、わからないような。そんな私の表情を察して、吉留支配人は「息子が新潟でお世話になっています」。

あ〜、わかります。もちろんわかります。支配人の息子とは吉留広大さん。毎年、シーズン前に呼んでいただいているアルビレックス新潟激励会（新潟の項参照）でお会いする、アルビレックス新潟の後援会を担当されている方。

息子の広大さんは家で生放送を見てくれていて、父が総支配人を務めるホテルだと知り、電話をして、私に挨拶するように言っていたようなのだ。なんて律儀な親子なんだ。なおかつ、お土産にお酒までいただいた。お邪魔しているのはこちらの方なのに。総支配人をはじめ「ホテル京セラ」のみなさま、本当にありがとうございました（※1）。

　と、ここで話は終わらない。2017年、鹿児島県立鴨池陸上競技場（現白波スタジアム）に行った時、鹿児島ユナイテッドFCのスタッフの中に、なんと吉留広大さんの姿があったのだ。「地元に帰ってきました」。鹿児島で会うことになるとは思っていなかったことでの驚きと、鹿児島弁を話していることの驚き。新潟でお会いしているときは吉留さんが鹿児島出身なんて少しも思わなかった。そして、私はこの鹿児島弁が大好物。独特のイントネーションが聞いていて心地良い。

　そして、さらに心地良いのがこのクラブのスタッフには、徳重剛代表を筆頭に鹿児島出身の人が多く、みんな鹿児島弁を喋ってくれること。クラブスタッフに地元出身者がそれほど多くないクラブもあるなかで、鹿児島ユナイテッドFCには鹿児島の人が多い。そのあたりのことを運営、強化本部、広報部部長の久保尚子さんに聞くと、見に来てくれる人、スポンサーの方も鹿児島出身の人が多いので、鹿児島の共通認識がある。だから、色々なことがやりやすいこともありますと教えてくれた。

　そして、鹿児島の人たちは郷土愛が強いので、他のチームでプレーしていた鹿児島出身の選手がこのクラブに来てくれるのも嬉しいし、鹿児島出身の選手も、鹿児島ユナイテッドFCの存在を気にしてくれていると思います、と言う。「みんな大好きなんです。鹿児島も西郷さんも桜島も」と久保さんは言った。

　2018年シーズン、目標のJ2昇格へ好調なシーズンを送り、スタジアムの雰囲気も良くなってきていると言う吉留さんは「カテゴリーに左右されずに、鹿児島の人に愛されるクラブにしていきたい」と言った。西郷さんや桜島のように、鹿児島の人たちが長く愛してくれるクラブへ。そんな思いは、その郷土愛、鹿児島愛がきっと可能にしてくれるはずだ。

鹿児島出身の選手の中には、いつか地元でプレーしたいという人も多いという。

※1 総支配人だった吉留雄二さんは、今はその役職を降りられたということです。

ホームタウン
沖縄県沖縄市を中心とする全県
Jリーグ加盟年
2014年
練習グラウンド
東風平運動公園
サッカー場など
ホームスタジアム
タピック県総ひやごん
スタジアム
(収容:10,189人)
Jリーグ最高順位
J3リーグ6位(2017年)

FC琉球

何度も行きたい沖縄
何度も見たくなる琉球

10クラブで始まったＪリーグは、現在クラブ数は54。そして、全国に広がり、北海道にも沖縄にもクラブができた。沖縄県沖縄市を中心とする全県をホームにするFC琉球が繰り広げる攻撃的なサッカーがおもしろい。後方からしっかりとつなぎ、攻撃になると思い切って人数をかける。楽しい沖縄の地で繰り広げられるFC琉球のサッカーは注目だ。

Jリーグ初GOALはこの選手

小幡純平《おばたじゅんぺい》

国学院久我山高校から専修大を経て2011年水戸に加入。2012年から2015年までFC琉球でプレーした。毎シーズン、コンスタントにゲームに出場。165センチのミッドフィールダー。現在、JFLのラインメール青森でプレー。

2014年3月9日(沖縄県総合運動公園陸上競技場)
J3リーグ第1節　琉球3-0Jリーグ U22選抜(55分)

那覇空港から車で約50分です。スタジアムのシートなど、いろんな場所でベンガラ色を見るのが、沖縄を感じさせてくれます。

タピック県総
ひやごんスタジアム

ジンベイザメがモチーフのジンベーニョは、色合いがきれいで動きもかわいい人気者。実物を見ると、写真よりもさらにかわいい。

ひらちゃんのおすすめ TOP5

1 ベンガラ色

FC琉球のユニフォームの色がベンガラ色。ベンガラ色は暗い赤みを帯びた茶色で、日差しで変色しにくく、耐熱性もあることから壁や瓦の塗料に用いられる。赤い土のような独特の色は、目にも優しい。そして、この色を見るとFC琉球を思い出す。沖縄を感じさせるベンガラ色のFC琉球。ユニフォームはずっとこの色であってほしい。

スタジアムのある県総合運動公園の入口もベンガラ色でした。

2 ジンベーニョ

ジンベイザメをモチーフとするFC琉球のマスコット、ジンベーニョ。スタジアムはもちろん、様々なイベントにも顔を出し、沖縄をFC琉球と共に盛り上げる。そんな活動が評価されたのか、2017年の年俸はパイナップル1個だったが、2018年にはパイナップル2個とホームゲームの集客によるプラス出来高という、わかるようなわからないような契約を結んだ。

3 FC琉球ラッピングバス

那覇市と会場間で運行されているバス。クラウドファンディングでこのバスは完成した。車体のベースはユニフォームと同じベンガラ色で、FC琉球のエンブレムやジンベーニョが描かれている。このバスに乗ると特典も多く、車内では選手からの限定メッセージ動画、もしくはアナウンスなどが楽しめ、スタジアム到着前から琉球気分に浸れる。

Ryukyu Girlsのお出迎え特典もあります。
©FC RYUKYU

4 ジャッキーステーキハウス

お店が1953年に出来たというので、創業60年以上なんですけど昔の趣そのままです。昔のアメリカンな感じと日本の食堂がミックスされています。その独特の雰囲気が好きすぎて、このお店の白と黒のＴシャツを購入済み。店の外には混雑状況を示す信号機みたいなものもあって。沖縄に行ったらとりあえず一食はここに、という店です。

5 キャンプ

沖縄はキャンプ地としても有名。そして、沖縄にはサッカーをプレーするには最高のピッチがたくさん用意されている。県を挙げてのキャンプ誘致なので受け入れ態勢も万全。国内のみならず、アジアのチームもこの地でキャンプを行う。キャンプ中の取材は、選手や監督がシーズン中とは違った表情を見せるので、取材していても興味が尽きない。泳げない時期の沖縄もけっこう楽しい。

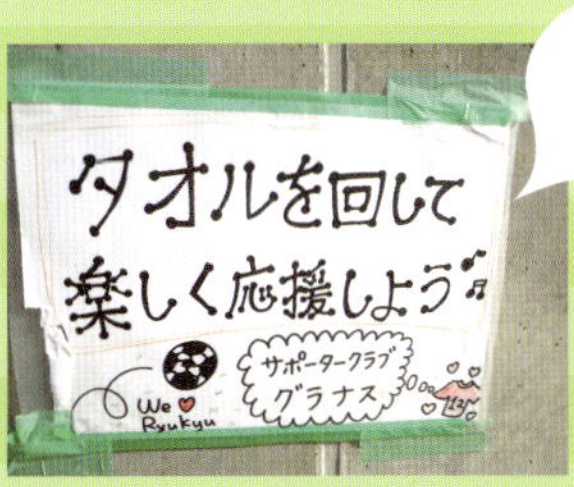

サポーターも盛り上げようと頑張ってます。

カオスでチャンプルーなスタジアム

「今日は勝てて良かったです」と試合後のサポーター。いや、最近調子のよいFC琉球。そんなに心配することはないのでは？「3000人以上入ると負けることが多いんです」。

琉球だけではない。様々なイベントを用意し、いつもより告知を多めにして、大集客作戦を決行。いつもより多くお客さんは集まったのに、ホームチームが負けてしまうことがJリーグでは少なくない。

2018年7月7日。「全島サッカー1万人祭り」と題し、FC琉球対藤枝MYFCは開催された。沖縄市民（在住、在勤、在学）もしくは浴衣、甚平着用もしくは比嘉さん金城さんはA席無料ご招待のお祭り大盤振る舞い。いや、これならハットトリックも可能だ。沖縄市在住の浴衣を着た比嘉さん。だからチケット3枚もらえる訳ではないけれど、なんだか楽しいにおいがプンプンしてきた。

空港でレンタカーを借りた。タピック県総ひやごんスタジアム（タピックは沖縄市の医療法人。ひやごんは比屋根でスタジアムの所在地の地名）という名前になった沖縄県総合運動公園陸上競技場をナビで検索。近くはない。沖縄の道を自分の運転で走ったことはない。iPhone Xを使用のため、借りた車のジャックと合わず、好きな歌を聴きながらのドライブ不可。慣れない車で、ブレーキングがぎこちない。せっかくの沖縄なのに、すこしイライラしはじめていた。

しかし、スマホの音楽が車内で聞けないことが幸いした。ラジオを聞いていると、藤原さくらのアコースティックライブの模様が流れてきた。彼女の優しい声とハイテンポではない曲。そして、楽曲によってはウクレレを演奏。これが、沖縄ドライブに見事にフィット。TOKYO FM発信の番組だったけど、ささくれだった心を癒し、完全に沖縄モードにしてくれた。少し渋滞もあったけど、そんなことなんくるないさー。全島サッカー1万人祭りと沖縄を楽しむ態勢が万全になった。

スタジアム場外ではカラオケ大会が始まっていた。子供たち5人組がドラえもんの歌を歌う。なかなか楽しい雰囲気になってきた。すると、40代ぐらいの女性が歌い出す「津軽海峡冬景色」。暑い沖縄に響く津軽海峡冬景色。なんだかおもしろくなってきた。今度は、緑のポロシャツを着たおじさんが歌うのは「テネシーワルツ」。

カオスだ。チャンプルーだ。楽しすぎる。試合前からスタジアムを大いに楽しみ過ぎて、キックオフの時には汗だくになっていた。

FC琉球がFKやCKの時、メインスタンドの軒下から現れるのはダンスチーム、琉球ボンバーズ。トトトン　トトン　トントントン
三三七拍子的ないい方なら二二三拍子のリズムで盛り上げるサポーターに合わせて、彼女たちも踊って観客を盛り上げる。

ところが、この日FC琉球はショートコーナーばかりだった。シンプルにゴール前にボールを入れて、シュートを打てば、決まるか決まらないかは別にして、琉球ボンバーズは軒下にすっきり帰ることができる。しかし、ショートコーナーのため、一連の攻撃の終焉がわかりづらい。そんな時、何となく空気を読んで琉球ボンバーズがしっとりと軒下にフェイドアウトしていく様子がもうたまらない。

この頃には、私の心はゆるゆる状態で、沖縄に完全に心を奪われていた。スタジアムで盛り上がった時に、どこからともなく聞こえる指笛も、心地良く響く手拍子もすべてが気持ち良かった。

試合後、大きな花火が何度も上がり、歓声が上がった。次第に静寂を取り戻し、後片付けが進むスタジアムで、ベンチ入りしたものの出場はなかった播戸竜二が、自分の体を確かめるようにしてピッチを黙々と走っていた。そのピッチの脇で始まるヨガ教室。試合が終わっても、どこまでもカオスで、最後までチャンプルーで、それが本当に気持ち良い。

翌朝、こんなに楽しいなら、毎節、全島サッカー1万人祭りを開催してくれたらいいのになどとバカなことを考えながら、レンタカー返却のため、レンタカー会社に向かっている最中に、このレンタカーを運転することに違和感がなくなっていることに気づいた。

いつもそうだ。行った先の土地に慣れ、借りたレンタカーの運転に慣れた頃に、レンタカーを返す時間が訪れる。そして、なんだかさみしくなる。

また、沖縄に行く。全島サッカー1万人祭りでなくても、FC琉球のホームゲームを絶対に見に行く。行ったばかりなのに、あのチャンプルー感を体が欲している。

スタジアム横の広場では、カラオケ大会あり、グルメあり、楽しい雰囲気。

2018年7月7日の「全島サッカー1万人祭り」の最後を飾った打ち上げ花火。

巻末特集

ＪリーグのスタジアムＤＪ一覧

Jリーグのスタジアムに欠かせない存在がスタジアムDJ。
ゲームを盛り上げつづける皆さんを、一挙ご紹介！

北海道コンサドーレ札幌
Tuck Hersey

北海道コンサドーレ札幌
GUCHY

グルージャ盛岡
山本大一
©GRULLA MORIOKA

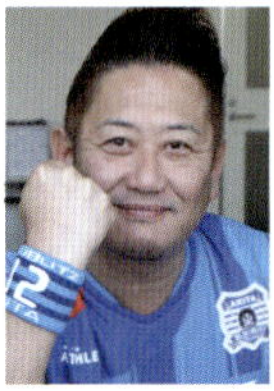

ブラウブリッツ秋田
シャバ駄馬男
©2015 BLAUBLITZ AKITA/Rico(BBPU)

北海道コンサドーレ札幌
栗谷昌宏

北海道コンサドーレ札幌
高山秀毅

北海道コンサドーレ札幌
潮音

鹿島アントラーズ
松本浩之
©KASHIMA ANTLERS

福島ユナイテッドFC
藤原カズヒロ

ベガルタ仙台
大坂ともお
©VEGALTA SENDAI

モンテディオ山形
山内智香子
©MONTEDIO YAMAGATA

モンテディオ山形
伊藤ユキヒコ
©MONTEDIO YAMAGATA

ザスパクサツ群馬
アンカンミンカン

ザスパクサツ群馬
佐山裕亮
©KUSATSUONSEN FC

栃木SC
DJ TETSU
©TOCHIGI SC

水戸ホーリーホック
寺田忍
©MITO HOLLYHOCK

鹿島アントラーズ
カウアン
©KASHIMA ANTLERS

※スタジアムMC、スタジアムナビゲーターという呼称を、スタジアムDJとして統一させていただいております。

ジェフユナイテッド市原・千葉
蒲田健
ⒸJEFUNITED

大宮アルディージャ
倉園由菜

大宮アルディージャ
高森浩二

浦和レッズ
朝井夏海
ⒸURAWA REDS

浦和レッズ
岩沢慶明
ⒸURAWA REDS

東京ヴェルディ
渡辺郁也

FC東京
謎の英国人

柏レイソル
今井雄也

柏レイソル
ナラヨシタカ

ジェフユナイテッド市原・千葉
酒井道代
ⒸJEFUNITED

横浜F・マリノス
柴田聡

横浜F・マリノス
光邦

川崎フロンターレ
小森すみ恵

川崎フロンターレ
林毅史

FC町田ゼルビア
和田翼

SC相模原
MC テディ
ⒸS.C.SAGAMIHARA

SC相模原
DJ ケチャップ
ⒸS.C.SAGAMIHARA

Y.S.C.C.横浜
鈴木理

横浜FC
江原シュウ
ⒸYOKOHAMA FC

横浜F・マリノス
金子桃

アルビレックス新潟
森下英矢

松本山雅FC
小出マサト

AC長野パルセイロ
ポリ

ヴァンフォーレ甲府
高杉 'Jay' 二郎

湘南ベルマーレ
三村ロンド

ジュビロ磐田
杉山直

清水エスパルス
鈴木克馬
©S-PULSE

ツエーゲン金沢
大平まさひこ
©zweigen kanazwa

カターレ富山
土田由香里

カターレ富山
久世サトシ

FC岐阜
平松伴康
©Kaz Photography/FC GIFU

FC岐阜
久世良輔
©Kaz Photography/FC GIFU

名古屋グランパス
YO!YO!YOSUKE
©TYK Promotion

アスルクラロ沼津
DJ カツヨシ

藤枝MYFC
タクロー
©2018 FUJIEDA MYFC

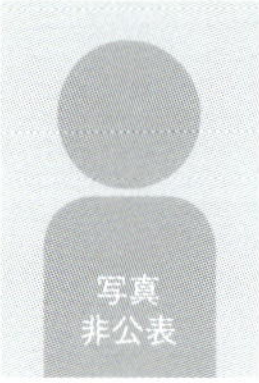

ヴィッセル神戸
万田さざめ

セレッソ大阪
西川大介

ガンバ大阪
仙石幸一

京都サンガF.C.
岩谷優子

京都サンガF.C.
吉村和人

サンフレッチェ広島
藤安梨沙

サンフレッチェ広島
貢藤十六

ファジアーノ岡山
蟻正るみ

ファジアーノ岡山
ダイナマイトイシムラ

ガイナーレ鳥取
高地真吾
©GAINARE TOTTORI

愛媛FC
桝形浩人

カマタマーレ讃岐
本多春奈
©KAMATAMARE SANUKI

カマタマーレ讃岐
HYRO
©KAMATAMARE SANUKI

徳島ヴォルティス
福士幹朗

レノファ山口FC
吉永達哉
©RENOFA YAMAGUCHI FC

ロアッソ熊本
スガッシュ
©AC KUMAMOTO

V・ファーレン長崎
DJ- シモダ

サガン鳥栖
YUYA

ギラヴァンツ北九州
八木徹

アビスパ福岡
信川竜太

FC琉球
宮田隆太郎
©FC RYUKYU

FC琉球
花田富樹
©FC RYUKYU

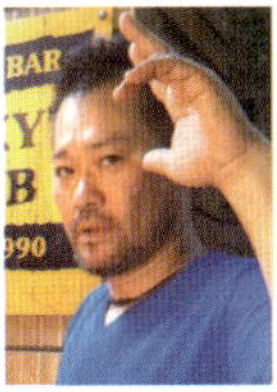

鹿児島ユナイテッドFC
尾堂公信

大分トリニータ
小川理絵

大分トリニータ
MC Max

あとがき

お読みいただき、そしてサッカー馬鹿の駄文にお付き合いいただきありがとうございました。

この本を制作するにあたって、ご協力していただいた村井Jリーグチェアマンをはじめ、Jリーグの皆さま、各クラブの関係者の方々、本当にありがとうございました。そして、いつもお世話になっている、いや楽しませてもらっている監督、選手の皆さまにもこの場を借りてお礼を言わせていただきます。いつも、本当にありがとうございます。

巻頭対談でお世話になりました中村憲剛選手、そして川崎フロンターレの皆さま、この本の推薦のことばをくださった岡田武史さん（FC今治の活躍を楽しみにしております）もありがとうございます。

こんな私にJリーグのハイライト番組の司会を10年も任せてくれたスカパー！にも本当に感謝しています。また、当初「どうせ、ドッキリでしょ！」ぐらいにしか思っていませんでしたが、本当にこういう本を書く場を与えてくれた、よしもとクリエイティブ・エージェンシーにも感謝しています。

そして、いつも私にサッカーの楽しみ方を教えてくれるのはスタジアムに足を運ぶファン・サポーターの方々です。皆さんの言葉や笑顔、行動や姿勢にたくさんの刺激を受けています。本当にありがとうございます。これからも、Jリーグ、そしてサッカーを楽しんでいきます。また、どこかのスタジアムでお会いしましょう。そして、たくさんサッカーの話をしましょう。

よろしくお願いします。

ひらはた

平畠啓史（ひらはた・けいじ）
1968年8月14日生まれ。よしもとクリエイティブ・エージェンシー所属。出身の大阪府高槻市でサッカーを始め、高校3年時には主将としてチームをインターハイ出場に導いた経験を持つ。スカパー!のJリーグハイライト番組で10年にわたりMCを務めるなど、プライベートも含めてJリーグの試合会場に足を運び続け、芸能界ナンバーワンのサッカー通として知られる。全国各地のクラブ関係者、選手からも一目置かれる存在。スカパー!の「平畠会議」、「平ちゃんの『ほな行こか。』」、Jリーグのインターネット配信番組「ひらチャンねる」、DAZNでのJ3ゲームの実況など、独自の視点からサッカーの魅力を伝えつづけ、活躍の場を広げている。

平畠啓史 Ｊリーグ54クラブ巡礼
～ひらちゃん流Ｊリーグの楽しみ方～

2018年10月17日初版発行
2018年12月25日 3刷発行

著　者　平畠啓史

発行人　藤原寛
編集人　松野浩之

企画・編集　鈴井優
編集協力　新井治、太田青里、小谷洋介
協　力　久保大輔、永井広一、玉井公平、藤原邦洋、小口直子
マネジメント　峰山大樹、増田悦子
プロモーション　宮本稔久、中村礼
営　業　島津友彦（ワニブックス）

発　行　ヨシモトブックス
〒160-0022　東京都新宿区新宿5-18-21
TEL 03-3209-8291

発　売　株式会社ワニブックス
〒150-8482　東京都渋谷区恵比寿4-4-9　えびす大黒ビル
TEL 03-5449-2711

印刷・製本　シナノ書籍印刷株式会社

ISBN978-4-8470-9720-1

次の週末は、どのスタジアムに行こうかな

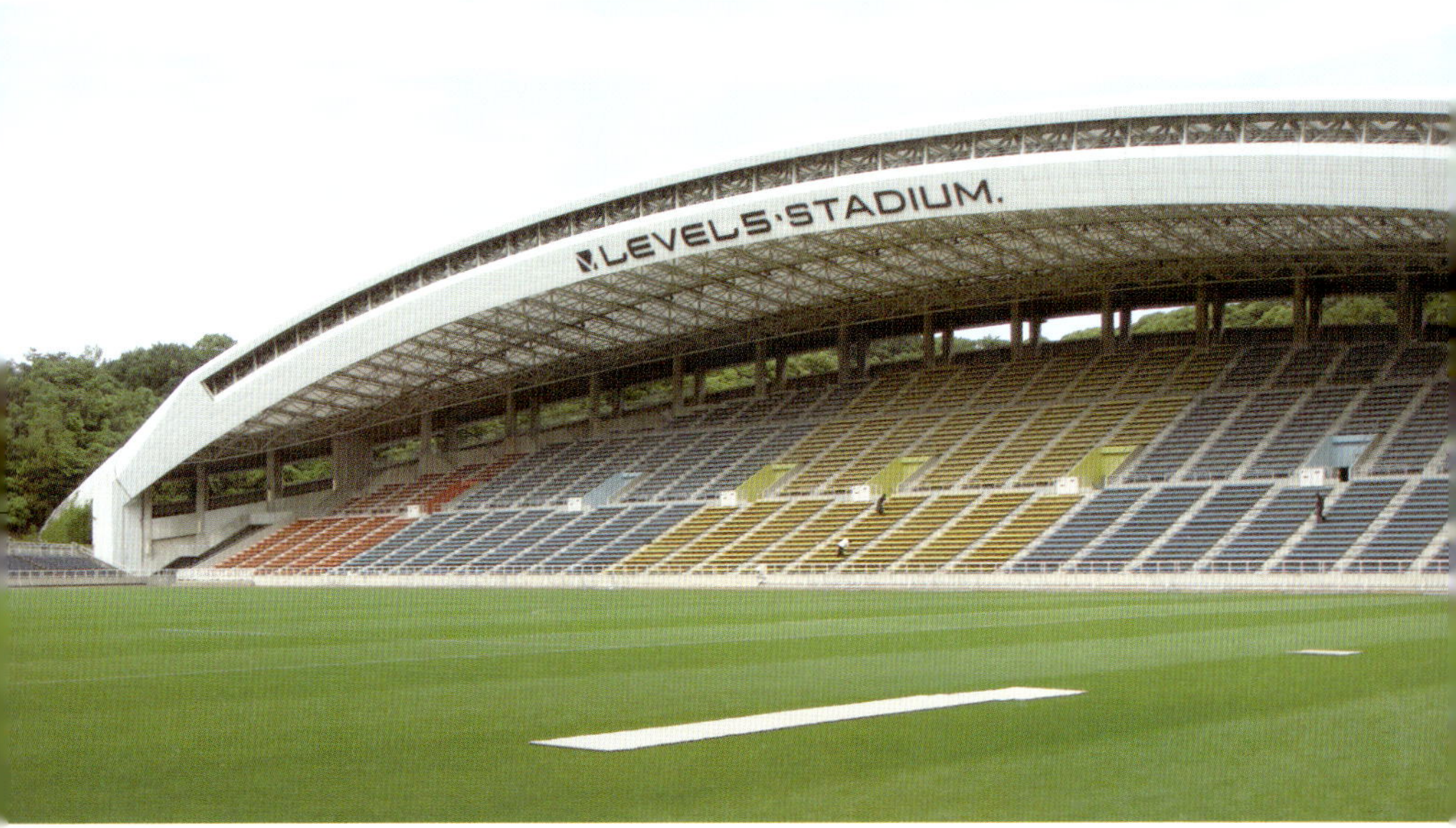

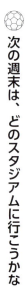